虚无与自然

道家哲学
的
精神

王博 著

图书在版编目(CIP)数据

虚无与自然:道家哲学的精神 / 王博著. —— 北京:北京大学出版社,2024.9. —— ISBN 978-7-301-35407-0

I.B223.05-53

中国国家版本馆 CIP 数据核字第 20245F9Z96 号

书　　名	虚无与自然:道家哲学的精神 XUWU YU ZIRAN: DAOJIA ZHEXUE DE JINGSHEN
著作责任者	王　博 著
责任编辑	田　炜
标准书号	ISBN 978-7-301-35407-0
出版发行	北京大学出版社
地　　址	北京市海淀区成府路 205 号　100871
网　　址	http://www.pup.cn　新浪微博 @ 北京大学出版社
电子邮箱	编辑部 wsz@pup.cn　总编室 zpup@pup.cn
电　　话	邮购部 010-62752015　发行部 010-62750672 编辑部 010-62750577
印 刷 者	北京中科印刷有限公司
经 销 者	新华书店
	880 毫米 ×1230 毫米　A5　15.375 印张　342 千字 2024 年 9 月第 1 版　2025 年 1 月第 2 次印刷
定　　价	98.00 元

未经许可,不得以任何方式复制或抄袭本书之部分或全部内容。
版权所有,侵权必究
举报电话:010-62752024　电子邮箱:fd@pup.cn
图书如有印装质量问题,请与出版部联系,电话:010-62756370

目录

1　什么是道家的无？
　　——兼论道家的秩序形上学

51　无的发现与确立
　　——附论道家的形上学与政治哲学

75　然与自然：道家"自然"观念的再研究

103　从皇极到无极

128　权力的自我节制：对老子哲学的一种解读

156　关于郭店楚墓竹简《老子》的结构与性质
　　——兼论其与通行本《老子》的关系

177　老子"自然"观念的初步研究

191　思想史视野中的《老子》文本变迁

211　《太一生水》研究

241　《恒先》与《老子》

265　庄子与《庄子》内七篇关系新证
　　——从张岱年先生的有关研究说起

281　论三晋的道家之学

297 论杨朱之学

311 论《十大经》中的"黄帝"形象
——道家传统中的内圣外王理想

334 关于《文子》的几个问题

346 西汉竹书《老子》与严遵《老子指归》

371 混沌与宽容
——道家思想的现代意义

389 道家与人文精神

421 善意与留白

附　录

429 《道德经》的主旨与精神

452 郭店竹简所见儒道关系

484 后　记

什么是道家的无？
——兼论道家的秩序形上学

作为中国哲学的一个重要概念，"无"是理解道家思辨理论和实践智慧的关键。在这个意义上，道家哲学，也可以称之为以无为中心或贵无的哲学。从老子、庄子到王弼，无的观念经历了一个从发现到确立的过程，[1] 其意义也在思想和现实的互动中不断展开，贯穿物论、治道和生命等不同的领域，最终指向一种秩序精神。与一般概念描述的某种"实"或"有"不同，"无"并不指向某个有明确规定性的实在之物，所以在言说或解释上经常会遇到障碍，由此产生许多有意无意的误解。本文根据内在于道家传统的论述，[2] 拟从万物之宗、观物之法、治道之本、心

---

[1] 参见拙文《无的发现与确立——附论道家的形上学与政治哲学》，载《哲学门（总第23辑）》，北京：北京大学出版社，2011年。

[2] 从先秦到魏晋，道家传统最重要的代表是老子、庄子和王弼。他们关注的问题并不完全相同，思考的重点也存在差异，但不妨碍其构成一个拥有共同思想特征和价值取向的哲学传统。本文的讨论着眼于其共通处，所以视不同来源的材料为一个思想的整体。面对不同问题时，材料的取舍完全依据讨论的方便来确定。

性之归四个方面，系统讨论"无"的意义，特别是它所开创出来的新的秩序精神，以增进对于道家乃至于中国哲学精神特质的理解。

一 万物之宗：无形无名

思想始于对物的认识和把握，而哲学时代开始的一个重要标志是关于物之本原的追问。[1]这种追问让思想跳出具体的物的世界，进至于物之初的深远空间。道家关于物之本原有很多不同的说法，如道、无、万物之宗、万物之祖、造物者、物物者、本根、本、物之初等，这些不同的说法都指向那个本原，并以无形无名为其核心内涵。为了论述的便利，我们选择始于老子并被王弼所突出的"万物之宗"的提法作为其代表。不能忽略的是，"宗"在前哲学时代就具有追本溯源的意义，从子到父、祖父、一直到始祖，宗指向与源头相关的时间链条上的在先者——祖先。作为祭祀的对象，与生者相对的死者，周人的祖先"在帝左右"（《大雅·文王》），充当天人之间沟通的角色。在这里，我们已经看到了死者与生者、上下、天人的区分，但这种区分在后来出现的道家的思想框架中仍

---

[1] 张岱年认为："辨万物之原，明人生之归，而哲学之能事毕矣。"见《天人简论》，《张岱年全集》第三卷，石家庄：河北人民出版社，1996年，第216页。这是关于哲学的一般性讲法，就中国哲学的特征而言，如本文会讨论到的，更多地表现为对秩序问题的关注。

然被认为是在同一个空间内进行的,即"有"的空间。万物之宗则代表着一个全新的思想空间,它不属于万物和有的链条,相对于万物和有而言,万物之宗是一个思想的飞跃,从有的空间进至无的空间,即从物到物物者。正是物物者才使物得以生,使物成为物,且在时间中完成其历程,在这个意义上,它是造物者。物物者或造物者不能是物。道理很简单,如果所谓物物者是物,它就仍然是一个物,而不是物物者。用《庄子》的话来说,就是"物物者非物"(《知北游》)。造物者也不能是有,而是无有。"有不能以有为有,必出乎无有,而无有一无有。"(《庚桑楚》)造物者、物物者和无有等的提出,就意味着物之外的另一个思想空间被打开。

按照荀子的说法,物是遍举万物的大共名。其所指,包括了感官所及的天地及天地所产生的一切事物,即公孙龙所说:"天地与其所产焉,物也。"(《名实论》)物是有,"物也者,天下之所有也"(《指物论》)。这种对于物的理解,可以说是先秦时代各家的共识。物的最根本特征是有形有名。其中有形是第一位的,《庄子》以此来定义物,"凡有貌象声色者,皆物也"(《达生》)。《系辞传》也是如此,所谓"形而下者谓之器",形而下者即有形者,器即物。形体构成了物,因此某物的形体也就是此物本身,即物之"实"。形体在规定了物本身的同时,也让物与物处在或同或异的关系之中。随着有形而来的物的另一个特征是可以被命名,即有名。"凡见者之谓物"(郭店楚简《性自命出》),物是可以感知的对象,因此可以被认识。名是认识的产物,通过命名,物得以向人彰显自身,并被纳入人类所构造的秩序之中。名以定形,命名的根据便是形。一个恰当的名就是对此物之形的如实反映，它们之间存在着对应和契合的关系，即所谓名实相副，"名不得过实，实不得延名"（《管子·心术上》）。因此，物的世界，既是一个有形的世界，同时也就是一个有名的世界。更精练一些来概括，就是一个"有"的世界。就物的差异性和多样性而言，物是万物，是万有或群有。就物的共通性和统一性而言，万物便是"有"。正是在这个意义上，才有老子"天下万物生于有"、王弼"天下之物，皆以有为生"（《老子注》第四十章）的说法。

在道家看来，诸子的思考大都局限在物或有的世界，没有意识到无的存在以及"有生于无"的真理。《天下》篇批评惠施的"逐万物而不反"，同样适用于儒家、墨家、季真、接子、公孙龙们。公孙龙和惠施游心于物之离合，季真、接子争论于物之虚实，儒家墨家陷溺于物之是非，皆"未免于物"、未免于有，因此也就未免于形名的世界。以惠施的大一为例，所谓"至大无外，谓之大一"（《天下》），大一不过是有形之物的整体。儒家所推崇的天或天地，也不过是"形之大者也"（《则阳》）。道家对于万物之宗的思考，从一开始就自觉地从物和有的世界跳脱出来，所以老子在"天下万物生于有"之后，又接上了"有生于无"四个大字。万物之宗不再停留于有，而是追溯到无。大象无形、道恒无名，无形无名者才是万物之宗。这个在老子那里首先提出的无的真理，经过了黄老学对于"虚无形"的强调，到庄子那里达到了哲学发生时代的思辨极致。庄子清除了老子在表达中仍然存在着的以有说无的语言痕迹，如以"有物"说"道"，以"始"说"道"，避免把"无"当作另外一种"有",明确地提出"有始也者,有未始有始也者,有未始有夫未始有始也者。有有也者,有无也者,有未始有无也者,有未始有夫未始有无也者"(《齐物论》),把"未始有物"视为"至矣、尽矣、不可以加矣"的知识,即真知。在真知的观照之下,无也就是无无。无无不是对于无的否定,而是澄清,澄清无的无形无名的性质,以免于堕入有的陷阱。

道家为什么主张万物之宗必须是无形无名者?要回答这个问题,必须同时关注逻辑和价值两个角度。把这个道理讲得最透彻的,无疑是王弼。《老子指略》开门见山,先立定宗旨:

> 夫物之所以生,功之所以成,必生乎无形,由乎无名。无形无名者,万物之宗也。不温不凉,不宫不商;听之不可得而闻,视之不可得而彰,体之不可得而知,味之不可得而尝。故其为物也则混成,为象也则无形,为音也则希声,为味也则无呈。故能为品物之宗主,苞通天地,靡使不经也。

在王弼看来,万物之宗必须具备"苞通天地,靡使不经"的性质,[1] 而不能仅仅是某类事物之宗。某类事物之宗就不能是其他类事物之宗,如我们在前面提到的祖宗之宗,就是某类人之宗,就只

---

[1] 王弼《老子注》屡言"包通万物,无所不容""无所不包通""无所不周普"(第十六章注),"无所不至"(第二十五、第三十四章注),"无物不经"(第三十八章注),"无所不通"(第十四章、四十三章注)等。

能为某类人所祭祀,庇护某一类人,所谓"神不歆非类,民不祀非族"(《左传·僖公十年》)。万物之宗必使事事物物"各得其庇荫"(《老子注》第五十一章)。要满足此要求,万物之宗就必须是无形无名者。在王弼看来,有形有名作为事物的规定性,在呈现自身的同时,也把形名的有限性暴露无遗。有此形则与彼形异,有此名则与彼名异,形名之间是互相排斥的,不可兼得,不能备载:

> 若温也则不能凉矣,宫也则不能商矣。形必有所分,声必有所属。故象而形者,非大象也;音而声者,非大音也。然则四象不形,则大象无以畅;五音不声,则大音无以至。四象形而物无所主焉,则大象畅矣;五音声而心无所适焉,则大音至矣。……故可道之盛,未足以官天地;有形之极,未足以府万物。是故叹之者不能尽乎斯美,咏之者不能畅乎斯弘。名之不能当,称之不能既。名必有所分,称必有所由。有分则有不兼,有由则有不尽。不兼则大殊其真,不尽则不可以名,此可演而明也。(《老子指略》)

"形必有所分""名必有所分",有形有名必然意味着分,意味着某种具体的规定性,也就决定了自己的有限性。若以有形有名者为宗,与之不同的物就失去了存在的终极根据,从而无法让差异的万物充分地呈现出来,此即所谓不兼、不尽。例如,以温为宗则凉失其本,以宫为宗则商失其据。物失所载,则四象不形,五音不声。只有以无形无名者为宗,"乃能包通万物,无所不容",所有差异的形象、所有不同的声音才不会失去其根基。由此，王弼主张道之所以为道，就一定不落形体，"此道之与形反也"（《老子指略》）。

但这不是一个单纯的"可演而明"的逻辑问题，人文价值在其中发挥着更根本的作用。哲学家关于本原的认识显然不完全是经验或实证性的，它关联着真理、价值和秩序之思，寄托着关于理想世界的期待。这种期待通过思辨的方式呈现，并在逻辑论证和生活实践的互动中不断加以完善。道家透过"无"所阐发的核心价值是道法自然，"法自然者，在方而法方，在圆而法圆。于自然无所违也"（《老子注》第二十五章）。自然作为价值指向的不是善恶或是非的区分，也不是通过确立某些标准或典范改变或塑造万物，而是"不造不施，因物之性，不以形制物也"（《老子注》第二十七章）。善恶或是非的区分在肯定某些物的同时，必然贬低、抑制甚至毁灭另外的一些物。而以某些标准改变或塑造万物也必然带来对物的伤害，强物从己。老子追求的一方面是"无弃人""无弃物"的"宽容于物"，另一方面则是去伪存真、见素抱朴的"不削于人"。万物之宗之所以可贵，关键在于不是占有和控制万物，而是因循和顺应万物；不是万物生化的主宰，而是万物自然的保证。"不塞其原，则物自生……不禁其性，则物自济"（《老子注》第十章），"顺物之性，不别不析……因物自然，不设不施"（《老子注》第二十七章），王弼充分地意识到老子提出的"自然"的价值，他如此论述《老子》的核心精神：

　　故其大归也，论太始之原以明自然之性，演幽冥之极以定惑罔之迷。因而不为，损而不施，崇本以息末，守母以存子。贱夫巧术，为在未有，无责于人，必求诸己。此其大要也。(《老子指略》)

太始之原即万物之宗，确立万物之宗是为了阐明万物的自然之性，"原天地之美，而达万物之理"(《知北游》)，而不是把万物纳入一个被形名主宰的秩序之中。与老子一样，王弼同样以肯定和顺应万物之自然为最高的价值理想。其表现，一是无弃物，即包通万物，无所不容；二是无伤物，即物得其真，各得其所。要实现这个目的，必须要做到不以形制物，不"任名以号物"(《老子注》第三十二章)，因此也就必须要跳出有形有名的世界，以确立无形无名者的万物之宗地位。只有确立无形无名作为万物之宗，才可以实现对于万物的终极肯定。正是在这个意义上，王弼才说"天下之物，皆以有为生。有之所始，以无为本，将欲全有，必反于无也"(《老子注》第四十章)。反于无，才能够全有，这是道家的真正用心所在。

二 治道之本：无为无极

政治秩序以及与此相关的价值根基，是治道的基本含义。[1] 对

---

[1] 牟宗三以为中国有治道而无政道，"政道是相应政权而言，治道是相应治权而言……中国以往只有治道而无政道，有政道之治道是治道之客观形态，无政道之治道是治道之主观形态，即圣君贤相之形态……中国以往对于治道之讲论，(转下页)

于治道的关注，无论在哲学时代之前还是之后，都是中国思想的重心所在。前哲学时代，以周公制礼作乐为代表，天命和德的精神主导下的古典政治秩序已经确立。天的权威、德的价值和名位之序结合在一起，形成了一套行之有效且稳定的宗教、伦理和制度体系。春秋时期的礼坏乐崩催生了新的秩序精神，哲学时代也随之开始。儒家"阐旧邦以辅新命"，游文于六艺之中，留意于仁义之际，祖述尧舜，宪章文武，道之以德，齐之以礼。孔子及思孟学派通过对心性的发掘，力图为政治秩序寻找既内在于人又上通于天道的伦理基础。道家则托古以开新，独标道德，摒弃仁义，兼弃礼乐，倡导自然无为，在无形无名的基础之上提出全新的政治秩序主张。

道家治道的根本精神无疑是从无那里生长出来的。这种精神的核心价值是顺物自然，保证此价值得以实现的是君主的无为无事，由此展开了对于以形名为中心的传统秩序主张的全面反思。对德的反省和重新定义则是此精神展开的起点。早在殷周之际，德之有无已经被视为人君能否受命的关键。德的内涵主要是政治道德，尤其与君主有关。[1] 春秋时期，德的内涵和外延都有拓展，大凡政治、社会、家庭和个人之立身，都有其相应的德行要求，仁义忠信圣智

（接上页）已达极端微妙之境界"。这种看法，是建立在民主政治为唯一客观之政道的基础之上。在实际的论述中，牟宗三认为中国古代的治道和政道不分。见牟宗三：《政道与治道》，《牟宗三文集》，长春：吉林出版集团有限责任公司，2010年，第27页。

[1] 陈来：《古代宗教与伦理：儒家思想的根源》，北京：生活·读书·新知三联书店，1996年，第296页。

孝悌慈勇等皆在其列。儒家则在此基础之上，提炼出诸如知仁勇三达德、仁义忠信圣智六德、"德之行五，和谓之德"（郭店楚简《五行》）、"礼乐皆得，谓之有德"（《礼记·乐记》）等说法，德既是对人的普遍要求，也是治道的价值依据。在这个一脉相承的精神谱系中，德的观念表现为持续不断的形名建构，并落实为礼乐制度，成为周文和儒家传统的核心内涵。道家论德，与儒家呈现出完全不同的方向。《老子》早期传本的首章，即今本第三十八章云：

> 上德不德，是以有德；下德不失德，是以无德。上德无为而无以为也，上仁为之而无以为也，上义为之而有以为也，上礼为之而莫之应也，则攘臂而扔之。故失道而后德，失德而后仁，失仁而后义，失义而后礼。夫礼者，忠信之薄也，而乱之首也。前识者，道之华也，而愚之首也。是以大丈夫居其厚而不居其薄；居其实而不居其华。故去彼取此。（帛书本）

儒家所推崇的那些德目属于下德，与之相对，老子主张的则是上德。上德和下德之分，从结果上来看，是有德和无德之别。但从其实质上来看，却是无为的不德和有为的不失德之间的不同，或者说有形有名之德和无形无名之德的不同。王弼解释此意非常通透，《老子注》云：

> 德者，得也。常得而无丧，利而无害，故以德为名焉。何以得德？由乎道也。何以尽德，以无为用。以无为用，则莫不

载也。故物，无焉则无物不经，有焉则不足以免其生。是以天地虽广，以无为心。圣王虽大，以虚为主。故曰以复而视，则天地之心见。至日而思之，则先王之至睹也。故灭其私而无其身，则四海莫不瞻，远近莫不至。殊其己而有其心，则一体不能自全，肌骨不能相容。（《老子注》第三十八章）

首先值得注意的是王弼对于德的定义。《说文》训德为"外得于人，内得于己，从直从心"。据此，第一，德与心有关；第二，其直接的意义是人己两得。王弼同样从得和心两方面展开论述，但引入了道家论辩中最重要的有和无的框架。王弼接受了"德者，得也"之说，又展示出其独特的认识，"常得而无丧，利而无害，故以德为名焉"。德不仅是得，而且是常得而无丧。其暗含的意思是，如果有得有丧、有利有害，则与德之名不符。在这种理解之下，王弼用无和有之别来论证上德和下德的区分。"常得而无丧"即所谓得德、尽德，只有通过由道而行、以无为用才能实现。以无为用，则物莫不载也，即"无焉则无物不经"，此谓上德。反之，"有焉则不足以免其生"，此谓下德。王弼进一步把有和无的区分落实在心之上，上德无心而下德有心。"天地虽广，以无为心。圣王虽大，以虚为主。"无心则无己，"灭其私而无其身，则四海莫不瞻，远近莫不至"。有心则以己为主，与他物相对，"一体不能自全，肌骨不能相容"。在这个论述框架之下，其得其失，清晰可见。

依此理解，上德和无建立起了直接的联系。以无为用，以无为心，表现在实际的政治中，则是道家治道的标志性字眼：无为。《老

子》第三十八章关于上德和下德的区分,关键就是无为和为之的不同。王弼云:

> 是以上德之人,唯道是用,不德其德,无执无用,故能有德而无不为。不求而得,不为而成,故虽有德而无德名也。下德求而得之,为而成之,则立善以治物,故德名有焉,求而得之,必有失焉;为而成之,必有败焉。善名生则有不善应焉,故下德为之而有以为也。无以为者,无所偏为也。凡不能无为而为之者,皆下德也,仁义礼节是也。(《老子注》第三十八章)

欲明无为,先要界定有为之所指。在王弼看来,所谓有为,一是有所求,二是有所为。有所求指求其德名,依此而为谓之有为。其为的方式则是"立善以治物",即确立一个形名的体系。从更开阔的思想世界看,有为的方式显然不止于此,如法家的主张当然也属于有为的范围。此处针对《老子》第三十八章而发,有其具体的语境。立善以治物,显然是指儒家仁义礼的主张,因求善欲善而在世界中确立一个善的标准,以形名检物,教化百姓,塑造社会。其结果是,在世界中进行区分,体现或遵循此标准者谓之善人,反之则为不善人,即"善名生则有不善应焉"。在王弼看来,立善以治物并不会得到其所期望达到的善的目的。以仁义礼为治,"功虽大焉必有不济,名虽美焉伪亦必生"。以仁为例,在有为之中,因其无以为故能极下德之量,最接近无为之上德。但从实质上说,仍属于有为为之,难免其患。故虽"发于内,为之犹伪",至于务外饰之礼,更是"忠信之薄而乱之首也"。上述有为之弊,即王弼注《老子》第五章所谓"仁者必造立施化,有恩有为。造立施化,则物失其真。有恩有为,则物不具存。物不具存,则不足以备载"之义。《老子指略》对此有更概括性的论述:

> 尝试论之曰:夫邪之兴也,岂邪者之所为乎?淫之所起也,岂淫者之所造乎?故闲邪在乎存诚,不在善察;息淫在乎去华,不在滋章;绝盗在乎去欲,不在严刑;止讼存乎不尚,不在善听。故不攻其为也,使其无心于为也;不害其欲也,使其无心于欲也。谋之于未兆,为之于未始,如斯而已矣。故竭圣智以治巧伪,未若见质素以静民欲;兴仁义以敦薄俗,未若抱朴以全笃实;多巧利以兴事用,未若寡私欲以息华竞。故绝司察,潜聪明,去劝进,翦华誉,弃巧用,贱宝货。唯在使民爱欲不生,不在攻其为邪也。故见素朴以绝圣智,寡私欲以弃巧利,皆崇本以息末之谓也。

在王弼看来,儒家倡导仁义等的目的,在于闲邪、息淫、绝盗、止讼、治巧伪、敦薄俗、兴事用等,其用心不可谓不善,但其方向和路径却适得其反,导致求仁而不得仁,求功而不成功。老子的伟大之处在于揭示出"善复为妖"的实践后果,并指出了"以无为用"的根本道路。在王弼看来,标举仁圣的结果恰恰是不仁不圣,欲得而反失,想要解决问题,却产生了更多的问题。要实现真正的仁圣,必须回到其本源处,崇本息末。正是在这个意义上,才有"老子之书,其几乎可一言而蔽之。噫！崇本息末而已矣"之叹！但这并不是全部，息末之后才能举末，才能存子：

> 既知不圣为不圣，未知圣之不圣也；既知不仁为不仁，未知仁之为不仁也。故绝圣而后圣功全，弃仁而后仁德厚。夫恶强非欲不强也，为强则失强也；绝仁非欲不仁也，为仁则伪成也……功不可取，美不可用。故必取其为功之母而已矣。篇云："既知其子"，而必"复守其母"。寻斯理也，何往而不畅哉！（《老子指略》）

所谓本、所谓母即是无。更具体地说，"本在无为，母在无名"（《老子注》第三十八章）。崇本守母方能举末存子：

> 万物虽贵，以无为用，不能舍无以为体也。不能舍无以为体，则失其为大矣……故苟得其为功之母，则万物作焉而不辞也，万物存焉而不劳也。（《老子注》第三十八章）

万物虽贵，却必须以无为用。离开无，万物之体将不存，此即"不能舍无以为体"。在这个意义上，万物"失其为大矣"，所谓贵而不大。所以必须回到为功之母，回到无为无名处。无为则不执其形，不用其名，辅万物之自然而成就其真，成就其具存。此一逻辑，与王弼论"无形无名者，万物之宗也"完全相同。更进一步说，儒家所追求的仁义礼敬等形名只有通过无为无名才能真正实现：

用不以形，御不以名，故仁义可显，礼敬可彰也。夫载之以大道，镇之以无名，则物无所尚，志无所营，各任其贞，事用其诚，则仁德厚焉，行义正焉，礼敬清焉。弃其所载，舍其所生，用其成形，役其聪明，仁则尚焉，义则竞焉，礼则争焉。故仁德之厚，非用仁之所能也；行义之正，非用义之所成也，礼敬之清，非用礼之所济也。载之以道，统之以母，故显之而无所尚，彰之而无所竞。用夫无名，故名以笃焉；用夫无形，故形以成焉。守母以存其子，崇本以举其末，则形名俱有而邪不生，大美配天而华不作。故母不可远，本不可失。仁义，母之所生，非可以为母。形器，匠之所成，非可以为匠也。（《老子注》第三十八章）

值得特别注意的是王弼关于无名和名、无形和形之间关系的论述。王弼并非完全弃形名而不用，而是强调在无形无名的基础之上，重建形名，如此则秩序得以立，而妖邪不能生，所谓"形名俱有而邪不生，大美配天而华不作"。这种理解，与老子关于无名和有名关系的说法并无背离，但王弼显然更积极地回应了道家所面临的秩序建构问题。《老子》第三十二章"道恒无名……始制有名，名亦既有，夫亦将知止，知止可以不殆"。王弼注援引第二十八章"朴散则为器，圣人用之则为官长"之说，以为"不可不立名分以定尊卑，故始制有名也。过此以往，将争锥刀之末。故曰'名亦既有，夫亦将知止'也。遂任名以号物，则失治之母也，故'知止所以不殆'也"。其实，《庄子》已经表达了类似的精神，《天道》云：

> 是故古之明大道者，先明天而道德次之，道德已明而仁义次之，仁义已明而分守次之，分守已明而形名次之，形名已明而因任次之，因任已明而原省次之，原省已明而是非次之，是非已明而赏罚次之。赏罚已明而愚知处宜，贵贱履位，仁贤不肖袭情。必分其能，必由其名。以此事上，以此畜下，以此治物，以此修身。知谋不用，必归其天。此之谓太平，治之至也。

此以天和道德为本，形名赏罚等为末。"形名者，古人有之，而非所以先也。古之语大道者，五变而形名可举，九变而赏罚可言也。骤而语形名，不知其本也；骤而语赏罚，不知其始也。"（《天道》）《庄子》以本末之说，在一个先后的次序中，给包括形名在内的治之具准备了空间。

王弼对《老子》的解释，充分运用了本末的框架，并与内在于《老子》的母子之喻结合起来。其主张和逻辑非常简明清晰，崇本才能举末，守母才能存子。在王弼的论述中，本和母含义略同，指无形无名的万物之宗和无为无名之治道。末和子的意义则随着语境的变化而呈现出差异，或指有形有名的万物，或指仁义等代表的形名体系，或指朴素而无伪的仁德之厚、行义之正、礼敬之清。王弼论本末关系，有崇本举末和崇本息末两种不同的说法，息末之末，显然是指作为治道的圣智仁义礼等形名体系而言；对应的是老子"绝圣弃智""绝仁弃义"之说；而崇本举末之末，或指万物，或指朴素而无伪的仁德之厚、行义之正、礼敬之清等。两种说法各有其所指，并行不悖。

至此，王弼通过对德的重新定义，完成了治道领域的有无之辨。如果从王弼回到老子，除上德的说法之外，老子还提到了诸如玄德、广德、建德、孔德等，虽表述之角度不一，但含义均与治道相关，相似而互补。如"孔德之容，唯道是从"（第二十一章），侧重在德与道的关系，从道谓之有德。广德则形容其用之广大，物莫不载。建德言其顺物而立，因物自然。最值得注意的是玄德，老子以"生之、畜之，生而不有，为而不恃，长而不宰"（第十章）加以描述，明白地强调万物之宗和人间君主的非占有性、非控制性和非主宰性。王弼注云："所谓道常无为，候王若能守，则万物自化，不塞其原也……不塞其原，则物自生，何功之有？不禁其性，则物自济，何为之恃？物自长足，不吾宰成。有德无主，非玄而何？凡言玄德，皆有德而不知其主，出乎幽冥。"可以看出，作为治道的玄德包括两个方面：从君主角度说，是无为；从百姓角度说，是自然。无为则不塞其原，不禁其性，无功名，不主宰；自然则物自生自济，自养自成。在万物之自然处，道德之尊贵得以显现。这种尊贵非出于占有、控制或主宰，而是因循和顺应。《老子》第五十一章说：

  道生之，德畜之，物形之，势成之。是以万物莫不尊道而贵德。道之尊，德之贵，夫莫之命而常自然。故道生之，德畜之，长之、育之、亭之、毒之、养之、覆之。生而不有，为而不恃，长而不宰，是谓玄德。

无为之玄德，守护的是道家最看重的自然的价值。道与德辅助万物之自然，而不是随意施加命令。万物凭借着道德无为之功而生长化育。如此则万物对于道德皆尊之、贵之、归之。这里的论述当然指向的是君主和百姓的关系，与"我无为而民自化，我好静而民自正，我无事而民自富，我无欲而民自朴"同一思路。君主的无为和百姓的自然一体两面，在百姓自然化育的同时，通过"不召不求而自归"（《老子注》第三十二章），君主也得以长治久安。

老子关于无为和自然的论述，从积极的方面说，是给予百姓自化、自正、自富、自朴的空间；从消极的方面说，是不害、不割、不伤。以大制不割为例，王弼注以为"大制者，以天下之心为心，故无割也"（《老子注》第二十八章）。割是害的意思，与此类似的说法还有"方而不割"，其义为"不以方割物，所谓大方无隅"（《老子注》第五十八章）。这些说法都体现出对于万物的体贴和守护，肯定万物存在本身之合法性。圣人或君主统治的目的不是伤害百姓或万物，而是"利而不害"的因而成之。在老子看来，有为则难免"以方导物"，通过立形名、明赏罚、尚美善来确立治理的标准，以引导和规范万物，必将导致弃人、弃物之后果。标准即所谓极，老子强调"莫知其极""无极"，[1] 以此来拒绝一个普遍的标准。《庄子》对此有更深入而具体的论述，《马蹄》言马有其真性，而伯乐善治马，整之齐之，而马之死者过半。同样，"陶者曰：'我

---

[1] 参见拙文《从皇极到无极》，《北京大学学报（哲学社会科学版）》2018年第6期。

善治埴'，圆者中规，方者中矩。匠人曰：'我善治木'，曲者中钩，直者应绳。夫埴木之性，岂欲中规矩钩绳哉！然且世世称之曰：'伯乐善治马，而陶匠善治埴木'，此亦治天下者之过也"。相比某种所谓的标准或规范，道家更强调的是人和物的性命之情，即王弼反复说的"物之真"。《庄子·骈拇》云：

> 彼正正者，不失其性命之情。故合者不为骈，而枝者不为跂；长者不为有余，短者不为不足。是故凫颈虽短，续之则忧；鹤颈虽长，断之则悲。故性长非所断，性短非所续，无所去忧也。

没有一个物之外的正，物之真即是正，长者自长，短者自短，与绳墨无关。如以某种标准衡量或塑造事物，即属于老子所谓割、害或者伤。如《骈拇》所说"且夫待钩绳规矩而正者，是削其性者也；待绳约胶漆而固者，是侵其德者也；屈折礼乐，呴俞仁义，以慰天下之心者，此失其常然也。天下有常然，常然者，曲者不以钩，直者不以绳，圆者不以规，方者不以矩，附离不以胶漆，约束不以纆索。故天下诱然皆生，而不知其所以生；同焉皆得，而不知其所以得"。万物皆生、皆得，这才是道家关于治道的理想。

在这种理解之下，儒家所强调的圣人、教化和学习也失去了合法性。教化的核心是依据圣人发现的某种普遍价值（仁义）和规范（礼乐）来改变和塑造百姓，以成就善的生命和世界。按照道家的理解，教化显然是对万物之本真状态的背离，属于"以智治国，国之贼"。从老子开始,对先知型圣人即采取否定的态度,以前识为"道之华而愚之始",并把无知确立为道家型圣人的基本品格。此种圣人"知不知",所以"处无为之事,行不言之教"(《老子》第二章)。教既不立,学亦无据。故一则曰"绝学无忧",再则曰"为学日益",又则曰"学不学,以复众人之所过"。王弼注"绝学无忧"云:

> 下篇云:为学者日益,为道者日损。然则学求益其所能,而进其智者也。若将无欲而足,何求于益?不知而中,何求于进?夫燕雀有匹,鸠鸽有仇,寒乡之民,必知旃裘。自然已足,益之则忧。故续凫之足,何异截鹤之胫;畏誉而进,何异畏刑?(《老子注》第二十章)

否定学的最根本理由便是"自然已足",故益进无其必要。其注"学不学"句,也强调"不学而能者,自然也"(《老子注》第六十四章),以主张"学"者为过,所以欲复之归于不学。由此亦可见自然价值在道家治道思想中的根本地位。

三 观物之法:无己无彼

如何理解和看待物以及物之间的关系(或曰物之理),就是所谓观物。观物当然关联着知识,但同时也关联着价值和秩序。中国哲学的发生,正当三代所确立的礼乐秩序崩坏之际,因此,秩序的重建成为最急迫的时代课题,也成为哲学家们思考的中心。秩序的内涵，是基于某种知识和价值，确立万物的位置及其相互关系，形成一个维系万物及世界的形名体系。不同的秩序精神及设计，深刻影响了对于物的理解及组织方式，也形成了不同的观物之法。

儒家的秩序设计，以仁义为核心价值，以亲亲和尊尊为根本原则，以礼乐为基本制度，最终形成一个涉及伦理、政治和宇宙的整体性解释框架。这种秩序精神一方面包含着区别，一方面要求着一体，宋儒之谓理一分殊。大凡亲疏之分、尊卑之差、贵贱之等、贤愚之别等，体现的即是区别的精神。而仁则代表着一体的追求。儒家特别强调体现在礼之中的别的精神，《荀子·乐论》云"礼别异"，《荀子·礼论》亦云："曷谓别？曰：贵贱有等，长幼有差，贫富轻重皆有称者也。"此种别的精神从人类社会延伸到宇宙，体现在天地人之中。《系辞传》有一段经典的论述：

> 天尊地卑，乾坤定矣。卑高以陈，贵贱位矣……方以类聚，物以群分，吉凶生矣。

在这种理解之下，尊卑等区别就内在于宇宙秩序之中，具有当然的合法性，并成为人间秩序的依据。易学建构起一个以天地、阴阳为骨干的基本框架，不齐之万物皆被纳入这个整齐的不齐结构中。接下来，通过定位、命名等方式来确认不齐之物的差别及不同的角色，如君君、臣臣、父父、子子等，就成为儒家秩序建构的重要工作。

但道家提出了另外一种秩序精神。这种精神的核心不是以某种现成的框架规范万物,而是顺应万物之自然,并因此确立无形无名者的万物之宗地位。在此精神之下,对万物的区分就不重要,甚至没有必要,取而代之的是对混沌和一的强调。老子主张不尚贤,不贵难得之货,提倡"故不可得而亲,不可得而疏;不可得而利,不可得而害;不可得而贵,不可得而贱"之玄同境界,亲疏贵贱之分都消失在混沌之中。庄子则在彭蒙、田骈、慎到"齐万物以为首"(《天下》)的主张之上,论"万物齐一"的齐物之理,与孟子"物之不齐,物之情也"(《孟子·滕文公上》)正相反对。《齐物论》突显知的不同层次,最极致的"知"是关于无的智慧,"以为未始有物"。其次是有物而未始有封,封即区别、界限之义。更次级的知是以为有封而无是非,最后是"是非之彰也,道之所以亏也"。这些不同层次的知可以简化为无和有两种境界,即立足于无的知和立足于有的知。立足于无的知既是知无,也是无知。以此观物,世界不过是"天地与我并生,而万物与我为一"的混沌,物之间的一切界限和区分就失去了终极根据,不过是成心的产物。故其论生死,以为"方生方死,方死方生";论成毁,曰"其分也,成也;其成也,毁也。凡物无成与毁,复通为一";论大小寿夭,则曰"天下莫大于秋毫之末,而大山为小;莫寿于殇子,而彭祖为夭"。其他如是非善恶等亦然。"物固有所然,物固有所可。无物不然,无物不可。故为是举莛与楹,厉与西施,恢诡谲怪,道通为一。"所有有关物的固定的区分在道或无之中都被融化,通而为一。用王弼的语言来说,就是"无所别析"(《老子注》第二十章)。

　　道家显然发现了一种新的观物之法。这种观物方法包括两个不同而相关的环节，首先是自有至无的复归其根，然后是自无至有的道通为一。复归其根之说见于《老子》第十六章：

> 致虚极，守静笃，万物并作，吾以观复。夫物芸芸，各复归其根。归根曰静，静曰复命。复命曰常，知常曰明。

王弼注云："凡有起于虚，动起于静。故万物虽并动作，卒复归于虚静，是物之极笃也。各返其所始也，归根则静，故曰静。静则复命，故曰复命也。复命则得性命之常，故曰常也。常之为物，不偏不彰，无皦昧之状，温凉之象。故曰知常曰明也。唯此复，乃能包通万物，无所不容。"（《老子注》第十六章）依此，观物之要首先在于观复，不停留于物的世界，而是观其各复归其根。有之根为虚，动之根为静。观此虚静，谓之复命，方得物之性命之常。从王弼对常的解释来看，所谓常即无形无名的万物之宗，即物之根。复命、归根，乃至于守母、食母、致虚、守静、执一、执道等，实为一事。《老子》第一章之"观"表达的也是同样的想法。在王弼看来，所谓"无名，万物之始也；有名，万物之母也。故常无欲，以观其妙；常有欲，以观其所徼"，一方面是讲"未形无名之时，则为万物之始"，"故常无欲空虚，可以观其始物之妙"（《老子注》第一章）；另一方面是讲"及其有形有名时，则长之、育之、亭之、毒之，为其母也"，"故常有欲，可以观其终物之徼也"（《老子注》第一章）。始物终物，皆是道或无之能事。

这种归根的精神内在于道家传统之中。《庄子·知北游》明确提出本根之说：

> 今彼神明至精，与彼百化。物已死生方圆，莫知其根也。扁然而万物自古以固存。六合为巨，未离其内；秋毫为小，待之成体；天下莫不沉浮，终身不故；阴阳四时运行，各得其序；惛然若亡而存，油然不形而神，万物畜而不知，此之谓本根。

归根并非易事。如《知北游》所说："今已为物也，欲复归根，不亦难乎！其易也，其唯大人乎！"这当然需要一番在心上所做的工夫，我们留待下一部分讨论。道家所谓根，并非一有形之实有，而是"惛然若亡而存，油然不形而神，万物畜而不知"之无或道。万物皆待之以成形体，以生变化，而本根则无形体无变化。

归根之说，为以道观物奠定了基础。以道观物，也可以称之为以无观物。《秋水》云：

> 河伯曰："若物之外，若物之内，恶至而倪贵贱？恶至而倪小大？"北海若曰："以道观之，物无贵贱；以物观之，自贵而相贱；以俗观之，贵贱不在己。以差观之，因其所大而大之，则万物莫不大；因其所小而小之，则万物莫不小。知天地之为稊米也，知毫末之为丘山也，则差数睹矣。以功观之，因其所有而有之，则万物莫不有；因其所无而无之，则万物莫不无。知东西之相反，而不可以相无，则功分定矣。以趣观之，

因其所然而然之，则万物莫不然；因其所非而非之，则万物莫不非。知尧桀之自然而相非，则趣操睹矣。"

在对于物的论述中，贵贱和小大是常见的框架。它们体现着区分的精神，以完成某种类型的宇宙和人间秩序的建构。如何理解这个框架的有效性及其限制，或者完全放弃它，我们就需要回到观物的前提上来。《秋水》以贵贱为例，提出三种观物之法。一是以道观之，二是以物观之，三是以俗观之。以物观之，是立足于一物之内。立足于一物之内，物皆是己，皆以天下之美为尽在己，所以也可以称为以己观物。《齐物论》云："物无非彼，物无非是。自彼则不见，自知则知之。"如此则凡物皆己，凡物亦皆非己，彼是、己他相对，其结果就是自贵而相贱。以俗观之，虽可以超越一物之内，却仍然是在物之内。某物之贵贱不取决于自己，而取决于己之外的世俗标准。很显然，无论是以物观之还是以俗观之，都属于以有观物，分别在于其所有者不同。以道观之则完全摆脱了任何物或有的视角——无论是一物还是万物的部分或整体，进至于无物和无封之域，进至于本根。《齐物论》如此描述如何摆脱以有观之，进至以无观之的境界：

物无非彼，物无非是。自彼则不见，自是则知之。故曰：彼出于是，是亦因彼。彼是方生之说也。虽然，方生方死，方死方生；方可方不可，方不可方可；因是因非，因非因是。是以圣人不由，而照之于天，亦因是也。是亦彼也，彼亦是也。

> 彼亦一是非，此亦一是非。果且有彼是乎哉？果且无彼是乎哉？彼是莫得其偶，谓之道枢。枢始得其环中，以应无穷。是亦一无穷，非亦一无穷也。故曰：莫若以明。

以有观之是有物有己之境，必将陷入彼是是非之环，致力于发现物的界限，以明其分别，如公孙龙"白马非马""指非指"等。以无观之是无物无己之境，彼是无偶，界限泯然，谓之道枢，立于环中。如此则可以跳脱出对待之境，"天地一指也，万物一马也"（《齐物论》）。此处之明，犹"虚室生白"之白，唯以无观之方可以达至。明白于无，以此观物，则万物一齐，物的区别和界限不复存在，贵贱等更无着落。所以《秋水》云："以道观之，何贵何贱？是谓反衍。无拘而志，与道大蹇。"所谓反衍，即在自贵而相贱的反复中摆脱出来，进至于道。

在前引《秋水》的文字中，除了贵贱，还讨论了小大之差、有无之功、然不然之趣的问题。以差观之，着眼的是形体小大的不同，如世俗皆主张"大天地而小毫末"，《秋水》明确否定此说。其论证的理由有四：其一，量无穷。万物无穷无尽，以形体而论，大之外更有大者，小之内更有小者。惠施认为"至大无外，谓之大一；至小无内，谓之小一"（《天下》），仍然是局限于有限有穷的立场。如从无穷来看，则小而不寡，大而不多。其二，时无止。此就长短言，向之所长，今则为短；向之所短，今则为长。贵贱长短有时，未可以为常也。其三，分无常。此就得失言，得则大，失则小。得失不可测，不可求，变化无常。其四，终始无故。此就死生言，有形之物，忽然而生，忽然而死，不知其故。这四点理由，归结起来，大体就是两点。一是物之无穷，二是物之变化。变化则不可测，无穷则不可知。不可测、不可知，则一切的分别皆不固定，也不能确定。"由此观之，又何以知毫末之足以定至细之倪，又何以知天地之足以穷至大之域！"（《秋水》）有无之功、然不然之趣亦然，以功观之，则无物不有，无物不无；以趣观之，则无物不然，无物不不然。明乎此理，则功之有无、趣之然不然的区分不过是人所构造的形名世界的产物，在道或天的世界中，即在无的世界中，则毫无存身之地。

以道观物，则道通为一。不同的学派都主张一，但是内涵迥异。以惠施为例，其所谓大一指"天地一体"之整体，小一指不可分的至微之物。道家所说的一，并非万物紧密地连接在一起所构成的整体，而是破除了物之清楚分别和明确界限之后的通达之境，即《齐物论》所谓"其次以为有物矣，而未始有封也"。在这个意义上，一是混沌，老子说"混而为一"，《庄子·天地》篇所谓混沌氏之术，正是"识其一，不知其二"。但如果没有"未始有物"的洞见，仍然会陷入对有物的执着，一也会生二、生三。如《齐物论》所说："天地与我并生，而万物与我为一。既已为一矣，且得有言乎？既已谓之一矣，且得无言乎？一与言为二，二与一为三。自此以往，巧历不能得，而况其凡乎！故自无适有，以至于三，而况自有适有乎！无适焉，因是已！"在这个意义上，一就是无。王弼解释《老子》第四十二章云："万物万形，其归一也。何由致一，由于无也。由无乃一，一可谓无。"此一不是实存意义上的万物整体，而是观物意义上的对于万物分别的破除。《知北游》云：

> 物物者与物无际，而物有际者，所谓物际者也。不际之际，际之不际者也。谓盈虚衰杀，彼为盈虚非盈虚，彼为衰杀非衰杀，彼为本末非本末，彼为积散非积散也。

际作为界限，与封同义，是立足于物、以有观之的结果。当我们回到物的本根处，回到一和无那里，际和封就消失了，世界呈现为一个无始无终无际无封的变化之流。所谓的际不过是不际之际，既然是不际之际，对于物际就不必固而执之。以盈虚衰杀为例，自道观之，则方盈方虚，方衰方杀。盈虚也就不成其盈虚，衰杀也不成其衰杀。生死、美恶亦然，"生也死之徒，死也生之始，孰知其纪？……故万物一也。是其所美者为神奇，其所恶者为臭腐。臭腐复化为神奇，神奇复化为臭腐。故曰：通天下一气耳。圣人故贵一"（《知北游》）。变化让每一个事物都不停留于自身，而是随时转化为他者。造物者无来由地把我们带入一连串的未知的状态，"物之傥来，寄者也。寄之，其来不可圉，其去不可止"（《缮性》），果然如此，事物的真实存在状态不过是"寄"与"化"，即《齐物论》所谓"物化"。依此理解，庄周和蝴蝶之间的区分只是在"寄"的某一时刻有效。当"寄"去的时候，庄周和蝴蝶一起都消失在无穷尽的无常变化之中，庄周或成为蝴蝶，蝴蝶或成为庄周，当界限破除的时候，无限生成的可能性打开了。

正是在这里，以道观之的意义得以显示。它把事物从立足于己或者有的"拘束"中释放出来，解开各种由"待"所形成的"结"。《秋水》描述了几种被拘束的情景："井蛙不可以语于海者，拘于虚也；夏虫不可以语于冰者，笃于时也；曲士不可以语于道者，束于教也。"有限的空间、时间和有限的知识都把我们限制在一个有限的视域中，有限的心灵构造出一个坚固的自己。我们只能如蜩与学鸠观看到自己所规定的世界，却看不到一个更大的、无限可能的世界。"朝菌不知晦朔，蟪蛄不知春秋"，"瞽者无以与乎文章之观，聋者无以与乎钟鼓之声"（《逍遥游》），这种状态下的每一个人都是河伯。若能以道观之，每一个小鸟都会成为大鹏，每一个河伯都会成为海若，看到一个无待的新世界。在这个新世界中，每一个物都获得新的理解，原本有用之物也许成为限制或危害我们的东西，而原本无用之物则成为"逍遥乎寝卧其下"的庇护所。世界在以道观之中成为新的世界，而我们也在以道观之中成为新的我们。

同样改变的是物和物之间的关系。"自本观之……虽有寿夭，相去几何？须臾之说也，奚足以为尧桀之是非！"（《知北游》）它们不再处于无休止的分辨和争斗、控制和反抗之中，取而代之的是物在混沌内的变化和共生，"万物群生，连属其乡；禽兽成群，草木遂长""同与禽兽居，族与万物并"（《马蹄》）。庄子用"相与于无相与"（《大宗师》）来表达这种大化流行中万物共生的关系。相与不是单向度的给予或赐予，不是推己及人或舍己效人，而是自得自适基础上的"万物虽聚而共成乎天，而皆历然莫不独见矣"（郭象《齐物论》注）。道家从来没有设想过霍布斯丛林式的自然状态，在这种相与关系中，万物之自然各得以保存的同时，彼此之间也处在相造乎道的和谐秩序之中,"天德而出宁,日月照而四时行,若昼夜之有经,云行而雨施矣"(《天道》)。道家所设想的也不是建立在仁义基础之上的天地万物一体,那被看作刻意的作为,或者有心的胶结。相与建立在无相与之上。因此,它不是"相呴以湿,相濡以沫"的接济,而是"相忘于江湖"的自在。在庄子看来,只有"相与游乎无何有之宫"(《知北游》),"登天游雾,挠挑无极,相忘以生,无所穷终"(《大宗师》)者,才能在现实世界中建立起这种相与于无相与的关系。

四 心性之归:无知无欲

政治秩序设计中一个重要的问题是对于人本身的理解。只有当某种秩序精神契合于人性扎根于人心的时候,才会获得坚实的基础,其合法性也会充分地呈现出来。儒家对礼乐秩序的重建,很重要的一个方向就是从生命内部寻找根据,其结果便是心性问题的凸显。孟子当然是最典型的代表,郭店楚简《五行》和《性自命出》让我们看到了早期儒家更多探索性的思考。大体说来,儒家是在善恶的框架之中思考人性,以塑造一个适应礼乐秩序的伦理生命。而心灵是认知或者安放人性的关键所在。性善性恶等主张的不同让儒家各派把治道安放在不同的重心之上,但根本方向并无大的差异。同时,儒家把心视为一个能思能虑的主体,孟子强调心之实有,内具仁义礼智之端,通过内省之思可以知性知天;荀子则强调心之能知的性质,通过虚一而静的工夫可以知道知礼,进而化性起伪。无论如何，心的积极活动及其与性的互动关系对于儒家心性论来说是共通的主张。

道家以自然价值为中心的政治秩序，要求的是无知无欲、自在自得的素朴生命。由此出发，一方面对于治道有其相应的设计，另一方面对于心性有其自己的理解。沿袭着老子"常使民无知无欲"之说，《庄子·马蹄》篇如此描述道家的理想世界：

> 吾意善治天下者不然。彼民有常性，织而衣，耕而食，是谓同德。一而不党，命曰天放。故至德之世，其行填填，其视颠颠。当是时也，山无蹊隧，泽无舟梁；万物群生，连属其乡；禽兽成群，草木遂长。是故禽兽可系羁而游，乌鹊之巢可攀援而窥。夫至德之世，同与禽兽居，族与万物并，恶乎知君子小人哉！同乎无知，其德不离；同乎无欲，是谓素朴。素朴而民性得矣。

民有常性，而民性之本，在于素朴。值得特别指出的是，素朴并不是性的具体规定性，它就像是一个纯白的背景，让事物的常性如实地呈现。道家论人性，既不落于伦理之善恶，也不堕于情欲之浅深，[1] 而归于德之自然、生之本真。无分辨之知，无外求之欲，各得其所，不相扰乱，甘食美服，安居乐俗，皆在其中。性不离德，

---

[1] 张岱年说："道家所谓性，既非孟子所讲仁义之性，亦非荀子所讲情欲之性。"见《中国哲学大纲》，《张岱年全集》第二卷，第 224 页。

德同于道,是一大关键。《庚桑楚》以道德生性并称,谓"道者德之钦也,生者德之光也,性者生之质也,性之动谓之为,为之伪谓之失",此以性为生之质,犹言生之朴、生之真,乃是与生俱来的生命本身,[1] 其本在于道德。《庄子》最忧虑者,是天下之"淫其性""迁其德"。俗人失性,乃因为远离其本,动而之为,为而之伪。《在宥》以为明、聪、仁、义、礼、乐、圣、知,皆是使天下将不安其性命之情者。《天地》直言失性有五:

> 一曰五色乱目,使目不明;二曰五声乱耳,使耳不聪;三曰五臭熏鼻,困惾中颡;四曰五味浊口,使口厉爽;五曰趣舍滑心,使性飞扬。此五者,皆生之害也。而杨墨乃始离跂自以为得,非吾所谓得也。夫得者困,可以为得乎?则鸠鸮在于笼也,亦可以为得矣。

这段话很容易让人想起《老子》第十二章"五色令人目盲,五音令人耳聋,五味令人口爽,驰骋畋猎令人心发狂,难得之货令人行妨",但老子并未直接讨论性的问题。作为生之质的耳聪目明,乃性之所具。至于耳目鼻口心等为外物所役,则离德失本,不得其本性之用。针对儒家以仁义为人性的说法,道家明确地表达了否定的态度。《骈拇》指出"意仁义其非人情乎!""多方乎仁义而用之者,

---

[1] 所以道家以为婴儿最能体现人之真性,因其含德之厚。王弼注《老子》第五十五章云:"含德之厚者,不犯于物,故无物以损其全也","无物可以损其德,渝其真"。

列于五藏哉,而非道德之正也"。对五味、五色等的追逐也不在性之内。《骈拇》云:

> 且夫属其性乎仁义者,虽通如曾史,非吾所谓臧也;属其性于五味,虽通如俞儿,非吾所谓臧也;属其性乎五声,虽通如师旷,非吾所谓聪也;属其性乎五色,虽通如离朱,非吾所谓明也。吾所谓臧者,非所谓仁义之谓也,臧于其德而已矣;吾所谓臧者,非所谓仁义之谓也,任其性命之情而已矣;吾所谓聪者,非谓其闻彼也,自闻而已矣;吾所谓明者,非谓其见彼也,自见而已矣。夫不自见而见彼,不自得而得彼者,是得人之得而不自得其得者也,适人之适而不自适其适者也。夫适人之适而不自适其适,虽盗跖与伯夷,是同为淫僻也。余愧乎道德,是以上不敢为仁义之操,而下不敢为淫僻之行也。

大凡仁义、五味、五声、五色等,皆非性之所有,逐之通之则失性。道家言性,始终不离道德,也就不离万物之自然。万物皆有其各得于道、畜于德而属于自己的性命之情[1],"彼正正者,不失其性命之情。故合者不为骈,而枝者不为跂;长者不为有余,短者不为不足。是故凫颈虽短,续之则忧;鹤颈虽长,断之则悲。故性长非所断,性短非所续,无所去忧也"(《骈拇》)。很显然,不存

---

[1] 如果从孟子性命之分的角度看《庄子》性命之情之说,道家论性不落于善恶框架,而重在生之质的特点就更加清晰。

在普遍的物性或人性,也就不存在一个关于性的一般而具体的规定。[1]《庄子》论性、命,经常提到不知其然或所以然,如"圣人达绸缪,周尽一体矣,而不知其然,性也"(《则阳》),"吾生于陵而安于陵,故也;长于水而安于水,性也;不知吾所以然而然,命也"(《达生》)。其实质,是拒绝以某种普遍的内容或框架来理解人性,而让每个具体的人性隐藏在玄冥之中。这个隐藏在玄冥之中的人性构成了每个事物或人的"自",也只向自己敞开。依此,任何以某种普遍的知识或框架来规定人性,塑造生命的行为,都是对其性命之情的背离。所以《骈拇》论生之所具的聪明,不是外向的追逐或看齐,乃是内向的自觉,是自闻自见之后的自知,自得其得、自适其适,而不是见彼得彼的舍己以逐人。欲保此性不失,必须反归于德、固守其性命之情。《天地》对此有清晰的论述:

> 泰初有无,无有无名。一之所起,有一而未形。物得以生谓之德;未形者有分,且然无间谓之命;留动而生物,物成生理谓之形;形体保神,各有仪则谓之性。性修反德,德至同于初。同乃虚,虚乃大。合喙鸣,喙鸣合,与天地为合。其合缗缗,若愚若昏,是谓玄德,同乎大顺。

---

[1] 冯友兰说:"道家亦说性、命,其所说性、命之意义,与德相同……我们说道家所说之德,乃一事物所得于道,而以为其物者;而不说德乃一类事物所得于道而以为其类之事物者。我们所以如此说,因为道家注重个体,他们不但不说一类事物所必依照之理,似乎对于类亦不注意。"见《新理学》,《三松堂全集》第五卷,北京:中华书局,2014 年,第 101 页。

论万物之性必须从无开始。从无到性，一、德、命、形呈现为一个生成的链条，性在形体与神统一的仪则中呈现出来。但这不是一个彼此割裂的链条，万物之性只有在与无的连接中才能真正得到保持。由此来看形体保神之说，形体属于物的性质，而神则是性修反德，德至同于初的关键，以免其堕落入形名的世界。[1] 如此，事物虽通过形体而得到分化，仍能不散其纯朴。《天地》此处的叙述，从无开始，而反归于无。如此，虽已为人，而仍然与天地为合。[2] 与天地为合之人，即所谓天人、神人、至人、真人、圣人等不同称谓指向的理想生命，其共同点是不离其本根。如《天下》篇所说："不离于宗，谓之天人；不离于精，谓之神人；不离于真，谓之至人。以天为宗，以德为本，以道为门，兆于变化，谓之圣人。"统言之，宗、精、真皆本也、无也。不离于无则德全，进而形全神全，以得其性。

对于此不离于无的生命，《逍遥游》有更具体的表达，那就是"至人无己，神人无功，圣人无名"。要达到此种境界，当然需要实在的工夫。这种工夫，只能在心上做，做到以无为心，"游心于淡，合气于漠"（《应帝王》）。道家论心，从老子开始，即主张虚其心、无心。为此，就必须处理经验世界里心与情欲、思虑、认知及

---

[1] 《庄子·天道》："极物之真，能守其本。故外天地，遗万物，而神未尝有所困也。"形体保神，则能守物之本真。
[2] 庄子常以天与人相对，"子，天之合也；我，人之合也"（《天道》），"天之小人，人之君子；人之君子，天之小人也"（《大宗师》）等。

伦理的关联。老子给出的办法是"涤除玄鉴"[1]，"玄鉴"是比喻性的说法，心就像是一面镜子，只有在虚静的状态下，才能如实地观照万物，观照自己，并通达于道。涤除是清空内心之知欲等，以达到虚静，并以"塞其兑，闭其门"的方式阻断外物通过感官朝向心灵的途径。事实上，对于"塞其兑，闭其门"，将其视为象征性的表达应该更为确切，其真正的意义不过是拒绝心为物役。相比于老子，庄子呈现给读者的工夫体验更加丰富而具体。他对于经验世界中囿于己而溺于物之心有惟妙惟肖的表述，称其为"近死之心，莫使复阳也"（《齐物论》）。近死之心，也就是成心。庄子仍然要使之复阳，"吾丧我"是他开出的复阳之方。"丧我"即"无己"，而无论是"我"或"己"，其实都是体现在经验世界的那个"成心"。破除成心，方能闻道。[2] 庄子接过老子的"涤除玄鉴"之法，进一步提出"心斋"和"坐忘"作为得道的工夫。《人间世》云：

> 若一志，无听之以耳，而听之以心。无听之以心，而听之以气。听止于耳，心止于符。气也者，虚而待物者也。唯道集虚，虚者，心斋也。

---

[1] 通行本作"涤除玄览"，此依帛书本改。
[2] 陈鼓应说："'吾丧我'即是由破除偏执成心的小我（'丧我'），而呈现'万物与我为一'的大我（'吾'）之精神境界。"见陈鼓应：《庄子人性论》，北京：中华书局，2017年，第16页。

一志之一,即无。"一志",与老子"虚其心……弱其志"略同。"大音不入里耳",听之以耳,不过五音;听之以心,不过六律;只有听之以气,希声之大音方可得而闻。如《天地》所说:"视乎冥冥,听乎无声。冥冥之中,独见晓焉;无声之中,独闻和焉。"以气听是"虚而待物",有赖于心灵之虚,此即心斋,与道相通。由耳而心而气,是一个脱实入虚、从有到无的过程。但是,在经验世界中,我们的心灵已经被很多知识或者观念所充斥,要致虚,就必须将其排除出去,庄子特别强调一个"忘"字。《大宗师》借孔子和颜回的对话,从忘仁义开始,经过忘礼乐,一直达到坐忘:

堕肢体,黜聪明,离形去知,同于大通,此谓坐忘。

这是一个破除成心的过程。成心之成,既源于肢体之形,也囿于聪明之知。离之去之,以至于虚,无好无恶,无执无求,便可同于大通之道。与"忘"类似的还有"外",《大宗师》云:

以圣人之道告圣人之才,亦易矣!吾犹守而告之,参日而后能外天下;已外天下矣,吾又守之,七日而后能外物;已外物矣,吾又守之,九日而后能外生;已外生矣,而后能朝彻;朝彻,而后能见独;见独,而后能无古今;无古今,而后能入于不死不生。杀生者不死,生生者不生。其为物,无不将也,无不迎也,无不毁也,无不成也。其名为撄宁。撄宁也者,撄而后成者也。

外便是涤除玄鉴,把天下、物和生置之心外,无名、无功、无己,则虚室生白,谓之朝彻,彻是通的意思。通然后见独闻道,知古今、死生、将迎、成毁一也。如此,虽世界纷纷扰扰,心灵宁静如水,此即所谓撄宁。

庄子在心上所做的工夫,归根到底,就是一个"虚"字。[1]"无为名尸,无为谋府,无为事任,无为知主。体尽无穷,而游无朕。尽其所受乎天,而无见得,亦虚而已。至人之用心若镜,不将不迎,应而不藏,故能胜物而不伤。"(《应帝王》)名、谋、事、知,皆是外物挠心之属,唯有忘之外之,才能让心摆脱外物的控制、成心的限制,成其天,致其虚,而游于无穷。心灵这种无待而逍遥的状态,《外物》称之为"心有天游"。《庄子》多言"游"字,都指虚其心之后的无执无滞而言。虚则静,故道家常以虚静连言。《德充符》描述兀者王骀之用心云:"死生亦大矣,而不得与之变;虽天地覆坠,亦将不与之遗;审乎无假而不与物迁,命物之化而守其宗也。"核心就是不与物迁。不迁则静,静则明,可以为天地万物之镜。《天道》以此为圣人之德:

> 圣人之静也,非曰静也善,故静也;万物无足以铙心者,故静也。水静则明烛须眉,平中准,大匠取法焉。水静犹明,而

---

[1] 陈鼓应说:"老子虚静说著称于世,但《庄子》内篇中'静'的概念却未得一见。对比之下,内篇着力于发扬'虚'的观念,突出'虚其心'——阐发'心灵'的开阔性。"见《庄子人性论》,第82页。

> 况精神！圣人之心静乎！天地之鉴也，万物之镜也。夫虚静恬淡寂寞无为者，天地之平而道德之至，故帝王圣人休焉。休则虚，虚则实，实则伦矣；虚则静，静则动，动则得矣。(《天道》)

所谓静，并非死的寂静，而是万物及其变化不足以搅动内心。此即前述《大宗师》"撄宁"之义。撄宁乃是动中得静，动中得静，则静不废动。《天道》以水为譬，水静则明，可以为鉴。圣人之心亦然，当其静之时，天地万物无遮无蔽，皆如实呈现其中。此与《德充符》"人莫鉴于流水，而鉴于止水。唯止能止众止"之说同一用意。但道家并不止步于此，心灵的虚静不限于个人的成圣，成圣之后乃是对于物的成就。由此，我们看到心灵的工夫与治道之间的连接。治天下的关键乃是治身，治身之要则在于心，正是道家一贯的主张。《在宥》述黄帝往见广成子，问治天下而不得。三月之后，再往见之：

> 广成子南首而卧，黄帝顺下风膝行而进，再拜稽首而问曰："闻吾子达于至道，敢问：治身奈何而可以长久？"广成子蹶然而起，曰："善哉问乎！来，吾语女至道：至道之精，窈窈冥冥；至道之极，昏昏默默。无视无听，抱神以静，形将自正。必静必清，无劳女形，无摇女精，乃可以长生。目无所见，耳无所闻，心无所知，女神将守形，形乃长生。慎女内，闭女外，多知为败……天地有官，阴阳有藏，慎守女身，物将自壮。我守其一以处其和，故我修身千二百岁矣，吾形未尝衰。"(《在宥》)

作为治道核心的无为需要修身来支撑，其中由心无所知而来的精神之清净是修身之要。司马谈《论六家要旨》述道家，先说无为而无不为，最后归结为"神者生之本也，形者生之具也。不先定其神形，而曰我有以治天下，何由哉"，确实把握了道家的精神。在这个意义上，作为人君的帝王之修身关联着治道，也关联着万物之生存状态。治道落实到心性之上，也就成为自然之事。

五　无与道家的秩序形上学

以上，我们从万物之宗、治道之本、观物之法、心性之归四个方面讨论道家哲学中无的意义。不难发现，无的观念贯穿在几乎所有被思维的领域，通过无形无名、无为无极、无己无彼、无知无欲等词汇，无成为这个哲学传统最根本性的原则，也成为道家哲学精神的标志性观念。这样的讨论并不是要割裂无的整体性，事实上，如我们在上述部分已经提及的，作为整体的无的观念主要指向着一种秩序精神，以构造一个有秩序的世界。这种秩序精神以政治秩序为中心，延伸到宇宙、生命和知识等领域，开辟出一个不同于儒家、墨家和法家的思想世界。以此来看其他的哲学传统，都是不同形式的"有"的原则的体现。道家的出现让主要围绕着秩序问题展开的中国哲学内部清楚地呈现出两个根本性原则的对峙，一个是道家所代表的无的原则，另一个是儒家、墨家和法家等代表的有的原则。

这两个原则的区分在老子、庄子以及王弼的著作中都有明确而清晰的论述。这种论述一方面围绕着无和有作为最高原则的差异而展开,另一方面则体现为道家和其他诸子之间的不同。王弼《老子指略》云:

> 言之者失其常,名之者离其真,为之者则败其性,执之者则失其原矣。是以圣人不以言为主,则不违其常;不以名为常,则不离其真;不以为为事,则不败其性;不以执为制,则不失其原矣。……而法者尚乎齐同,而刑以检之;名者尚乎定真,而言以正之;儒者尚乎全爱,而誉以进之;墨者尚乎俭啬,而矫以立之;杂者尚乎众美,而总以行之。夫刑以检物,巧伪必生;名以定物,理恕必失;誉以进物,争尚必起;矫以立物,乖违必作;杂以行物,秽乱必兴。斯皆用其子而弃其母。物失所载,未足守也。

有的原则表现为言、名、为、执,表现在各家之中便是各有其所尚。其所尚者即其所言、所名、所为、所执者。以此施之于物,则有检物、定物、进物、立物和行物之举,其结果则是使物失所在,朴散真离。法、名、儒、墨、杂诸家所尚虽不同,但其属于有的原则却相同,物失所在的结果也相同。概括言之,有的原则意味着:第一,肯定一个名和言的世界。所谓名言,即是基于某种价值和知识而来的对于事物的理解和描述,以将事物纳入某种秩序之中。如王弼所谓儒家之全爱基于伦理价值,以亲疏或贵贱之名组织事物,理解世界。法家之齐同则基于功用价值,不别亲疏,不殊贵贱,一断于法。其共同点在于肯定某种有明确规定性因此也是有限的价值，并将之普遍化为某种超越或合理之物，以裁制万物。在此基础之上，成就一种秩序精神并进行形名制度构建，如儒家之礼乐或者法家之法术。第二，肯定基于此价值和制度而来的对于物的塑造或改变，即为和执，如儒家之教化或法家之赏罚。有的原则把正名即以名定实视为积极的治理方式，用王弼的话来说，便是"任名以号物"。物的自私或恶的本性（法家及荀子），或者物的不完满性（孟子）等成为其需要被塑造或改变的认知依据。

不难发现，王弼关于有的原则的论述重点放在了此原则如何理解和组织事物之上。有的原则必须确立一个在物之上、超越任何一个物的普遍秩序，每个事物都被纳入这一秩序之中。这种普遍秩序通过形名建构体现为规范人类生活的各种制度，以命名的方式确立物所具有的位置及其相互关系。普遍之名和特殊之物之间的缝隙不可避免地导致以名号物情形的出现，带来对于事物的强制、扭曲或戕害。这既是普遍者和具体事物之间的冲突，同时也是具体事物之间的冲突，如王弼所说温和凉之间的对立。在王弼看来，其实质是有的原则把某种特殊之物普遍化，从而化身为对于其他特殊之物的主宰力量。它在肯定了某些事物的同时，压制、排斥甚至毁灭了其他事物。因此，有的原则毫无例外地表现为一种在事物内部所进行的明显的区分，无论是通过善恶的标准还是功用的标准。

正是在这种理解之下，通过反思有的原则，无的原则才被提了出来。这个原则既根据某种价值理想，又遵循着思想逻辑。其价值理想是物之自然，这包含着对任何一个有限事物自生自成的肯定，以及随之而来的对任何超越于物的标准的拒绝。根据这种价值，任何一个物都不具有塑造或改变其他事物的合理性，因此，也不具有超越的地位。同时，也不存在一个普遍之物，构成特殊事物的本质。由此出发而来的新的秩序精神不是要求事物符合某种先在的超越的秩序，而是要求秩序最大限度地贴近和顺应事物。在无的原则所产生的秩序中，事物是自我规定，也因此是自我命名的。这种价值和秩序在逻辑上指向着作为本原的无，而不是任何形态的有。正如王弼所说，只有无才能保证所有事物而不是某些事物的生存，也才能保证所有事物以如其所是的方式生存，而不是扭曲地生存。

这样的无显然不能是任何意义上的有形之物，也不能是任何意义上的有名之理。在字面的意义上，无有时候被描述为是在物之先，是物之初，是万物之始、万物之宗等，这很容易给一些研究者带来误解，以为无相当于西方哲学中的本体、实体或者宋明理学中具有本体意义的理。事实上，道家的哲学家们致力于否定的正是这种意义上的对无的理解。[1] 当韩非在解释老子时严格区分道和理

---

[1] 牟宗三在对于道家哲学的讨论中，提出实有形态与境界形态的区分。"《老子》之道为'实有形态'，或至少具备'实有形态'之姿态，而《庄子》则纯为'境界形态'。"王弼解释老子，亦以道为境界形态之形上实体，而非"存有形态"。故从老子、庄子到王弼，开展出一境界形态的形上学。其特点是"以自己主体之虚明而虚明一切。一虚明，一切虚明。而主体虚明之圆证中，实亦无主亦无客，而为一玄冥之绝对"。见《才性与玄理》，长春：吉林出版集团有限责任公司，2010年，第156、126页。

的时候,[1]他确实把握到一个很重要的问题。理是内在于事物的性质,事物借此规定自己,并与其他事物区分开来。万物各异理,而道尽稽万物之理。道之所以能够尽稽万物之理,正因为它不是任何意义上的有名之理。真正说来,以无为万物之宗的说法首先是对把任何一个有形有名者视为万物主宰的否定。如"天下万物生于有,有生于无"所指示的,对万物本原的追问不能停留在有的层面。停留于有,有就成了事物的主宰,物就成了被主宰之物。其次,对于无的肯定其实是对于万物自身的肯定,对无的肯定确立了无作为本的地位,其落脚点则是此本之全有之用。无之为本,是在用中显出,离用则无本。以无为用,也是由于本之固存,无本则无用。道家在突出了无和物的区别、确立无之本之后,又把无重新安置在万物之中,以实现对于物之自然的理解和确认。无从根源上消除了对于物的主宰、占有和控制,"不塞其原,则物自生","不禁其性,则物自济"。如此则物自长足,不吾宰成。

但这不意味着无可以被取消,我们在郭象的哲学中确实可以看到这种取消的倾向。对于道家的秩序精神来说,无是必需的。《庄子》所谓无无的说法是拒绝把无视为一物或一理,视为任何形式的有。事实上,无论是基于现实的考虑,还是思想的逻辑,道家都需

---

[1] 《韩非子·解老》:"道者,万物之所然也,万理之所稽也。理者,成物之文也;道者,万物之所以成也。故曰:'道,理之者也。'物有理,不可以相薄;物有理不可以相薄,故理之为物之制。万物各异理,万物各异理而道尽稽万物之理,故不得不化;不得不化,故无常操。"理为定理,道无定理。理可道,而道不可道。此韩非所谓道理之大别也。

要一个作为万物之本的无，需要作为本的无所发挥的作用。从现实的考虑出发，以政治秩序为例，从老子到王弼，道家整体上肯定"君—臣—民"的权力架构，现实世界需要一个位居权力中心的天子，如老子四大之中的王，或者王弼所说"治众者至寡者也"（《周易略例·明象》）的至寡者。如果把民或百姓比作万物的话，那么天子或王对应的就是无的角色。道家谋求在肯定天子崇高地位的同时，以无来确定天子之位，规定天子之心，界定天子之德，从而重新塑造天子与百姓之间的关系。对无的肯定与政治秩序中对天子的肯定是等价物。从思想的逻辑来说，无在赋予每一个事物生化自主性、合理性的同时，对于物本身和物之间的关系都提供了一种新的同时也是超越的视角。物被视为自然之物，在各有其性、自生自化中获得其位置，体无的圣人或天子负有"全有"之责，包括物之俱存和物之真。物与物之间的关系不应该基于任何人为的知识或价值而建立，无论是伦理的知识还是功用的知识。它也不应该建立在偏向任何一个事物的视角之上，通过限制物的自以为是，避免这种自以为是导致的纷争和混乱，道家希望通过无的原则呈现出一种万物之间"相与于无相与"的共生关系。

无的原则提供了一幅既自生自化又共生共化的秩序图景，对于一种贴近和顺应万物的秩序而言，它更倾向于一种柔弱、节制和宽容的秩序精神。就内在于人类社会的政治秩序而言，肯定了天子—百姓权力架构的道家，也必须要求合乎此秩序精神的天子和百姓。这让心的角色变得异常突出。包括道家在内的中国哲学传统基本上把心视为人之君，既是知识和道德的主体，同时也是意志和行为的主体。因此，心灵的不同状态就决定了现实生命与理想秩序之间的距离。很显然，不同的秩序精神要求着不同的心灵状态，也形成了对于知识和道德的不同理解。有的原则通过对关于"有"的知识的肯定奠定道德生命即合秩序生命的根基，无的原则却要求清除一切关于"有"的知识，把对于无的把握作为最高的知识，道和德也通过无加以规定。道家主张的心灵状态是无心，与此相关的是无知、无己、无为等。通过心和无的合一，虚静的心灵成为天地之鉴和万物之镜，表现在行为上则是无为无事，从而让物之自然即物性之保存成为可能，同时也让自己之本性的保存成为可能。

到此为止，我们可以对道家以无为中心的哲学进行一个概括性的描述。简单地说，与儒家一样，这仍然是一个关于秩序的哲学，以政治秩序为中心，延伸到宇宙秩序和生命秩序。事实上，对于秩序而不是存在的关注，正是中国哲学的一般特征。不同于古希腊哲学聚焦于存在和本体，发端于礼坏乐崩之际的中国哲学聚焦对秩序尤其是政治秩序的反思，探求秩序的根基。李约瑟通过其由比较视野而来的敏感指出，"中国思想中的关键词是'秩序'（order）"[1]。余敦康先生也说，"古希腊哲学着重于追问天本身，中国哲学则着重于追问天道"，"道是从传统的天人之学中抽象出来的，也就是

---

[1] 李约瑟：《李约瑟中国科学技术史第二卷：科学思想史》，何兆武等译，北京：科学出版社，2018年，第305页。

说，它是一个关系范畴，而不是一个存在范畴"。[1] 秩序问题关注的不是万物背后或之上的存在，而是既有的万物之间的关系，以及这种关系的来源和依据。它倾向于在一个关系的整体中把握事物，并把在关系整体中呈现出来的价值及模式视为更根本的东西。这个更根本的东西，中国哲学一般称之为道或天道。而对于道家而言，道主要通过无的观念加以表达，其意义则呈现在无和万物以及物和物的关系之中。

这种哲学形态，很难简单地用我们比较熟悉的宇宙论、本体论、知识论等来界定或描述。道家哲学当然有关于宇宙的论述，但其论述的重点不在于万物生成的具体过程，或宇宙的结构，[2] 道家真正关心的不是万物在物理意义上的生成，或者构成万物的物理原素，而是万物何以生成，如何保证万物在各存其本性的前提之下生成，以及如何在无的原则之下确立万物之间的共生关系。归根到底，这是一个秩序的问题。同样地，无也不是本体论意义上的本体或实体，无不是万物的本质，不提供给万物任何具体的规定性，它

---

[1] 余敦康：《魏晋玄学史》（第二版），北京：北京大学出版社，2016年，第93、91页。张东荪比较早地通过对言语构造的分析指出中国哲学相较于西方哲学而言，始终没有本体（substance）的思想观念；这一论点被李约瑟总结为："欧洲哲学倾向于在实体中去寻求真实性，而中国哲学则倾向于在关系中去寻求。"见张东荪：《从中国言语构造上看中国哲学》，载《知识与文化》，长沙：岳麓书社，2011年，第182—198页。李约瑟：《李约瑟中国科学技术史第二卷：科学思想史》，第509页。

[2] 如果把道家和阴阳五行家做一个对比，这个特征就非常明显。阴阳五行家通过天道、阴阳、四时和五行等观念，构造了一个完整的宇宙结构，并将天地人纳入其中。

只是万物自生自化、共生共化秩序的保证。但无明显具有超越的性质，无形无名让它与任何的一个事物区分开来，它不是物且超越万物，是万物之本，是价值和秩序的根基。值得注意的是，这种超越并没有导致肯定一个万物之上的主宰，无论是人格化的帝或者规范性的理。史华慈曾经用内在超越来描述中国思想，其特征是"将超越者与一种内在的宇宙和社会的秩序关联起来"[1]，无的哲学基本符合这一描述。但这种关联是通过所谓超越者（无）作用于万物的方式来呈现的。超越不是体现为主宰，而是作用。具体来说，无之用证成了其作为万物之宗的超越地位。而无之用就落实为现实世界的秩序。在这个意义上，道家以无为中心的哲学可以称为一种关于秩序的哲学，或者一种秩序形上学。[2] 这种形上学主要围绕着秩序

---

[1] 史华慈在论述墨家思想的特征时说："Here we find a definite reaction (but a reaction without much influence on the subsequent history of China) against the tendency to associate the transcendent with the notion of an immanent cosmic and social order."普鸣在《成神》一书中引述时认为，"将超越者与一种内在的宇宙和社会的秩序关联起来"是中国思想的主流倾向（dominant tendency）。见 Benjamin I. Schwartz, "Transcendence in Ancient China." Special Issue: Wisdom, Revelation, and Doubt: Perspectives on the First Millennium B.C. *Daedalus,* Spring 1975, p.67。

[2] 关于道家形上学的讨论，已经有相当多的成果。我的同事王中江和郑开都有专门的著作，见王中江：《道家形而上学》，上海：上海文化出版社，2001 年；郑开：《道家形而上学研究》（增订版），北京：中国人民大学出版社，2018 年。他们都肯定道家哲学的形而上学特征，王中江从学术史的角度比较系统地梳理了从形而上学角度理解中国哲学的历史，以为道家形而上学是中国形而上学的主体或主线，并从本体论与宇宙论的统一，人与天、自然秩序与社会秩序的统一，对直觉和体认的注重等角度概括其基本特征。王中江还指出，道家从无形、无名与有形、有名的对待中讲其形而上学，可以叫作"无形之学"或"无名之学"。"道家从与'有形'、（转下页）

问题展开，并在发掘秩序根基的过程中开拓出形上的领域，再返回到成就形下世界的作用之中。[1]

必须指出，道家哲学内部的丰富性让其与秩序的关系呈现出比较复杂的面向，尤其在与儒家等传统的比较视野中就更是如此。在一些人看来，道家通过对混沌和自然等观念的强调，呈现出某种程度上秩序反对者的形象，并寻求在秩序之外的生活。嵇康"越名教而任自然"（《释私论》）的态度无疑是一个明显的例证。但需要辨析的是，类似的态度是反对所有的秩序，还是某一种秩序？我们或许可以找到某些极端的主张，譬如偶尔可见的无君的说法，以及离群索居的生活，但从整体上来说，道家仍然在肯定一种秩序，当

（接上页）'有名'相对的'无形'、'无名'中，把捉'形上之道'，表明道家哲学对感性世界和超感性世界不同的明确意识，也表明它没有被局限在有形的具体事物中，而是以敏锐的直觉和体认达到了无限、达到了最高的智慧。这种智慧特征与西方所追求的形上世界，整体上仍是相通的，即都是对非感性超越者的神悟。"（第28页）郑开提出道德形而上学、审美形而上学、境界形而上学等说法，最后归之于境界形而上学。他说："所谓道家形而上学，其实就是关于'无'的理论；实际上，道家所谓'无'就是'虚无的境界'和'一种理想'。道家形而上学理论的根本特征就是注重内在体验，旨在阐明生活意义和生命价值。道的真理在也只有在体征与实践过程中才呈现出来。因此道家哲学的中心论题一直围绕着如何证道的真理，即如何借助于实践智慧来指示生活意义和生命价值而展开。如果说道家解决了他们所要解决的问题的话，那就是他们建构起来的精神境界……我们有理由把道家哲学归结为关于精神境界的学说（内容上），由于它的形而上学的理论特征（形式上），就不妨称为境界形而上学。"（第357—358页）这些认识和本文的讨论之间有很多相通之处，不同之处在于，本文把秩序问题置于道家哲学思考的中心，并提出秩序形上学来描述道家哲学的主流形态。

[1] 关于秩序形上学的更详细的讨论，我想在另文中详细阐述。

然是和儒家、法家等不同的秩序。道家哲学的主体,便是对于这种秩序根据的追问,以期建立一个以政治秩序为中心,合宇宙、生命为一体的理想世界。

无的发现与确立

——附论道家的形上学与政治哲学

在宋儒张载看来，言有无与否是辨别儒家与诸子的一个重要标志。"大易不言有无，言有无，诸子之陋也。"（《正蒙·大易》）此诸子尤指道家而言，老庄皆喜谈有无，而大易只言幽明。[1] 有无与幽明的根本不同，在于幽明之说破除了虚无的本体，将体用打成一片。张载云："若谓虚能生气，则虚无穷，气有限，体用殊绝，入老氏'有生于无'自然之论，不识所谓有无混一之常。"（《正蒙·太和》）按此说，老氏"有生于无"之论割裂有与无，以无为体，以有为用，而体用殊绝。实则虚即气，无即有，无有之分不过幽明之别，此即有无混一之常。[2] 此后，朱熹与陆九渊关于周敦颐"无极而太极"句的争论也关联着有和无的问题。象山以为濂溪

---

[1] 《周易·系辞传》："仰以观于天文，俯以察于地理，是故知幽明之故。"幽明犹言隐显，韩康伯以为即无形和有形之象，朱熹认为与死生鬼神等皆为阴阳之变。

[2] 朱熹也有类似的说法："《易》不言有无。老子言'有生于无'，便不是。"见《朱子语类》第八册，北京：中华书局，1986年，第2998页。

在太极之上言无极，乃老氏之学，并非《周易》宗旨。晦翁则为濂溪辩护，以为无极不过是对太极的形容，以避免人们误解太极为一物，并非太极之上者。朱陆的观点虽然不同，但在对无的拒绝上并无二致。宋儒的上述讨论涉及中国思想传统上一个重要的问题，即最早由道家所开辟出来的无的传统。本文尝试讨论此传统从发现到确定的几个主要环节，并试图揭示道家形上学传统与政治哲学之间的关系。

一 老子：无的发现

老子一般被认为是中国形上学传统的开创者，这主要是因为通过对本原的思考与寻找，他把人们从物的世界引入道的世界（《老子》第四十二章："道生一，一生二，二生三，三生万物"）[1]，从有的世界引入无的世界（第四十章："天下之物生于有，有生于无"）。物与道、有与无，这两组关系并不能等量齐观。原因很简单，在老子那里，物的世界并不就是有的世界，而道的世界也不就是无的世界，道与物都是有无共同体。这也许并不符合学者一般的印象，但却是思想史的事实。让我们分析下《老子》的第十一章：

---

[1] 本文所引《老子》及王弼《老子注》《老子微旨例略》皆依据《王弼〈老子注〉研究》中第二编第三、四章所校订出的文本。见瓦格纳：《王弼〈老子注〉研究》，杨立华译，南京：江苏人民出版社，2008年。

> 三十辐共一毂，当其无，有车之用；埏埴以为器，当其无，有器之用；凿户牖以为室，当其无，有室之用。故有之以为利，无之以为用。

很显然，这里的无和有，都是就具体的事物而言。对于车来说，三十辐是有，毂之中空处是无；对于器来说，埴是有，器之中空处是无；对于室来说，各种材料所构成的墙壁户牖等是有，其中空处是无。一般人往往只从有形的方面来理解物，忽略了物的中空处也是其不可或缺的一部分。老子特别指出物并不仅仅是属于"有"（有形）的，它也同时包含着"无"（中空）的向度。因此，任何一个物都是有和无的共同体，缺一不可。从这个意义上讲，"无"首先是老子在"物"中发现的。不仅如此，老子还认为在这个共同体中，"无"是比"有"更根本的存在，正是因为"无"，"有"之利才可以发挥出来。譬如，室因为有其中空处，才可以发挥容人容物的作用。"故有之以为利，无之以为用"的意义正在于此。

由此出发，老子进一步地提出"有生于无"之说。这个说法见于四十章，学者一般倾向于结合时间的因素来理解该命题，认为无是某种时间在先的存在，但在我看来，这更应该是逻辑意义上的说法。有生于无，不过是"有之以为利，无之以为用"的另外一种表述形式，只是更简洁和具概括性。其要点在于确立无相对于有而言的优先性。《老子》中多结合政治哲学来阐发此道理，如第七章：

> 是以圣人后其身而身先，外其身而身存。不以其无私邪，

> 故能成其私。

后其身、外其身、无私即无，身先、身存、成其私即有，由无而有，便是"有生于无"，也是"有之以为利，无之以为用"。可以看出，老子重在指出无和有之间的逻辑关系，必无而后有。书中此例甚多，不一一列举。需要指出者，不仅无能生有，有亦能生无，如第二十四章：

> 企者不立，跨者不行。自见者不明，自是者不彰，自伐者无功，自矜者不长。

企、跨言其有，不立、不行言其无。其余自见、自是、自伐、自矜言其有，不明、不彰、无功、不长言其无。欲求其有，反得其无，此即有而无或有生无。无而有，有而无，故老子称"有无相生"。

有无相生之说，显然是从逻辑上来论有与无之间的关系。对立者的内部存在着相通的路，道正在此处呈现出来，此即第四十章所说"反者道之动"。学者于此说法中最易见道之真内涵。在老子那里，道作为"路"的含义是最突出的，它不过就是有无之间的路。无而有、有而无、有无相生，只此便是道。舍有无更没有所谓道。第一章论此义甚精甚明白，所谓"道可道，非常道"，常道非他，只在无名与有名、无欲与有欲的关系中去品味。"此两者，同出而异名，同谓之玄，玄之又玄，众妙之门"，有与无两者同而异、异而同，不即不离，故谓之"玄之又玄"。无不是玄，有不是玄，必无而有、有而无方是玄。此中蕴含众妙，乃创造生化之源，故云"众妙之门"。

明白此点，便知谓老子以无为道之不然。在老子那里，道非无，无亦非道，道必在有无之间呈现。"将欲弱之，必固强之""将欲夺之，必固与之"（第三十六章），道在弱强取与的转换之中显示其存在和作用。单纯的强或者弱、取或者与都不是道，强而弱、弱而强，取而与、与而取才是道。道是强弱取与之间的路，之间的法则。正因为如此，它才可以成为人主效法的对象。"人法地，地法天，天法道，道法自然"（第二十五章）是也。此法则之运用，便是法万物之自然，便是"弱者道之用"（第四十章），盖弱方能强，欲强而反弱，"强梁者不得其死"（第四十二章），故老子特别推崇柔弱，但其目的乃是保持其强者的地位。"不自见其明，则全也。不自是，则其是彰也。不自伐，则其功有也。不自矜，则其德长也。"（第二十二章）于是，我们可以理解老子之推崇无，并非停留于无，其意实在于有（醉翁之意不在酒）。因有生于无，所以贵无者，欲成其有也。故道常无名，乃成其"自古及今，其名不去，以阅众甫"（第二十一章）之事实。道"常无欲，可名于小"，但正"以其不为大也，故能成大"（第三十四章）。

无的发现是老子对中国哲学传统的一大贡献。从老子对有无的论述来看，无显然不是"不存在"或者纯粹的"虚无"，它仍然是存在的一部分，不过是不可见的那部分。无乃是无形的或隐藏的存在，有不过是有形的或可见的存在，无和有的区分是存在内部的区分，不是存在和非存在的区分。这一点是异常重要的。依此理解，则张载所做出的"有无"和"幽明"之根本区别就无法成立。[1]有无便是幽明，故老子有"微明"或"妙徼"之说[2]，与幽明可对观。老子从没有把无理解成虚无，"视之不见""听之不闻""搏之不得"（第十四章），状其无形而已。但此无形仍然是存在，其存在的形态为"象"。大象无形，正因为其无形，故称之为无，但其仍是大象。故老子论有无相生之道，必谓"道之为物，惟恍惟惚。恍兮惚兮，其中有物；惚兮恍兮，其中有象。窈兮冥兮，其中有精。其精甚真，其中有信"（第二十一章）。惟恍惟惚即有无之间，论无则谓"其中有象"，论有则谓"其中有物"。

无论如何，老子第一次突出了无的意义，并通过有生于无的说法确立无作为这个世界的根据。因无而有，则有的世界完全建立在无的基础之上。有名产于无名，有欲成于无欲，天下之有莫不生于天下之无。但因为无不是纯粹的虚无，而是有之创造和成就的根据，所以老子所开辟出来的是一个积极的政治世界，而不是从政治世界中逃避。无在政治世界中就体现为无为无事的统治原则，但此非消极的毁灭原则，而是积极的成就原则。无为的目的乃是成就这个以百姓为中心的有的世界，如第五十七章所说"我无为而民自化，我好静而民自正，我无事而民自富，我无欲而民自朴"。圣人或者君主之无适成为百姓之生机展开的基础，此在老子哲学中便是君主之无为与百姓之自然。正是基于此无的原则，老子对于以仁义

---

[1] 但我们却也不能说张载就是错的。张载所谓的老子或老氏，更多的是从整个道家的传统来立论。

[2] "微明"见第三十六章，"妙徼"出自第一章"常无欲以观其妙，常有欲以观其徼"。

和礼为代表的有的原则进行了深入的反思，提出了"天地不仁"之说。"天地不仁，以万物为刍狗；圣人不仁，以百姓为刍狗。"（第五章）此非欲荼毒万物百姓也，正欲生养完成之。盖天地之仁、圣人之仁或有以己心为百姓心之可能以及宰制世界之危险，适足以阻断万物百姓之自然生机。欲爱之而反害之，如第五十八章所说"正复为奇，善复为妖"，此老子所忧心者。第三十八章以仁、义、礼实属下德，欲治而反乱，正是基于此种认识。以礼为例，"为之而莫之应，则攘臂而扔之"，导致"忠信之薄"，诚为"乱之首也"，此正有生无之例证。故老子主张圣人君主之无心，以百姓心为心；主张君主无为，以辅百姓之自然。至于"见素抱朴"（第十九章）、"复归于朴""复归于婴儿"（第二十八章），即销有以反无之意。但此无并非寂灭之虚无，而是万有之创造性根源。

二 庄子：无有一无有

从无的发现到无的确立，庄子扮演了一个极其要紧的角色。在思想史上，老子发现了无，并证明了无之于有的意义。但对于庄子而言，老子的无仍然是一种有，一种被称为无的有。老子的"无"太"有"了，"道"也太"实"了。的确，当把无看作一种有（无形的有），把道也称作一种"物"的时候[1]，无与有、道与物之间

---

[1] 如《老子》第二十五章"有物混成"及第二十一章"道之为物"之说。

的界限就变得暧昧不清。于是，我们看到庄子让无显得更无、道变得更虚的努力。他要的是更纯粹的无，只有认识到此纯粹的无才算是拥有了最高的智慧。《齐物论》云：

> 古之人，其知有所至矣。恶乎至？有以为未始有物者，至矣，尽矣，不可以加矣。其次以为有物矣，而未始有封也。其次以为有封焉，而未始有是非也。是非之彰也，道之所以亏也。

至矣尽矣之知就是意识到"未始有物"。比较起来，老子"有物混成"之说不过是第二义，相当于"其次以为有物矣，而未始有封也"的境界。其中区别的关键就是有无之辨，老子仍然相信有一个开始，"天下有始，可以为天下之母"（第五十二章），而此开始又是"有物"，庄子则用"未始有物"把"有物"彻底否定掉了。"未始有物"并非某个东西，它也不是开始。《齐物论》极力避免人们把"未始有物"看作是一种实存的东西：

> 有始也者，有未始有始也者，有未始有夫未始有始也者。有有也者，有无也者，有未始有无也者，有未始有夫未始有无也者。

这段话明显是针对着认为世界有个开始并主张"有生于无"的老子。从"未始有始"到"未始有夫未始有始"的说法，体现出庄子拒绝确定一个"始"的决心。不管这个"始"是"有"还是"无"，庄子都致力于清除之。如果是"有",可以用"无"来取消它。如果是"无",还可以用"未始有无"以及"未始有夫未始有无"来否定它。总之,庄子是要拒绝任何一个确定的东西作为世界的开始或者本原,这个世界是没有开始也没有本原的,因此它是变化无常、终始无端的。经由这个否定和拒绝,老子那个变化有常的世界就变成了一个完全不确定的世界,而纯粹的无就在这个完全不确定的世界中得到了确立。

在庄子的文字中,《齐物论》是我们了解上述逻辑的重要部分。通过对彼此、是非、可不可、生死等的齐同,庄子引领读者进入一个"道通为一"的世界。存在的任何确定性、差异的任何确定性在这里都消失了,同时消失的还有确定的"我"。这种理解和感觉在"庄周梦蝶"寓言中达到了极致。"不知周之梦为蝴蝶与,蝴蝶之梦为周与?周与蝴蝶则必有分矣,此之谓物化。"最实在的分别在这里变得模糊了,"方以类聚,物以群分"(《周易·系辞传》)的世界原来是相通的。相通的基础就是"化",无论是物化,还是流行的大化,在化之中,物之间的界限显得如此不堪一击。于是,在恢诡谲怪的世界中,我们通向了无何有之乡。正是在没有确定性的万物相通的世界中,纯粹的无显示了出来。

但是,这并不是一个和有相对的无。和有相对的无存在于有的另一边,而不和有相对的无就存在于有之中。道"无所不在"的说法是值得回味的,这里的道,无疑就是无的代名词。在庄子那里,有无相生的具有法则义的道已经不见踪影,取而代之的是以虚和通为主要特征的道。而这样的道就是无,而且是不和有相对的无。无是无所不在的，它就存在于万物的流行之中。我们从生死、是非的流转中可以看到无，可以从砖头瓦块中看到无，可以在任何地方看到无。《知北游》"物物者与物无际，而物有际者，所谓物际者也。不际之际，际之不际者也"之说是值得注意的。作为物物者的道和物之间是不隔的，而物和物之间的隔阂，如是和非、美和丑等，也不过是不隔之隔，即无际之际。

正如《在宥》所说，"物物者之非物也"，使物成为物的一定不是物，而是无，或者无有。庄子很明确地意识到此问题，《庚桑楚》云：

> 有乎生，有乎死。有乎出，有乎入。入出而无见其形，是谓天门。天门者，无有也。万物出乎无有，有不能以有为有，必出乎无有，而无有一无有。圣人藏乎是。

"万物出乎无有，有不能以有为有，必出乎无有"，这对于确立无的根本地位来说是不容忽视的一个表述。让有成为有的不能是有，只能是无有，我们从中可以看到王弼的影子。而此无有并不是某个有之外的存在，所以庄子进一步用"无有一无有"来扫之。

至此，我们可以看到无在庄子思想中的意义。它既是万物的生成者，又是毁灭者。从无中生成了万物，却也由于无而毁灭了万物的实在性和确定性，于是这个世界中没有任何值得执着之物，无己、无功、无名的逍遥由此成为可能。这使得庄子和老子在有关政治的思考中有了本质的区别。庄子自觉地拒绝了以权力为核心的政治世界，对于有关治道的讨论表现出了一种不屑的态度。勉强地谈及，也不过是"顺物自然而无容私焉"（《应帝王》）这般要求权力尽量退出百姓生活的议论。我们要知道，无君论正是在庄子那里先露出了苗头，死后世界的吸引力之一恰恰是"无君于上"[1]。当然，与此相关的另外一面，是庄子对于任何建立在有的基础之上的政治哲学的拒绝。无论这个"有"表现为仁义，还是礼法。此事学者熟知，故不赘述。[2]

三 王弼：无的确立

但是无的真正确立还要等到魏晋时代。在这个时代，"无"以及与之相关的"有"成为辩论的核心话题。贵无、崇有之论相继而起，并且牵涉到自然与名教、孔子（儒家）与老庄（道家）等最重要的政治原则和思想资源。玄学发展的第一个阶段一般被称为贵无论，其代表人物有何晏、王弼等。《晋书·王衍传》云何、王立论以为"天地万物皆以无为本。无也者，开物成务，无往不存者也。阴阳恃以化生，万物恃以成形，贤者恃以成德，不肖恃以免身。故

---

[1] 《庄子·至乐》："死，无君于上，无臣于下……虽南面王乐，不能过也。"
[2] 当然，由于《庄子》文本本身来源的复杂性，内、外、杂诸篇中对于仁义与礼法等的态度有完全拒绝和有限度包容的区别。但就一般被认为是庄子自著的内七篇而言，其拒绝的态度是明显而一贯的。具体的论述参见刘笑敢：《庄子哲学及其演变》，北京：中国社会科学出版社，1988年；崔大华：《庄学研究——中国哲学一个观念渊源的历史考察》，北京：人民出版社，1992年。

无之为用,无爵而贵矣"。可以看出,无的原则在此得到了前所未有的确立。学者或以为上述的主张出自何晏解释《老子》的《道德论》。[1]该文已经失传,不过,我们可以在王弼以《老子注》和《老子微旨例略》为中心的文献中得到更清楚的了解。王弼系统论证了一个"以无为本"的思想体系,从而奠定了其新道家领袖的地位。《老子微旨例略》云:

> 夫物之所以生,功之所以成,必生乎无形,由乎无名。无形无名者,万物之宗也。不温不凉,不宫不商。听之不可得而闻,视之不可得而彰,体之不可得而知,味之不可得而尝。故其为物也则混成,为象也则无形,为音也则希声,为味也则无呈。故能为品物之宗主,包通天地,靡使不经也。若温也则不能凉矣,宫也则不能商矣。

这里提供了一个为什么必须以无为本而不是以有为本的证明。王弼从具体的事物出发,如温则不能凉,宫则不能商,推出具有某种性质的事物无法成为与之不同性质之事物的根本。换言之,有形有名的有限事物之间是"有际"的,因此无法成为彼此的根据。能够成为万物之本的一定是超越了有限事物的无形无名者,在《周易》复卦的注释中,王弼曾经有如下的说法:

---

[1] 王葆玹:《玄学通论》,台北:五南图书出版公司,1996年,第285—286页。

> 复者，反本之谓也。天地以本为心者也。凡动息则静，静非对动者也。语息则默，默非对语者也。然则天地虽大，富有万物，雷动风行，运化万变，寂然至无，是其本矣。故动息地中，乃天地之心见也。若其以有为心，则异类未获具存矣。

"若其以有为心，则异类未获具存矣"，正反映出王弼的担心，也正是他提出"寂然至无，是其本矣"的最根本理由。有总是因其具有某种特定的规定性，而无法成为具有另外规定性存在的根据。一个有的世界无法建立在有的基础之上，而是从无开始的。《老子》第一章注云：

> 凡有皆始于无，故未形无名之时，则为万物之始。及其有形有名之时，则长之育之，亭之毒之，为其母也。言道以无形无名始成万物，万物以始以成而不知其所以然，玄之又玄也。

在无的基础之上，万有才可以不受限制地化生。所以王弼坚信无名无形者才是真正的万物之始，也才有可能成为万物之始。《老子》第四十章注云：

> 天下之物，皆以有为生。有之所始，以无为本，将欲全有，必反于无也。

万物以有的方式存在，但有之本是无。因此，如果要成就有，就必须回到作为本的无那里去。与老子不同，王弼从来没有把无看作是万物的一部分，万物就是有，只有道才是无。但从精神上来说，其与老子并无二致。以无为本的目的并非毁灭世界，而是成就万有。从这个意义上说，王弼深得老子之心。他成为老子最伟大的注释者是当之无愧的。

王弼关于无的思考一方面是对以道家为主的精神传统的阐发，另一方面也是对当下政治和社会问题的回应。汤用彤先生论崇本贵无之理由有三，其一即"因主张无为政治"[1]，揭示出贵无之说与无为的政治哲学之间的密切关系。在王弼看来，老子之书的宗旨乃是"崇本息末"：

> 老子之书，其几乎可一言而蔽之。噫！崇本息末而已矣……尝试论之曰：夫邪之兴也，岂邪者之所为乎？淫之所起也，岂淫者之所造乎？故闲邪在乎存诚，不在善察；息淫在乎去华，不在滋彰；绝盗在乎去欲，不在严刑；止讼存乎不尚，不在善听。故不攻其为也，使其无心于为也；不害其欲也，使其无心于欲也。谋之于未兆，为之于未始，如斯而已矣。故竭圣智以治巧伪，未若见质素以静民欲；兴仁义以敦薄俗，未若抱朴以全笃实；多巧利以兴事用，未若寡私欲以息华竞。故绝司察，潜聪明，去劝进，剪华誉，弃巧用，贱宝货，

---

[1] 汤用彤：《魏晋玄学讲课提纲》，载《汤用彤全集》第四卷，石家庄：河北人民出版社，2000年，第123页。

唯在使民爱欲不生，不在攻其为邪也。故见素朴以绝圣智，寡私欲以弃巧利，皆崇本以息末之谓也。(《老子微旨例略》)

于此我们可以看到崇本是指见素朴寡私欲，息末是指绝圣智弃巧利。王弼反对汉代以来建立在名教基础之上的政治哲学，认为推崇圣智仁义的结果乃是南辕北辙，欲圣则不圣，欲仁而不仁。"既知不圣为不圣，未知圣之为不圣也；既知不仁为不仁，未知仁之为不仁也。故绝圣而后圣功全，弃仁而后仁德厚。"(《老子微旨例略》) 若要全圣功厚仁德，非绝圣弃仁不可。其注第三十八章，强调"本在无为，母在无名。弃本而适其末，舍母而用其子，功虽大焉，必有不济；名虽美焉，伪亦必生"。极言纯用名教之害。于是提出必须以无名无形为本，崇本举末：

> 用夫无名，故名以笃焉；用夫无形，故形以成焉。守母以存其子，崇本以举其末，则形名俱有而邪不生，大美配天而华不作。故母不可远，本不可失。仁义，母之所生，非可以为母；形器，匠之所成，非可以为匠也。

此崇本举末与前所述崇本息末并不矛盾，无名而名笃，无形而形成，即崇本举末也。王弼不是简单地排斥形名的制度，只是认为它们必须建立在无形无名的根基之上，才会避免邪恶和浮华。如果离开无形无名的基础，以形名之有无法维系和成就这个有的世界。

四　从形上学到政治哲学：无名与自然

形上学与政治哲学的紧密结合是中国哲学的一个重要特色，在这方面，儒家和道家之间没有任何的区别。就这两部分的关系而言，形上学的讨论不过是给政治哲学的思考提供一个超越的根据。[1]王弼对此有非常自觉的意识，如其所说："夫欲定物之本者，则虽近而必自远以证其始。欲明物之所由者，则虽显而必自幽以叙其本。故取天地之外，以明形骸之内；明侯王孤寡之义，而从道一以宣其始。"（《老子微旨例略》）想要清楚地讨论形骸之内的事物，我们必须远眺天地之外；要阐明侯王治国之理，需要从形上的道那里去探寻。正因为如此，王弼以为老子思想的宗旨不是形上学，而是政治哲学。或者说，是一个贯通的形上学和政治哲学。《老子微旨例略》云：

> 故其大归也，论太始之原以明自然之性，演幽冥之极以定惑罔之迷。因而不为，顺而不施；崇本以息末，守母以存子；贱夫巧术，为在未有；无责于人，必求诸己。此其大要也。

---

[1] 陈鼓应："老子的整个哲学系统的发展，可以说是由宇宙论伸展到人生论，再由人生论延伸到政治论。然而，如果我们了解老子思想形成的真正动机，我们当可知道他的形上学只是为了应合人生与政治的要求而建立的。"见陈鼓应：《老子注译及评介》，北京：中华书局，1984年，第1页。

作为形上之本的太始之原和幽冥之极关联着这个有形的世界，并成为理解和规范此世界的基础。我们知道，所谓的太始之原和幽冥之极便是无，由此，万物的自然之性得到确认，"崇本以息末，守母以存子"的政治原则由此而奠定，并被看作是老子思想的大归或者大要。

在王弼的这个理解中，或许包含着以无为本的形上学和政治哲学之间最本质的关联，以及对与无相反之有之原则的拒绝和贬低。任何的"有"无一例外地都被视为末或者子，某个无法自足之物，它们必须在本或者母的基础之上，才能够被正当地建立起来。关于王弼思想中本末母子之所指，显然可以区分为贯通的形上学和政治哲学两个不同的角度。但因为它们是贯通的，所以这种区分在很多情形之下可以被忽略。除了在《老子微旨例略》中的论述外，王弼在《老子注》的很多段落中也有说明，如第三十八章注云"本在无为，母在无名"，与之相对的则是仁义礼之有为善名。可知本和母是指无为无名，末和子则指有为有名。依据王弼的理解，"弃本而适其末，舍母而用其子，功虽大焉，必有不济；名虽美焉，伪亦必生"。其以无名来拒斥有名（崇本以息末）的主张是异常清楚而坚定的。

因此，以无形无名为宗并不仅仅是形上学的原则，同时也是政治哲学的原则。[1] 以无为本的形上学在政治哲学中的最根本体现就

---

[1] 王弼注释《老子》第十四章云："无形无名者，万物之宗也。虽今古不同，时移俗易，故莫不由乎此以成其治者也。"

是无名原则的确立,以及与之相关的有名原则之否定。在此理解之下,以名为核心的名教的根基就变得异常脆弱。王弼对于名的有限性进行了相当有说服力的分析:

> 名必有所分,称必有所由。有分则有不兼,有由则有不尽。不兼则大殊其真,不尽则不可以名,此可演而明也……然则言之者失其常,名之者离其真,为之者则败其性,执之者则失其原矣。(《老子微旨例略》)

名的有限性使其与真实的存在相去甚远,"至真之极,不可得名"(王弼《老子注》第二十一章),故名之者必离其真,言之者必失其常,善名美言亦复如是。因此任名教的后果一定是"伪"之滋生,万物自然之真性的破坏。王弼在注释《老子》第五十八章"其政闷闷,其民惇惇。其政察察,其民缺缺。祸兮福之所倚,福兮祸之所伏。孰知其极,其无正也"时,特别对比了无名与有名两种不同的政治原则:

> 言善治政者,无形无名,无事无正可举,闷闷然卒至于大治,故曰"其政闷闷"也。其民无所争竞,宽大惇惇,故曰"其民惇惇也"。立刑名,明赏罚,以检奸伪,故曰"其政察察"也。殊类分析,民怀争竞,故曰"其民缺缺"。言谁知善治之极乎?唯无正可举,无形可名,闷闷然而天下大化,是其极也。

无名则大治，有名则争竞，其间的优劣得失自不待言。当然，不是拒绝一切的名，而是拒绝把名作为首要的原则。在无名为本的前提之下，王弼仍然给名保留着一定的空间，第三十二章注云：

> 始制，谓朴散始为官长之时也。始制官长，不可不立名分以定尊卑，故始制有名也。过此以往，将争锥刀之末，故曰：名亦既有，夫亦将知止也。遂任名以号物，则失治之母也，故知止所以不殆也。

但是对于名而言，知止的要求是必须伴随着的。在任何时候，名都应该意识到自身的有限性。虽然"立名分以定尊卑"不得已地被接受，但王弼清楚地反对"任名以号物"，即以名来分析割裂世界的态度。名永远不能够取代万物真实的本性，成为这个世界最根本和重要的东西。

在无名的原则中，包含着包括王弼在内的道家政治哲学中的一个根本态度，这就是对于万物和百姓之性的顺应。名和万物之性之间永远不可以等同，理想的政治不是在任何善的名义之下去改变万物或者百姓之性，而是顺应和守护之。这正是道家的真精神。因物之性，则不毁其真，法其自然。在《老子注》中，王弼多次强调治道的核心不是任名，而是任真；不是造立施化，而是任自然。因此，真和自然就成为王弼《老子注》中非常重要的概念。在第三章注中，王弼第一次提到"守其真"的理念。在解释第五章"天地不仁"句时，王弼说：

> 天地任自然，无为无造，万物自相治理，故不仁也。仁者，必造立施化，有恩有为。造立施化，则物失其真；有恩有为，则物不具存。

仁便是善名美言，以之而治，物失其真是必然的。这正是王弼拒绝包括仁在内的所有名作为治道之本的最重要考虑。没有什么比"真"更加重要。而真不是别的，便是物之本性，便是自然。[1]

众所周知，从老子开始，"自然"便成为中国哲学里的一个重要观念。就其用法而言，主要是强调万物或者百姓在不受干涉的状态下保持其本真的状态。王弼看起来是完全接受了老子的这一用法，并且将其表达得更加清楚。第二十九章注云"万物以自然为性，故可因而不可为也，可通而不可执也"，因此对万物之性的守护也就意味着对于自然原则的肯定。王弼《老子注》中，"自然"一词出现了36次，这足以表明其对于王弼来说不可或缺的意义。以第二十七章注为例，"自然"一词就出现3次，分别是"顺自然而行，不造不始"，"因物自然，不设不施"，"圣人不立形名，以检于物，不造进尚，以殊弃不肖，辅万物之自然而不为始，故曰无弃人也"。一方面，自然的主语是万物或者物，这与在《老子》那里

---

[1] 当王弼说"名者离其真"时，他也许有意识地针对着董仲舒"名者，圣人之所以真物也，名之为言真也"，"名生于真，非其真弗以为名"（《春秋繁露·深察名号》）等说法，并逻辑地论证了名与真的对立。

的情形是一致的；另一方面，与之一起出现的词汇是顺、因或者辅等，相反的词汇则是造始和设施。我们再举《老子》第二十五章注"道法自然"句为例：

> 法自然者，在方而法方，在圆而法圆，于自然无所违也。自然者，无称之言，穷极之辞也。

法自然并非去效法某个超越之物，而是去效法和守护万物之真性。其性为方，则法方；其性为圆，则法圆。王弼又一次强调万物之真性是无法用言辞来描述的，因此是不当名的。

　　如果说自然主要是指万物和百姓如其所是般的存在与变化，那么它是以道或者君主的虚无以及与此相关的不造不始、不设不施为前提的。司马谈《论六家要旨》以为道家"以虚无为本，以因循为用"，这个概括是精当的，因循必须建立在虚无的基础之上。由形上学的虚无，到政治哲学中的无为无名，奠定了因物之性顺物之理的前提。在老子那里，道因其虚无的本性从而具有"生而不有，为而不恃，长而不宰"之玄德，辅万物之自然而不敢为，使世界可以最大限度地保持自己。从道或者君主的角度来说，是因循或者因顺；从万物或者百姓的角度来说，是自然。到了王弼这里，通过"不塞其原，则物自生……不禁其性，则物自济"（王弼《老子注》第十章）的表达，虚无与自然的关系得到了更进一步的阐述。为使万物不失其性，圣人或者君主必须舍弃自己的个人意志，"弃己任物，则莫不理"（王弼《老子注》第五章）。真正的秩序不是来自君主之心,而是天下之心,如此天下才没有被伤害的感觉。所谓"大制者,以天下之心为心,故无割也"(王弼《老子注》第二十八章)。在第四十九章注中,王弼说:

> 圣人之于天下,歙歙焉,心无所主也,为天下浑心焉,意无所适莫也。无所察焉,百姓何避?无所求焉,百姓何应?无避无应,则莫不用其情矣。

圣人心无所主,才能使百姓莫不用其情。因此,王弼拒绝君主以任何的想法来引导或者改变百姓的努力。在这里,我们可以发现立足于无的政治哲学内在地包含着的否定专制的倾向。这一倾向先是表现为作为权力之自我节制的无为[1],再进一步发展出无君的想法。[2]

结　语

在儒家居于主流地位的中国哲学传统中,无的原则以及它开展出的政治哲学经常被给予完全消极的叙述和评价。此理论固然包含着某些应用中的缺陷,如裴𫖯在《崇有论》中所指出的:"遂阐

---

[1] 参见拙文《权力的自我节制:对老子哲学的一种解读》,《哲学研究》2010年第6期。
[2] 无君论由庄子开其端,至魏晋时代,由阮籍、陶渊明、鲍敬言等加以倡导,参见萧公权:《中国政治思想史》,台北:华岗出版有限公司,1971年,第370—374页。

贵无之议，而建贱有之论。贱有则必外形，外形则必遗制，遗制则必忽防，忽防则必忘礼。礼制弗存，则无以为政矣。"[1] 以为无的原则由于无法合理地容纳及安顿某种确定的秩序，不足以成为实际政治的支撑。这种批评有其合理性，无的原则由于内在地包含着对某种人为秩序的拒绝，而现实世界中的秩序都难免于某种"人为"的色彩，因此表现出否定现存秩序的倾向。但这并不意味着对于秩序本身的完全拒绝，其更深刻地关于合理和理想秩序的思考应该得到充分的理解。牟宗三先生在梳理《崇有论》时曾经有如下的论述：

> 道家"贱有"，其所贱之"有"不是有生之物之存在之有，而乃是巧伪造作之人为之有。去此人为之有，而令万物含生抱朴，自适其性，正所以尊生。其外形、遗制、忽防、忘礼，亦是自巧伪造作之"人为之有"上而外之、遗之、忽之、忘之，并不是自"存在之有"上而外之、遗之、忽之、忘之也。其所贵之"无"，正是无此巧伪造作之人为之有而显之"无"也。依道家，严格言之，彼似不是客观地否定此形、制、防、礼，乃至仁、义、圣、智以及一切礼法之"存在"，其所否决者乃是"殉"。[2]

---

[1] 《晋书·裴頠传》，北京：中华书局，2003年，第1044页。
[2] 牟宗三：《才性与玄理》，桂林：广西师范大学出版社，2006年，第318页。

因此，牟先生一再地指出裴頠并没有真正理解道家所说的"无"之意义，其批评显得没有足够的针对性和力量。作为现代新儒家道德形上学学说的主要创立者，牟宗三对于道家"无"之原则的积极理解是颇值得重视的。对于道德形上学传统而言，无的原则既是批判者，却也是促使自己更加完善的主要助力。充分地理解无的意义，有的原则可以更好地保持其自身并避免过分背离"自然"的倾向。同时，无的原则与民主和自由精神的某种契合使之具有很强的"现代性"[1]，成为当代思想世界中极具价值的本土资源。

---

[1] 严复《老子道德经评点》多谈及老子和黄老思想与民主精神之相通，如"黄老为民主治道也"，"夫黄老之道，民主之国之所用也。故能长而不宰，无为而无不为"，"老子者，民主之治之所用也"等。见《无求备斋老子集成》续编，台北：台湾艺文印书馆，1965年。

然与自然：道家"自然"观念的再研究

"自然"的观念，因其最能够体现道家哲学的核心价值，历来得到学者的关注。王弼《老子指略》论老子之书云："故其大归也，论太始之原以明自然之性，演幽冥之极以定惑罔之迷。"其《老子注》中，"自然"一词出现有 36 次之多，足见在王弼心目中该观念的重要。郭象注庄，更在此前知识和思想积累的基础之上，以性、分、独化等发挥"自然"之义，提出"自然即物之自尔耳"等论断。现当代的道家研究者，也极其看重"自然"的观念，并在跨文化的思想背景上阐释其多方面的意义和价值。[1]在各种解释之中，

---

[1] 如陈鼓应先生极其强调"自然"观念的重要性，指出"老子认为任何事物都应该顺任它自身的情状去发展，不必参与外界的意志去制约它。事物本身就具有潜在性和可能性，不必由外附加的。因而老子提出'自然'这一观念，来说明不加一毫勉强作为的成分而任其自由伸展的状态"。见《老子注译及评介》，北京：中华书局，1984 年，第 29 页。此外，王中江《道家形而上学》、郑开《道家形而上学研究》等著作都专门讨论"自然"的内涵。王庆节《老子的自然观念：自我的自己而然与他者的自己而然》（见《求是学刊》2004 年第 6 期）从积极的意义和消极的意义诠释老子的"自然"观念，叶树勋《早期道家"自然"观念的两种形态》（见《哲学研究》2017 年第 8 期）区分"自己如此"和"原本如此"两种形态，都极具启发。

张岱年先生以"自然"为"自己如此"的说法是基础性的，为学者们广泛接受，[1]成为进一步讨论的基础。2017年，王中江和曹峰等学者组织了一个以"自然"为主题的讨论会，可以看出当代中国哲学研究者对这个问题的高度重视。

二十多年以前，我曾经写过一篇有关老子自然观念的文章，认为在《老子》中，"自然"和"无为"的主语分别是万物、百姓和道、君主，所谓"自然"，即指万物或者百姓"自己如此"的存在状态，这种状态需要道或者君主的无为作为保证。[2]当时的研究，主要局限于老子，并在政治的意义上进行讨论。本文希望在百家争鸣的背景之中，结合道家思想史，在学术界的相关研究和个人近期的思考之上，对"自然"观念的意义做进一步的讨论。这个讨论将更关注"然"的双重含义及其在哲学史上的特殊价值，进而思考"自然"观念更丰富的内涵。

---

[1] 张先生说："在古代汉语中，尤其是在先秦的典籍中，自然就是自然而然的意思。""所谓自然都是自己如此之意"。"总之，'自然'本是自己如此的意思，老庄讲'自然'，含有反对上帝创造世界的理论意义。王充更运用'自然'的观点来对汉儒的目的论进行深切的批判，嵇康利用'自然'观念反对当时虚伪的礼教，阮籍开始以'自然'表示天地万物的总体。"见《中国古典哲学概念范畴要论》，《张岱年全集》第四卷，第81、534、537页。

[2] 见王博：《老子自然观念的初步研究》，《中国哲学史》1995年第3—4期合刊。

一

从现有的文献来看,"自然"一词的出现并成为一个重要的哲学观念,显然是老子的贡献。一般而言,一个新词汇或概念的"创造"总是基于某种思想表达的需要。既有的词汇不能够表现某种新的思想,所以需要发明新的词汇。以《老子》为例,如"无""有""玄""自然"等均属于此列。另外还有一些词汇,虽然之前就被使用,但在新价值的基础上,被赋予几乎全新的意义,《老子》中的"道""德""天"等便是如此。概念的创造在大多数情况下有迹可循,这种"迹"既可以在语文学的意义上被讨论,也可以在思想史意义上进行探究。以"自然"一词的成立来说,语文学和思想史的角度都有帮助。

如很多学者已经指出的,"自然"是由"自"和"然"两个词组成的。这给我们分别讨论"自"和"然"的意义提供了基础。老子乃至于整个道家传统对于"自"的强调,我们可以在由"自"开始的若干词汇中得到直接的印象,如"自化""自正""自富""自朴""自命""自知""自胜""自爱""自贵""自矜""自见"等。值得注意的是,以"自"开始的词汇随着所指称主语的不同,有着明显的意义差别和相互之间的关联。如自知、自胜、自爱(以及不自生、不自矜、不自见、不自贵)等是就候王或圣人而言,强调的是权力的自我节制,和"无为"构成了一个连续的意义链。而对于百姓来说,自化、自正、自富、自朴和自然等则意味着获得了某种自主的空间。在老子那里,"自然"明显是对于百姓存在状态的一种价值要求，相对于候王或君主的价值则是"无为"，即权力的自我节制。[1] 但在后来的发展中，"自然"一词逐渐展开其更加丰富的意义。王充所谓"天动不欲以生物，而物自生，此则自然也；施气不欲为物，而物自为，此则无为也。谓天自然无为者何？气也。恬澹无欲无为无事者也"，基本上将自然和无为的意义等同。在这种理解之下，不仅万物是自然的，天也是自然的。到了阮籍的《达庄论》，所谓"天地生于自然，万物生于天地。自然者无外，故天地名焉。天地者有内，故万物生焉"，自然更具有了天地之先的世界整体的意味。针对这种认识，郭象提出"谁又先阴阳者乎？吾以自然为先之，而自然即物之自尔耳"。在某种意义上，郭象又回到了老子和庄子的方向。

从整体的思想史来看，道家传统中"自"字构成的一系列词汇突出的是（1）道作为本原的自觉；（2）排除了外在强制状态的万物的存在方式；以及（3）拒绝一个外在的标准和价值来评判事物存在的合理性。老子把"道"看作是"独立"的，因此显然是"自本自根"的。从逻辑上来说，"道"必须是一个自足的根源性存在，不依赖于任何他者，以确立自己的本原角色。而此前思想世界中的最高存在者"天"或者"帝"，都被老子通过"象帝之先""先天地生"等表述，置于"道"之下的存在链条之中。马王堆帛书《道原》更直接地把"道"称为"恒先之初"，"天弗能覆，地弗能载"，

---

[1]　王博：《权力的自我节制——对老子哲学的一种解读》，《哲学研究》2010年第6期。

"独立不偶"。庄子《大宗师》把道"自本自根"的特点说得非常清楚:"夫道,有情有信,无为无形;可传而不可受,可得而不可见。自本自根,未有天地,自古以固存。神鬼神帝,生天生地。在太极之先而不为高,在六极之下而不为深,先天地生而不为久,长于上古而不为老。"很显然,对于"道"的"独立"性质的强调,一方面是为了确立它在世界上至高无上的地位,另一方面也是为了消除天或者帝的同样的地位,为新的世界观和价值奠定基础。

这个新的世界观就是"天下万物生于有,有生于无",新的价值则是万物的自然。与"道"的"自本自根"不同,万物的"自然"必须同时依赖内在的根据和外部的条件。内在的根据便是事物自身之特性,外在的条件则是最高存在即"道"的无为。在老子之前,天或者帝作为最高的存在,对于万物拥有着绝对的主宰地位。无论是《诗经》的"天生烝民,有物有则",还是《尚书》的"皇建其有极",体现的都是同样的价值,万物在基于天或者帝的意志所安排的秩序中获得安顿。秩序是天赐予的,所以有"天秩""天序"之说,有"天乃锡禹洪范九畴"之语。因此,"道"取代天或者帝,并不仅仅是一个"概念"或"语词"的游戏,而是价值的转换。老子试图肯定万物的"自主性",维护万物之"自";同时,他也肯定一个存在链条的最高者,即道。要满足这两个要求,就必须在肯定最高存在的前提之下,消除其主宰性,这从"生而不有,为而不恃,长而不宰"中看得非常清楚。消除主宰性和肯定万物的自主性是一件事情。而对万物自主性的终极要求,必将导致最高存在的不断虚无化,这就是我们在道家哲学的发展中看到的"无"的地位的持续上升,以及落实到政治领域的"无为"的主张,极端者甚至提出"无君"的说法。[1]

老子之后,道之"无"和物之"自"成为一个不断被强化的思想主题。如果说老子是"无"的发现者,那么,从庄子到王弼,"无"的地位和意义得到了确立。[2] 与此同时,对于物之"自"的认识也不断深化。这种认识一方面表现在借助于越来越清晰的"性"的观念来规定和理解"自",另一方则是通过把"自"纳入到"名"的系统之中,试图在更复杂的思考中建立起一种新的人间秩序。从《庄子》外篇开始,性、性命之情,以及与此相关的"真""真性"成为理解"物"之"自"的重要观念,这些观念在后来的王弼和郭象那里得到了更系统的论述。但是,道之"无"和物之"自",如果离开关于"然"的深入讨论,都不能被完整地把握。以下,我想从存在和价值两个角度重点讨论往往被忽略的"然"的意义,并在此基础上描述"自然"的丰富内涵。

二

《玉篇》:"然,烧也,许也,如是也,应言也。"这是关于"然"字意义最简明的概括。其中"烧也""应言也"不具有哲学的

---

[1] 东晋鲍敬言的主张,见《抱朴子·诘鲍》:"鲍生敬言,好老庄之书,治剧辩之言,以为'古者无君,胜于今世',故其论著云。"
[2] 详见拙文《无的发现和确立》。

意义,姑存而不论。"许也"和"如是也"明显是两个不同的角度。"许"代表着一种肯定和认同,具有明显的价值含义;"如是也"则偏重存在的层面,表示某物"如其所是"的状态。在一般对于"自然"概念的解释上,存在层面的含义是最被强调的。如我们前面提到的以张岱年先生为代表的理解,得到了学术界普遍的接受。

在"如是也"的意义上,我们可以说"然"是指事物"如其所是"的存在形态。一般而言,事物之"然"由我们可以感知到的事物的性质所构成,如貌象声色等"形而下"者。庄子说"凡有貌象声色者,皆物也"(《庄子·达生》。亦见《列子·黄帝》),即是就物的存在形态来说的。这些内容最早被哲学家们关注到,并引起广泛的讨论。如早期名家很热衷讨论事物的形状(马)、颜色(白)、硬度(坚)等,儒家也很关心人的容貌、颜色和辞令。从可感知的事物的性质,我们明显可以发现其中的相似性和差异性。相似性是所谓同,差异性是所谓异。出于分类和命名的需要,事物之间的同和异成为一个相当重要的问题。惠施的十大命题之首,便是"大同而与小同异,此之谓小同异;万物毕同毕异,此之谓大同异"(《庄子·天下》)。所谓大同和小同,是就同的范围而言。如一群马同为马,一群牛同为牛,这是同;牛马同为动物,这也是同。后者相对于前者而言,就是大同,前者则为小同。大同之上还有更大的同,直至万物毕同;小同之下也有更小的同,直至万物毕异。儒家如孟子提出"举相似也"的方法,使事物以类相从,如人是一类,马是一类等,在人和动物之间进行严格的区分。荀子给事物命名时,提出"共名""别名"的区分,都处在惠施"小同异"的范围。《荀子·正名》特别关注"同异不别"的问题,并对"何缘而以同异"进行了详细的讨论,要求"同则同之,异则异之",并关注到"物有同状而异所者,有异状而同所者"的复杂情况。《墨辩》也把"明同异之处"作为重要的内容,如《经上》"同:异而俱于之一也",又云"同:重、体、合、类"。《经说上》对此做了具体的说明:"同:二名一实,重同也;不外于兼,体同也;俱处于室,合同也;有以同,类同也。"又如《经上》:"异:二、不体、不合、不类",《经说上》解释云:"异:二必异,二也;不连属,不体也;不同所,不合也;不有同,不类也。"庄子则以其宏达的视野,提出"自其异者视之,肝胆楚越也;自其同者视之,万物皆一也"(《庄子·德充符》),此说与惠施"毕同毕异"说似同而实异。

同异的问题是在事物之"然"的层面上展开的。由此而有另外一个问题,事物为什么有同有异?换言之,事物之"然"缘何呈现出如此既差异又相似的形态,有没有背后的根据即《系辞传》所谓"形而上者"?这种追问必然引出"所以然"的概念。所以然,即"然"之"所以"。张岱年先生曾经仔细辨析过"所以"的意义,他说:

> 一事物所由以存在者实有二。设有甲事之后即有乙事,乙事之所由以存在者有二:一为甲事;二为有甲即有乙之理。凡事物所由以存在之事,可谓为事由;其所由以存在之理,可谓为理由。所以即是理由。理由即所以然,而有甲之后有乙之事

实,则可谓为所然。[1]

如张岱年先生所说,一般而言,"所以"更重在事物如此之"理由"。如果说"然"更多地指事物可感知的存在形态,那么"所以然"指的就是事物如此存在之理。王弼《周易略例》云:"物无妄然,必由其理。"后来的宋明理学,认为一物有一物之理,更重视对"所以然"和"理"的探究。就"所以然"的追问来说,先秦时期已经相当自觉,儒家、道家、墨家等都有讨论。我先举《鹖冠子·夜行》篇里的一段话:

> 天文也,地理也,月刑也,日德也;四时,检也;度数,节也;阴阳,气也;五行,业也;五政,道也;五音,调也;五声,故也;五味,事也;赏罚,约也。此皆有验,有所以然者。

天地日月五行等,皆有形象可见可验者,它们之所以如此,有所以然者。至于此所以然者为何,如何理解,我们稍后讨论。兹再引述《墨子·小取》篇的有关论述:

> 夫物有以同而不率遂同。辞之侔也,有所至而正。其然也,有所以然也;其然也同,其所以然不必同。其取之也,有

---

[1] 张岱年:《天人五论》,《张岱年全集》第三卷,石家庄:河北人民出版社,2007年,第180页。

所以取之；其取之也同，其所以取之不必同。

墨家以辨名析理著称，对事物和名相的分析相当细腻，所谓辩的核心就是对于"所以然"的追问，即《小取》所云："夫辩者，将以明是非之分，审治乱之纪，明同异之处，察名实之理，处利害，决嫌疑。焉摹略万物之然，论求群言之比。"具体来说，这里的"其然也，有所以然也"，是说物之"然"必有其根据，即"所以然"；"其然也同，其所以然不必同"，是说物之"然"即便同，理由即"所以然"则不必同。进一步地，"所以然"也可以进行更加细致的分疏。《经说上》区分"小故"和"大故"，小故是指"有之不必然，无之必不然"，大故则是"有之必然，无之必不然"。所谓小故和大故，都可以视为"所以然"，即理由。小故是必要的理由，大故则是充分且必要的理由。

儒家对于"所以然"的讨论，我们可以举《易传》来说明。作为对《周易》的解释性作品，《易传》很方便地接受了《周易》特有的形象世界，并且从形象即事物之"然"出发，进一步追问到形而上之道和理。如《系辞传》第一章云：

> 天尊地卑，乾坤定矣。卑高以陈，贵贱位矣。动静有常，刚柔断矣。方以类聚，物以群分，吉凶生矣。在天成象，在地成形，变化见矣。是故刚柔相摩，八卦相荡，鼓之以雷霆，润之以风雨，日月运行，一寒一暑。乾道成男，坤道成女。乾知大始，坤作成物。乾以易知，坤以简能……易简而天下之理

得矣；天下之理得，而成位乎其中矣。

上文一方面极力描述一个形象的世界（然），另一方面则揭示体现在形象世界之中的变化之理（所以然）。和《墨子》一样，《系辞传》使用了"故"的概念，如"仰以观于天文，俯以察于地理，是故知幽明之故"，"易无思也，无为也，寂然不动，感而遂通天下之故"，"是以明于天之道，而察于民之故"。"故"便是理，是道，圣人作易的根本意图，就是了解此道此理，如《说卦传》所说"和顺于道德而理于义，穷理尽性以至于命"。道、理、性、命，也就是《系辞传》所谓"形而上者"。

如果从一般的事物，进而到人的领域，那么"所以然"的追问就直接导致人性问题的提出。如荀子《正名》所说："生之所以然者谓之性。"就可感知者而言，《洪范》所谓"貌言视听"或《论语》提到的"视听言动"等构成了人的基本存在形态，相当于物的"貌象声色"。此外，如好恶喜怒哀乐等情感，也成为哲学家们关心的重要问题。[1] 但进一步追问的话，视听言动、喜怒哀乐当有其"所以"，此"所以"即人之性。所以儒家论情，必归于性。从人之"然"追溯到"所以然"即"性"（理），才算是真正把握了人的存在。根据后来被宋明理学继承下来的孟子的理解，此"所以然"即性的内容是仁义礼智，既扎根于心，又上通于天道。

---

[1] 除了现存文献之外，郭店楚简《语丛二》值得关注。内中提到"情生于性""爱生于性""欲生于性"，乃至于恶、喜、愠、惧等俱生于性。

毫无疑问，事物之"然"是我们可以认识的，这几乎是诸子的共识。但对于"所以然"是否可以认识，则存在着不同的理解。如上所述，墨家显然认为我们可以把握"所以然"，这也是《墨辩》得以成立的基础。儒家也有同样的看法，《荀子·解蔽》云："凡以知，人之性也；可以知，物之理也。以可以知人之性，求可以知物之理，而无所疑止之，则没世穷年不能遍也。"此外，惠施"遍为万物说"，公孙龙则追求事物名和实之间的完全一致，很显然是"所以然"的积极追问者。但道家则不同，在"无知"态度的引领之下，"所以然"和知识之间拉开了距离。如前引《鹖冠子》的文字在提到"所以然"之后马上说道：

> 有所以然者，随而不见其后，迎而不见其首。成功遂事，莫知其状。图弗能载，名弗能举。强为之说曰：芴乎芒乎，中有象乎！芒乎芴乎，中有物乎！窅乎冥乎，中有精乎！致信究情，复反无貌。鬼见，不能为人业。故圣人贵夜行。

与其他学派肯定一个清晰的关于"所以然"的知识不同，这里一方面肯定了"有所以然者"，另一方面此"所以然者"又处在一个幽暗的状态，"莫知其状""名弗能举"。此处"强为之说曰"部分的内容，显然本于《老子》第二十一章。我们知道，从老子开始，道家把物的理由即"所以然"归之于"道"，由于其"视之不见名曰夷，听之不闻名曰希，搏之不得名曰微"的特点，不能够经由一般的知识直接把握。同时，老子虽然提出"道生一，一生二，二生三,三生万物",但这种"生"却不是一个"有意"的过程。因此,万物的生成根据,在被归到以"无"为主要特征的道的同时,"不知所以然而然"就成为必然的结论。《庄子》不断提到"不知其然"和"不知其所以然",如"已而不知其然,谓之道"(《齐物论》)、"圣人达绸缪,周尽一体矣,而不知其然,性也"(《则阳》)、"今予动吾天机,而不知其所以然"(《秋水》)、"吾生于陵而安于陵,故也;长于水而安于水,性也;不知吾所以然而然,命也"(《达生》)等。所谓"不知其然"和"不知其所以然",即对于"然"和"所以然"的关系,我们无法给出清楚而确定的描述。更彻底一些说,虽然承认"所以然",我们对此却一无所知。这种"无知"显然不是对于世界的一无所知,恰恰相反,"无知"乃是一种深刻的洞见,是通过拒绝肯定某个外在于事物的超越理由或根据,来给事物本身留下自主的空间,其结果是对于"自然"观念的肯定。后来,王弼对于"自然"的理解,特别强调"其端兆不可得而见也,其意趣不可得而睹也","万物以始以成而不知其所以然"(第一章、二十一章注)。郭象更是不断强调"不知所以然而然",如其注《齐物论》"乐出虚,蒸成菌"句云"物各自然,不知所以然而然,则形虽弥异,其然弥同也",进而提出"独化于玄冥之境"的论断。刘孝标《辩命论》亦云:"自然者,物见其然,不知所以然;同焉皆得,不知所以得。"

但这并非说事物无理可循,如《鹖冠子》所说,天有其文,地有其理,乃是确定之事。进一步说,每一个事物都有其理,也是确定之事。儒家在物理或者人道之上,安排了一个天道或者天理作为最后的根据。天道、天理与物理、人道是贯通的。如《洪范》所说的"皇极",是万物之"极",也是"人极"。但是道家为了保证事物及人类生活的多样性和自主性,不可能承认这样一个明确而普遍之"极",无论是"皇极"还是"太极"。老子提出"无极",其意义正在于此。相关的讨论,详见另文,此不赘述。"无极"的说法否定了明确的普遍之理,但并没有否定事物各自之理。恰恰相反,对于明确而普遍之理的否定,正为事物差异而自主之理提供了保证。如《庄子·则阳》所说:"万物殊理,道不私,故无名。"所谓"道不私",即是说道并不偏爱某一个事物之理,进而以之为普遍之理。《韩非子·解老》也说:"万物各异理,而道尽稽万物之理。"万物之理不同,道之所以能够尽稽万物之理,恰恰是由于其"无定理""不可道"。王弼的哲学,对这个道理有系统的阐述。

三

我们仍然要从"然"字入手。在存在的意义之外,"然"的另外一个主要含义是价值领域的"许也"。"许"代表的是一种认可和肯定,即我们如何理解事物如此存在的意义。事物的存在是一回事,如何理解事物存在的意义是另一回事,后者必然牵涉价值的问题。譬如在某一种价值以及建立在此价值的标准里,一些事物的存在会被认为是合理的,而另一些事物则被认为是"无用的"和"多余的",或者一般性地说,是否定性的。众所周知,对于规律和秩序的追求是人类的天性,仰观俯察很容易让我们获得有关天地秩序

(所谓天道)的知识,如昼夜之交替、四时之周行、草木之枯荣等。与此相关,人类也很容易在事物之间建立起一些规律性的联系,譬如《尧典》就确立了一个整体性和合秩序的世界图景。但是,事物的差异和杂多,以及大量在秩序之外的现象也持续地呈现在我们的经验之中。在一个崇尚特定秩序的认识框架之下,这些不合秩序的现象一般被视为"非常"之物,甚至被冠以灾异之名。它们的存在本身被认为是某种提醒或者天谴,在理想的状态之下,这些应该是被克服之物。在伦理学和政治领域,合乎某种价值和秩序的被称为善,反之则是恶。在古典时代的政治文献《尚书·洪范》中,代表着价值和秩序的是所谓"皇极",它是判断善和恶、是和非的标准。进入到诸子时代,价值意义上的然和不然的讨论就与此问题相关。

先从《孟子·告子上》的一段话说起,"故曰:口之于味也,有同耆焉;耳之于声也,有同听焉;目之于色也,有同美焉;至于心,独无所同然乎?心之所同然者何也?谓理也,义也。圣人先得我心之所同然耳。"所谓"同然",即共同以为"然"者。此处之"然",很显然已经超出存在的领域,而具有价值的含义。孟子以及作为整体的儒家传统相信,作为"类"的人有着某种共同的价值作为"类"的基础,即人之所以为人者。这种共同的基础就是心之所同然的理和义,或者以更孟子的方式说,即仁义礼智。《公孙丑上》记载孟子的话说:"无恻隐之心,非人也;无羞恶之心,非人也;无辞让之心,非人也;无是非之心,非人也。恻隐之心,仁之端也;羞恶之心,义之端也;辞让之心,礼之端也;是非之心,智之端也。人之有是四端也，犹其有四体也。""非人也"的说法以引人注目的方式突出仁义礼智之于人的本质意义。在这个意义上，不同的对于人的理解如墨子的兼爱和杨朱的为我，就在价值的意义上被定义为"禽兽"。荀子尽管和孟子在人性的看法上有明显的不同，但在突出人和禽兽的区别，以及区别的标志上，则异曲同工。如《王制》所说："水火有气而无生，草木有生而无知，禽兽有知而无义，人有气有生有知亦且有义，故最为天下贵也。"在相信"同然"方面，荀子和孟子是一致的，只不过孟子把"同然"的基础安放在"人性"之上，荀子则安放在"人心"之中。[1] 普遍的人性和普遍的人心是儒家价值的根源，它们是人之所以为人者，即人的本质。

这种普遍主义和本质主义的思路在相信"同然"之后，必然导致"然"和"不然"的截然二分。《荀子·性恶》以"不恤是非然不然之情，以期胜人为意"为下勇，明显是指辩者而言。上勇和中勇则是对于以"仁"和"礼"为代表的价值的坚守。"是非然不然"的说法是值得留意的，"然"即"是"，"不然"即"非"，其间的分别是最重要的事情。荀子批评十二子，开篇便是"假今之世，饰邪说，文奸言……使天下混然不知是非治乱之所在者，有人矣"，可见荀子对于是非之辨的看重。回头看孟子，所谓"知"，其主旨就是"是非之心"。而如果放在更大的思想世界之中，是非或者然不然的问题，确实是包括道家在内的诸子思考的重点所在。这个问题

---

[1] 相关的讨论，可参见王博：《中国儒学史》（先秦卷），北京：北京大学出版社，2011年。

分外重要，因为它关系到如何理解万物及人的存在，如何理解宇宙和政治秩序的价值根基。

根据《庄子·天下》的叙述，不同于儒家或墨家等，道家型的哲人对于"是非"表现出了"混然"或者"超越"的态度。彭蒙、田骈和慎到是"公而不党，易而无私，决然无主，趣物而不两，不顾于虑，不谋于知，于物无择，与之俱往"，"齐万物以为首……知万物皆有所可，有所不可"，其中引用彭蒙之师的话说："古之道人，至于莫之是、莫之非而已。"这看起来是开了庄子"齐物论"的先河，庄子自己是"因是因非，因非因是"，"和之以是非"，"不谴是非以与世俗处"。追溯到老子，《天下》的描述是"常宽容于物，不削于人"，体现在《老子》书中，便是"常善救人，故无弃人；常善救物，故无弃物"的"全有"姿态。第四十九章的说法是："圣人无常心，以百姓心为心。善者吾善之，不善者吾亦善之，德善；信者吾信之，不信者吾亦信之，德信。""德善"不同于"善"，"德信"也不同于"信"。对于一般的"善"和"信"而言，总有"不善"和"不信"与之相对。但"德善"和"德信"则是"善不善""信不信"的"混然"状态，是"玄德"基础之上对于善和信的重新理解。很显然，这是一种完全不同于"是非之心"的"无心"，不同于"皇极"的"无极"。在这种理解之下，道家发展出了一个新的有关然不然和是非的观念。这种观念的核心是"无物不然""无物不可"，因此拒绝以任何人为的标准来衡量万物，无论这种人为的标准是以何种面目（例如普遍的或者绝对的）出现。如果说有标准的话，这个标准只能由万物自身来提供。万物的性命之情即万物之存在本身便是标准。我们来看《庄子·骈拇》的一段话：

> 吾所谓臧者，非所谓仁义之谓也，任其性命之情而已矣；吾所谓聪者，非谓其闻彼也，自闻而已矣；吾所谓明者，非谓其见彼也，自见而已矣。夫不自见而见彼，不自得而得彼者，是得人之得而不自得其得者也，适人之适而不自适其适者也。

所谓"臧"，是善的意思。事物的善与不善，不是是否符合某一种事物之外的价值如仁义，而是事物自身的规定性以及对此"自身"的自觉。因此，真正的聪和明不应该是对于他者的认知，而是对于自己的了解。"得"或者"适"也不是以是否符合于他者作为尺度，而是对应于自身的自得和自适。在《齐物论》中，庄子对于孟子主张的"同然"给予了直接的否认：

> 啮缺问乎王倪曰："子知物之所同是乎？"曰："吾恶乎知之？""子知子之所不知邪？"曰："吾恶乎知之？""然则物无知邪？"曰："吾恶乎知之？虽然，尝试言之：庸讵知吾所谓知之非不知邪？庸讵知吾所谓不知之非知邪？且吾尝试问乎女：民湿寝则腰疾偏死，鳅然乎哉？木处则惴栗恂惧，猨猴然乎哉？三者孰知正处？民食刍豢，麋鹿食荐，蝍蛆甘带，鸱鸦耆鼠，四者孰知正味？猨猵狙以为雌，麋与鹿交，鳅与鱼游。毛嫱丽姬，人之所美也；鱼见之深入，鸟见之高飞，麋鹿见之决骤，

> 四者孰知天下之正色哉？自我观之，仁义之端，是非之涂，樊然淆乱，吾恶能知其辩！

所谓"同是"，即共同以为"是"者，即孟子所说"同然"。庄子以"不知"的说法否定"物之所同是"的存在，正如我们不知道"正处""正味"和"正色"一样，我们也不知道"同是"。真实的世界是物各安其处，各好其味，各美其色，庄子称之为"常然"[1]，由此必然得出物各有其是，各有其可，各有其然。《齐物论》说：

> 可乎可，不可乎不可。道行之而成，物谓之而然。恶乎然，然于然。恶乎不然，不然于不然。物固有所然，物固有所可。无物不然，无物不可。

从"物谓之而然"可以看出，此处之"然"是"谓之"的结果，涉及人的认识和价值判断，而不仅是事物之存在。"然"与"可"都代表着对于事物的一种肯定性态度和评价。每一个事物都有被肯定之处，同时也就有被否定之处。"自彼则不见，自知则知之"，从事物自身的角度来看，凡事物都可以被肯定。而从他者的角度来看，凡事物都可以被否定。在《秋水》中，这被称为"以物观之，自贵而相贱"。《庄子》进一步指出，随着事物在不同的视

---

[1] 《庄子·骈拇》："天下有常然。常然者，曲者不以钩，直者不以绳，圆者不以规，方者不以矩。"

角之下被观察,我们可以获得对于它们不同的了解。[1]"因其所大而大之,则万物莫不大;因其所小而小之,则万物莫不小","因其所有而有之,则万物莫不有;因其所无而无之,则万物莫不无"。最后,"以趣观之,因其所然而然之,则万物莫不然;因其所非而非之,则万物莫不非"。在这个逻辑之下,"无物不然,无物不可"。我们也可以说,无物不不然,无物不不可。物与物之间的差别必然导致此物之然与彼物之然的不同甚至对立,如尧和桀之间的不同乃是"自然而相非"。明乎此,则关于事物的任何言说、判断或者辩论都没有"是非"意义上的价值,明智的选择是"和之以是非,而休乎天钧"。这也就是"以道观之,物无贵贱"。在这种观照之下,然或不然的区别消失了,万物一齐,无短无长,世界归于"未有是非"的混沌。按照庄子的理解,这仍然不是"至矣、尽矣、不可以加矣"的"知",在"未始有是非"之前,还有"未始有封""未始有物"的"知"。而"未始有物"的"知"是真正的"无知",也可以说是达到了关于"无"的知识。只有达到了关于"无"的知识,"无物不然"才拥有了终极保证。

这不仅把庄子和儒家区分了开来,也把庄子和名家彻底地区分开来。在儒家和道家之外,辩者所代表的名家也非常关注"然"的

---

[1] 陈鼓应先生曾经引用尼采的"视角主义"来分析庄子思想,见《庄子人性论》,第11—12页。另见刘昌元:《庄子的观点主义》,陈鼓应主编《道家文化研究》第6辑,上海:上海古籍出版社,1995年。

问题。《秋水》篇提到以公孙龙为代表的辩者"合同异,离坚白;然不然,可不可。困百家之知,穷众口之辩",《天地》篇也指出"有人治道若相放,可不可,然不然"。针对着儒家"然"与"不然"的确定分别,公孙龙以"然"为"不然","不然"为"然";或者以"可"为"不可","不可"为"可"。这与文献中记载的邓析"两可之说"相似。《吕氏春秋·离谓》称邓析"以非为是,以是为非,是非无度,而可与不可日变",导致"可不可无辨也",与之相对的,则是"理也者,是非之宗也"。公孙龙和邓析否定的是确定的"是非之分",所以被荀子批评为"好治怪说,玩琦辞"。但和儒家一样,仍然局限于"是非之境",仍然执着于"然"和"不然"、"可"与"不可"的区分,并在其中享受着作为"辩者"的乐趣。这与庄子"无物不然,无物不可",最后达到对"然不然,可不可"的"是非之境"的超越,显然大异其趣。

四

综上所述,"然"可以从存在和价值两个方面进行理解。存在意义上的"然"指事物自己如此的状态,价值意义上的"然"则是对此状态的认识和评判。与之相应地,"自然"的意义也应该从存在和价值两个角度来把握。此前关于"自然"的认识更多地突出其存在方面的意义,但综合考虑儒家、名家和道家有关"然"和"不然"的讨论,可知从价值方面探讨其意义更加重要。

立足于存在的角度,"自然"的概念必然强调事物自己如此的状态乃是"自"的结果,而非来自任何的创造者或者主宰者。从老子开始,对于传统思想中的创造者或主宰者,如天或者帝等,就持一种否定的态度。他所发现的"道"具有"不有""不宰""不为主"的特点,虽然生养万物,但对于万物只是"辅"。正因为如此,老子才强调道之"无",表现在和万物的关系上,则是"无为"。庄子虽然肯定道能够"神鬼神帝,生天生地",但更突出了道之"无"的品格。《齐物论》"有有也者,有无也者,有未始有无也者,有未始有夫未始有无也者",很显然有针对老子的意味,力图消除保留在老子那里的道和有之间的暧昧关系。在表述的层面,老子仍然把道视为一种特殊的"物",如"道之为物"或者"有物混成"的说法,庄子则强调道和物之间的区分。《知北游》"物物者"的提出显然深化了这个区分,而"物物者与物无际"的说法又在避免把道简单地看作物之外或之上的存在。《则阳》对于"或使"和"莫为"二说的批评,重点是"未免于物",即这两种说法都有把"道"视为物之上的一种"物"的危险。物物者并非造物者或者主宰者,郭象注特别指出"道故不能使有,而有者常自然也",是一个合乎逻辑的结论。不仅如此,郭象在《齐物论》注中特别说明:

> 夫造物者有耶,无耶?无也,则胡能造物哉?有也,则不足以物众形。故明众形之自物,而后始可与言造物耳。是以涉有物之域,虽复罔两,未有不独化于玄冥者也。故造物者无主,而物各自造。物各自造,而无所待焉。

这是"自然"观念发展到最后必然会得到的结论。一方面是对造物者的否定，另一方面是物之自尔。[1] 所谓物之自尔，也并非意味着事物自己可以决定或影响事物之存在和变化，"既明物物者无物，又明物之不能自物，则为之者谁乎哉？皆忽然而自尔也"（《知北游》注）。在《齐物论》注释中，郭象把这一点讲得更加清楚："然则生生者谁哉？块然而自生耳。自生耳，非我生也。我既不能生物，物亦不能生我，则我自然矣。自己而然，则谓之天然。"

立足于价值的角度，"自然"的概念必然承认事物的自我肯定和确认。换言之，事物自己就是该事物意义和价值的根据，而不必依靠事物之外的存在或者标准来衡量。如庄子"物谓之而然"一语所指示的，价值判断是通过"谓之"的方式来实现的，这也就是命名。儒家基于"同然"的立场，非常关注"命名"的问题。对应于"同然"的，则是"正名"，即将事物根据"同然"的价值纳入到一个名的系统之中。构成"名"之内涵的不仅是事物的位置和关系，更是"德"和"礼"所代表的伦理价值。这种价值的终极根据是"天"或者"天道"等，圣人或圣王作为"知天道"者，则充当

---

[1] 郭象注《知北游》云："谁得先物者乎哉？吾以阴阳为先物，而阴阳者即所谓物耳。谁又先阴阳者乎？吾以自然为先之，则自然即物之自尔耳。吾以至道为先之矣，而至道者乃至无也。既以无矣，又奚为先。然则先物者谁乎哉？而犹有物，无已，明物之自然，非有使然也。"

了命名者的角色。[1]与儒家不同，老子从根本上区分了事物和对于事物的命名。"道可道，非常道；名可名，非常名"的核心即在于此。[2]"无名，万物之始"揭示出"无名"才是万物存在的根本，"有名"不过是建立在"无名"之上的人为建构。老子意识到"命名"的危险，哪怕这种命名是在"美""善"或者"仁义"等美好价值的名义之下。无论如何，当我们用名来规范和塑造事物的时候，事物就必然地被扭曲了。《老子》第二章说"天下皆知美之为美，斯恶矣；皆知善之为善，斯不善矣"，其意义就在于此。用王弼的话来说，"天地任自然，无为无造，万物自相治理，故不仁也。仁者必造立施化，有恩有为。造立施化，则物失其真；有恩有为，则物不具存。物不具存，则不足以备载"。进入到名的秩序之中，则物失去其真面貌；被排除在名的秩序之外，则物被认为是不合秩序者。

因此，当我们不得已必须接受一个有名的世界之时，我们应该意识到"名"的限度。《老子》第二十五章论道的时候特别说，"吾不知其名，强字之曰道，强为之名曰大"，"强"字很显然地意味着"不得已"，同时也意味着"审慎"和"节制"。对于物的命名同样

---

[1] 按照儒家的理解，只有圣人或圣王才有命名的权力。《礼记·祭法》："黄帝正名百物"，《荀子·正名》："后王之成名"，《中庸》："非天子，不议礼，不制度，不考文"，《春秋繁露·深察名号》："古之圣人，謞而效天地谓之号，鸣而施命谓之名"。
[2] 电影《鸟人》中的一句话 "A thing is a thing, not what is said of that thing"，我以为是关于"道可道，非常道；名可名，非常名"最恰当的翻译。这句话因为区分了"a thing"和"that thing"，而具有非常深刻的哲学意义。

如此，一物之善或者不善不应取决于圣人或者圣人所代表的某个超越或外在的标准，而是事物自身。"自然"的价值最关心的是每个事物都可以被肯定下来，而不是根据某个标准对于事物的肯定、接纳或否定、排斥。《老子》第二十七章"圣人常善救人，故无弃人；常善救物，故无弃物"的说法，体现着"自然"的价值理想。依照这种理想，马王堆帛书《经法》"物自正也，名自命也，事自定也"就是合乎逻辑的。"自然"价值之下的"命名"应该是事物的自我命名，事物或者命名的"正"与否不取决于外部的因素，而是事物自身。这和庄子所谓"彼正正者，不失其性命之情"是一致的。在这种理解之下，即便有圣人或者圣王的位置，与之相应的要求则是"无执也，无处也，无为也，无私也"。如此，则"天下有事，无不自为形名声号矣"（《经法》）。

但是这也可能导致困境。事物的自我命名或判断意味着每个事物可以从自己的视角命名自己和他者，并且表现为肯定自己和否定他者的倾向。这使物的世界陷入"自是而相非"的局面，如儒家和墨家之间的"是其所非，而非其所是"。[1]庄子意识到这个问题，因此不仅自觉地拒绝"同然"基础上的命名，也拒绝基于自我的命名。从"至人无己"到"吾丧我"，从"心斋"到"坐忘"，更关注

---

[1] 王庆节说："老子'自然'概念的消极意义在哲学上予以'他者'合法性，为'自我'设限，建立起'他者'的界域并要求对之加以尊重。"（见王庆节：《老子的自然观念：自我的自己而然与他者的自己而然》，《求是学刊》2004年第6期）因为主要讨论老子的缘故，这里的"为'自我'设限"，更多的是指君主的无为。庄子则将对"自我"的设限推广到所有人。

的是"自我"的破除。"自我"的破除让心灵归于虚无,从而超越物界的"是非之境",实现"和之以是非,而休乎天钧"。通过这种方式,庄子摆脱了是非或者命名的困扰,他的理想是"无名人",但也使自己陷入山林的世界而无法自拔。同时,庄子无法解决现实世界中他者的困境,也让"自然"的价值本身遇到挑战。这个挑战的核心是:如何既保证万物之"自然",又让事物在"自然"之中避免自我肯定引起的互相否定,或者更积极地说,如何让事物在肯定自我的同时,又肯定他者,从而建立起一种合乎"自然"的人间秩序。

这是道家面临的核心挑战,后来的解释者王弼和郭象正面回应了这个挑战。比较而言,王弼主要回应保证万物之"自然"的问题,而郭象则更全面而彻底。毫无疑问,王弼极其推崇"自然"的价值,并系统解释了本无和万物自然之间的逻辑关系。"将欲全有,必反于无",本无的用心是全有,而"全有"的内涵,一方面是守物之真,另一方面是物之具存。为此之故,就必须确立无形无名者万物之宗的地位。如《老子指略》所说,"若温也则不能凉矣,宫也则不能商矣",不温不凉、不宫不商,才能同时保证温凉和宫商的存在。基于此,王弼反对以形名来宰制万物,"圣人不立形名以检于物,不造进向以殊弃不肖,辅万物之自然而不为始","任名以号物,则失治之母也"。但王弼并不完全否认"形名"的意义,但和此前的黄老传统一样,"形名"必须建立在虚无和自然的基础之上,如此则"形名俱有而邪不生,大美配天而华不作"。受惠于老庄和王弼的思考,郭象在《庄子注》中充分展示了其思辨的能力。

和庄子一样，郭象意识到"同然"和"自然"的局限，其云："所同未必是，所异不独非。故彼我莫能相正，故无所用其知。"即便存在者"同"，也不能成为规范存在者特别是相异者的根据。郭象又云："物皆自然，故无不然；物皆相非，故无不非。无不非，则无然矣；无不然，则无非矣。无然无非者，尧也；有然有非者，桀也。"这里的"自然"，很显然是"自以为然"之意，由事物之间的自然而相非，郭象得出"无然无非"的结论，与之相对的是"有然有非"。但"无然无非"如果和"有然有非"相对，则仍然是另一种形式的"有然有非"，所以郭象要求"遣之又遣之"，以达到真正的"无然无非"。"无然无非"的唯一保证是"无心"：

> 今以言无是非，则不知其与言有者类乎不类乎？欲谓之类，则我以无为是，而彼以无为非，斯不类矣。然此虽是非不同，亦固未免于有是非也，则与彼类矣。故曰类与不类又相与为类，则与彼无以异也。然则将大不类，莫若无心。既遣是非，又遣其遣。遣之又遣之以至于无遣，然后无遣无不遣而是非自去矣。

无心不仅是圣人的性质，也是对于所有人的要求。郭象认为，"有心则累其自然"，无心而无不顺，如此则物"各得其宜"，"各然其所然，各可其所可"，安于自然之分，游于自得之场。圣人由于无心而顺有，普通人也由于无心而安命，"自然"的价值由此获得终极的保证。

综上所述，本文从"然"的存在和价值两个方向的意义出发，在整体的思想史中讨论"自然"观念的内涵。在存在的意义上，万物之"自然"要求从事物内部寻找事物的根据，由此发展出以"无"为中心的本原学说，并逻辑地导致对任何造物者的否定。在价值的意义上，万物之自然要求从自身出发肯定事物如此存在的合理性，由此发展出无名的理论，并逻辑地导致对事物自我命名的肯定。始于老子的"自然"观念，是道家核心价值的体现，在道家思想史展开的过程中，通过与儒家等学派的对话，庄子、王弼和郭象等进行了更丰富的论述。

从皇极到无极

中国哲学史的起点,从胡适、冯友兰之后,大体被确定在春秋战国时期的老子和孔子。这已经成为现当代哲学史写作的常识(共识)。同时,老子和孔子之前的知识和思想积累已经达到相当丰富的程度,所谓的三代礼乐文明,不仅被考古学所证实,更有大量的经典文献流传至今,向我们展示古代哲人们的思想世界。这些经典文献的主体,无疑是后来被称作"六经"的《诗》《书》《礼》《乐》《周易》和《春秋》。虽然在传承和解释过程中不乏后人的整理及改编,但这些文献在所谓"哲学的突破"之前就已经存在,而且在当时人的生活世界中发挥关键性的影响,却是确凿的事实。《左传·僖公二十七年》所记"说礼乐而敦《诗》《书》。《诗》《书》,义之府也;礼乐,德之则也",以及《国语·楚语》记载申叔时论傅楚庄王太子之道,提出教之以《春秋》、《诗》、礼乐、故志和训典等,是明显的例子。孔子自觉地继承三代的文化传统,"行夏之时,乘殷之辂,服周之冕,乐则韶舞",这种继承当然不像该引文所述那般简单,其核心是其中所含蕴的以教化为代表的人文理性,直接的标志则是对于三代文化集大成者的经典的创造性转化。比较而言，老子乃是三代传统的反思者。作为王室的史官，老子对于这个传统相当熟悉，但熟悉不意味着认同，恰恰相反，礼坏乐崩的现实提供了一个最好的"入乎其内，出乎其外"的背景。从史官到隐士，不仅是老子的生活轨迹，更是其思想的轨迹。[1]《老子》远远不是一个一般性的思想作品，其深远的意义在于通过对整个三代传统的批判性思考，提出一个不同精神方向的道路。[2] 这条道路通过学者们已经非常熟悉的一些关键词，如道、德、无、有、无为、自然等集中地体现出来。这些关键词的意义仍然有待在更宽阔的参照系内——无论是时间还是空间——做进一步的发掘，与此同时，另外一些词汇或概念也许不那么突出，但在历史和思想的双重观照之下，意义却也不能小觑。本文将讨论老子最早提出的"无极"概念，如文章题目所示，所采取的主要方法是与《尚书·洪范》记载的"皇极"，以及《周易·系辞传》的"太极"展开对话，并通过这个对话揭示"无极"的内涵。对话本身不仅会深化对于"无极"的理解，也会深化对"皇极"和"太极"的认识。

---

[1] 参见拙著《老子思想的史官特色》，台北：文津出版社，1993年。
[2] 胡适《中国哲学史大纲》卷上，专门列"革命家之老子"一节，认为老子的思想，"完全是那个时代的产儿，完全是那个时代的反动"。见《胡适全集》第5卷，合肥：安徽教育出版社，2003年，第237页。

一

"无极"始见于《老子》第二十八章:"知其雄,守其雌,为天下溪。为天下溪,常德不离,复归于婴儿。知其白,守其黑,为天下式。为天下式,常德不忒,复归于无极。知其荣,守其辱,为天下谷。为天下谷,常德乃足,复归于朴。朴散则为器,圣人用之,则为官长,故大制不割。"关于这个概念和该章的思想意义,后文将有详细的讨论。学术史上,易顺鼎、高亨等曾引用《庄子·天下》说明通行本中包含"无极"的句子为后人窜入之语,张岱年先生以为"易高所考甚是,但帛书《老子》'道篇'已有'知其白,守其黑,为天下式;为天下式,恒德不忒;恒德不忒,复归于无极'几句,则汉初传本已有窜改了"[1]。北大所藏汉简《老子》,亦有此句,且顺序与帛书本相同,"知其白,守其黑"句在"知其雄,守其雌"及"知其白,守其辱"句后。《庄子·天下》引用老子文字,并不准确和完整,所以不能断定《老子》原文中无此内容。相反,从帛书、汉简和后世的诸多传本来看,"无极"句都包含其中,王弼和河上公都有注释,只不过顺序和帛书即汉简略异,"知其白,守其黑"句被安放在"知其雄,守其雌"句和"知其荣,守其辱"句之间,这样的调整之后,"复归于朴"和"朴散则为器"的衔接更加顺畅。

---

[1] 张岱年:《中国古典哲学概念范畴要论》,《张岱年全集》第四卷,第501页。

根据张岱年先生的统计，老子之后，"无极"在《庄子》中出现了四次，分别是《逍遥游》"吾惊怖其言，犹河汉而无极也"，《大宗师》"孰能登天游雾，挠挑无极，相忘以生，无所终穷"，《在宥》"入无穷之门，以游无极之野"，以及《刻意》的"无不忘也，无不有也，澹然无极，而众美从之"。《荀子·修身》使用过一次："将以穷无穷，逐无极与？"这几处"无极"的含义，与"无穷"接近。[1] 此外，《淮南子》也有"极无极""精神澹然无极""游无极之野""终而复始，转于无极""运乎无极，翔乎无形""还反无极"等说法，一般被视为伪书的《列子·汤问》中一段关于"无极"的讨论：

> 殷汤问于夏革曰："古初有物乎？"夏革曰："古初无物，今恶得物？后之人将谓今之无物，可乎？"殷汤曰："然则物无先后乎？"夏革曰："物之终始，初无极已。始或为终，终或为始，恶知其纪？然自物之外，自事之先，朕所不知也。"殷汤曰："然则上下八方有极尽乎？"革曰："不知也。"汤固问，革曰："无则无极，有则有尽。朕何以知之？然无极之外复无无极，无尽之中复无无尽。无极复无无极，无尽复无无尽。朕以是知其无极无尽也，而不知其有极有尽也。"汤又问曰："四海之外奚有？"革曰："犹齐州也。"汤曰："汝奚以实之？"革

---

[1] 张岱年：《中国古典哲学概念范畴要论》，《张岱年全集》第四卷，第507页。

曰:"朕东行至营,人民犹是也。问营之东,复犹营也。西行至豳,人民犹是也。问豳之西,复犹豳也。朕以是知四海、四荒、四极之不异是也。故大小相含,无穷极也。含万物者,亦犹含天地。含万物也故不穷,含天地也故无极。朕亦焉知天地之表不有大天地者乎?亦吾所不知也。然则天地亦物也。物有不足……"

这里的论述和《庄子·秋水》"夫物,量无穷,时无止,分无常,终始无故……由此观之,又何以知毫末之足以定至细之倪,又何以知天地之足以穷至大之域"类似。但引人注目的是其中反复出现的"无极"字眼,与"无尽"并称,又进一步引申出"无无极""无无尽"的说法。这里"无极"的用法,与《庄子》接近。

随着道教的出现,"无极"的概念大量出现于"道经"之中,[1] 其中更有直接以"无极"命名的文献,如《老君变化无极经》等。此外,佛经也借用"无极"的字眼,如《大明度无极经》。儒家对于"无极"概念的接纳,始于周敦颐的《太极图说》,并在儒学内部引起了广泛的讨论。"无极"概念在不同思想传统的使用,显示出其影响力的深化,更有助于其义理内涵的充分展开。无论是"太极图",还是《太极图说》首句"无极而太极"[2] 的说法,都体现

---

[1] 参见孔令宏:《朱熹陆九渊无极太极之辩与道家道教的关系》,《上饶师范学院学报》第35卷第5期,2015年10月。
[2] 此据延平本。另九江本作"无极而生太极",国史本作"自无极而为太极"。

着周敦颐思想的道家影响。南宋朱震《进周易表》认为周敦颐所论"太极图"得之于陈抟,"陈抟以《先天图》传种放,放传穆修……修以《太极图》传周敦颐,敦颐传程颢、程颐"。该说影响极大,黄宗炎《图学辩惑》有《太极图说辩》,指出"太极图者,创于河上公,传自陈图南,名为无极图,乃方士修炼之术……周茂叔得之更为太极图说,则穷其本而反于老庄"。按陈抟好《易》《老》,其《易》《老》之学,"最终被归结到内丹道上,概括为《无极图》"[1]。根据黄宗炎的叙述,《无极图》共五圈,自下而上,从"玄牝之门"一直到"炼神还虚,复归无极",代表"逆则成仙"。周敦颐则改造此图为"太极图",反其道而行之,自上而下,发展出"无极而太极"的万物化生之理,意谓"顺则生人"。除了首句"无极而太极"之外,《太极图说》中还有"太极本无极也""无极之真,二五之精"的表述,可见"无极"乃是周敦颐非常看重的概念。后来,朱熹和陆九渊围绕《太极图说》的"无极"概念进行了反复辩论。陆九渊以为:"'无极'二字,出于《老子知其雄章》,吾圣人之书所无有也。《老子》首章言:'无名天地之始,有名万物之母'而卒同之,此老氏宗旨也。'无极而太极',即是此旨。"[2]陆九渊并指出周敦颐《通书》不言"无极",《太极图说》恐非周子

---

[1] 卢国龙:《陈抟的〈易〉〈老〉之学及〈无极图〉思想探源》,《江西社会科学》1989年第5期。

[2] 陆九渊:《与朱元晦书》一,见《陆九渊集》卷二,北京:中华书局,1980年,第24页。

所为，或是其学未成时所作，甚至是传他人之文。"周子《通书》与二程言论，绝不见无极二字，以此知三公盖皆知无极之说为非矣。"朱熹则以为周敦颐所用"无极"意义与老庄不同，老庄的"无极"乃无穷之义，周敦颐的"无极"则是对于"理"的说明。其释"无极而太极"为"无形而有理"："不言无极，则太极同于一物，而不足为万化根本；不言太极，则无极沦于空寂，而不能为万化根本。"针对陆九渊圣人不言"无极"之说，朱熹说："以熹观之，伏羲作《易》，自一画以下。文王演《易》，自乾元以下，皆未尝言太极也，而孔子言之。孔子赞《易》，自太极以下，未尝言无极也，而周子言之。夫先圣后圣，岂不同条而共贯哉？若于此有以灼然实见太极之真体，则知不言者不为少，而言之者不为多矣。"[1] 朱陆围绕无极太极的争论，一方面是基于理学和心学不同的哲学基础，另一方面也涉及对于儒家和道家思想分歧的理解，其余响持续地贯穿在后来思想发展的历史之中。

二

从以上对"无极"概念的观念史考察，可见这个概念在中国思想史或哲学史上有重要的影响。朱陆之争特别突出了"无极"的学派属性及其思想意义，这也使得对"无极"概念的提出背景及其

---

[1] 朱熹：《答陆子静》一，见《朱熹集》卷三十六，成都：四川教育出版社，1996 年，第 1567 页。

在老子和道家传统中的意义考察更显重要。我们知道，任何一个概念的提出，都有思想的根据，也都有脉络可循。弄清楚其脉络和根据，对于理解这个概念来说，是至关重要的。作为三代传统的批判性思考者，老子无疑自觉地面对着前人创造的思想遗产。这些思想遗产主要体现在所谓的"六经"之中，就"无极"概念而言，对于《尚书·洪范》"皇极"的反思最值得关注。

朱陆关于无极和太极的争论中都提到了《尚书》和《周易》。《尚书·洪范》所记为箕子向武王所陈之"天乃锡禹洪范九畴"，包括五行、五事、八政、五纪、皇极、三德、稽疑、庶征和五福六极。根据《尚书孔传》的解释："洪，大；范，法也。言天地之大法。""洪范"之义乃是大法，本于天道，而行于人君。其中位居第五的"皇极"历来受到解释者的重视，该章云：

> 五，皇极：皇建其有极，敛时五福，用敷锡厥庶民。惟时厥庶民于汝极，锡汝保极。凡厥庶民，无有淫朋，人无有比德，惟皇作极。凡厥庶民，有猷有为有守，汝则念之。不协于极，不罹于咎，皇则受之。而康而色，曰予攸好德，汝则锡之福。时人斯其惟皇之极。无虐茕独而畏高明。人之有能有为，使羞其行，而邦其昌。凡厥正人，既富方谷。汝弗能使有好于而家，时人斯其辜。于其无好德，汝虽锡之福，其作汝用咎。无偏无陂，遵王之义。无有作好，遵王之道。无有作恶，遵王之路。无偏无党，王道荡荡。无党无偏，王道平平。无反无侧，王道正直。会其有极，归其有极，曰皇极之敷言，是彝是

训,于帝其训。凡厥庶民,极之敷言,是训是行,以近天子之光。曰天子作民父母,以为天下王。

"皇极"二字的训诂和解释,在经学史上基本分为两个传统。以孔安国和孔颖达为代表,以皇为大,以极为中,孔安国注云:"皇,大;极,中也。凡立事,当用大中之道。"孔颖达疏云:"皇,大也;极,中也……大中者,人君为民之主,当大自立其'有中'之道,以施教于民。"此说在汉唐时代极有影响,宋代胡瑗、陆九渊等亦沿袭孔说。但《史记》或引"皇极"作"王极",《尚书大传》亦然,曰"王之不极,是谓不建"。此外,《汉书·五行志》引"皇之不极,是谓不建"云"皇,君也;极,中;建,立也",开启了以"君"释"皇"的解释传统。北宋王安石亦然。朱熹不满意于关于"皇极"的既有解释,作《皇极辨》而提出新说:

《洛书》九数,而五居中。《洪范》九畴,而皇极居五。故自孔氏传训"皇极"为"大中",而诸儒皆祖其说。余独尝以《经》之文意语脉求之,而有以知其必不然也。盖皇者君之称也,极者至极之义,标准之名,常在物之中央,而四外望之以取正焉者也。故以极为在中之准的则可,而便训极为中则不可。

朱熹之说的要点,在以皇为君,以极为至极,为标准。如此,"皇建其有极",即是"人君以其一身而立至极之标准于天下也"。按照朱熹的看法,人君居天下之至中,则必有天下之纯德,而后可以立至极之标准。所谓"顺五行""敬五事",是修其身之标准。"厚八政""协五纪",是齐其政之标准。《洪范》九畴之中,其他八畴,都以皇极为之主,也都是皇极的展开。根据学者的研究,朱熹的《皇极辨》有其现实的政治意义,此不赘述。[1] 由于其考证之精审和意义之圆融,后来的学者大都接受了朱熹关于"皇极"的解释。其弟子蔡沈《书集传》释"皇建其有极"云:"皇,君;建,立也;极犹北极之极,至极之义,标准之名,中立而四方之所取正焉者也。"即完全以朱熹的说法为根据。

我们现在检讨以上的两个解释传统,虽然有明显的差异,但其中相同的部分不容忽略。如都以人君为立极的主体,即便以"皇"为"大",孔颖达也明确地指出"人君为民之主,当大自立其'有中'之道,以施教于民",不过朱熹更突出"人君以其一身而立至极之标准于天下";如都认为"极"象征着秩序,朱熹以"极""至极"为"标准",固然是此义,孔安国和孔颖达以"大中之道"来解释"皇极",也不离此主题。我们知道,尚"中"的观念,源远流长,《论语·尧曰》以"允执其中"为尧舜禹相传之法,其后儒家更有《中庸》的制作。从"喜怒哀乐之未发,谓之中;发而皆中节,谓之和"来看,"中"代表的乃是礼乐之原、秩序之根本。朱熹引程子之言"不偏谓之中",可知"中"即是道之象征。但这里显然存在着一个不容忽略的问题,那就是孔安国和孔颖达等为什么

---

[1] 吴震:《宋代政治思想史上的"皇极"解释——以朱熹皇极辨为中心》,《复旦学报(社会科学版)》2012年第6期。

宁可选择看起来"不辞"的注释，[1]仍坚持以"大"来解释"皇"，其中是否有独特的用心？如果沿着这个方向思考，那么这种解释也许重在突显人间秩序的天道根源。《洪范》本身一再强调九畴来源于天，孔颖达注释也一再突出天道和天意，一曰："武王伐殷，既胜，杀受，立其子武庚为殷后，以箕子归镐京，访以天道，箕子为陈天地之大法，叙述其事，作《洪范》。"再曰："武王访问于箕子，即陈其问辞，王乃言曰：'呜呼！箕子，此上天不言而默定下民，佑助谐合其安居，使有常生之资。我不知此天之定民常道所以次叙。'问天意何由也。"又曰："箕子乃言，答王曰：'我闻在昔，鲧障塞洪水，治水失道，是乃乱陈其五行而逆天道也。天帝乃动其威怒，不与鲧大法九类，天之常道所以败也……天乃赐禹大法九类，天之常道所以得其次叙'。"以上所引孔说，无不强调九畴乃天地之大法。在这个脉络之下探求孔安国和孔颖达等的用心，也许是在肯定人君地位和作用的前提之下，说明天或天道才是"极"的真正来源。换言之，由于"天不言"的特点，人君是"极"的制作主体，但真正的主体乃是天。这也许正是不把"皇极"之"皇"解释为人君的主要考虑。

我们再回到《尚书》，作为一部主要以"典""谟""诰""誓"

---

[1] 朱熹云："今人将皇极字作大中解了，都不是。皇建其有极，不成是大建其有中？时人斯其惟皇之极，不成是时人斯其惟大之中？皇，须是君；极，须是人君建一个表仪于上。"见《朱子语类》卷七十九，北京：中华书局，1994年，第2046页。皮锡瑞云："盖王之不极、皇之不极必训为君而后可通，若训为大之不中，则不辞甚矣。"见《今文尚书考证》卷十一，北京：中华书局，1989年，第244页。

等为主的政治性文献,被荀子概括为"《书》者,政事之纪也"。所谓"政事之纪",即政事之纲领或法则,《洪范》无疑是其典型的代表,所以历来受到特殊的重视。具体到"皇极",其意义主要应在"政事之纪"的向度上来理解,乃是"彝伦攸叙"的关键。要理解"皇极"的意义,首先是分析皇极章的内容,其次则是联系《洪范》全篇。就《洪范》全篇而言,最关心的是宇宙和政治秩序的建立。从地之五行、人之五事八政到天之五纪,以及天地人之间的感应之理,该篇建立起一个天地人不同又相关的整体秩序图景。这个秩序图景通过"皇极"的观念集中体现出来,而整个的枢纽则是禹和武王所代表的人主。在天命和受命的意识形态之下,王或天子乃是天和人之间的纽带,处在天地人一体世界之中心。因此,天的秩序只能通过王表现于现实的世界。"皇建其有极",就是天子依据天的意志建立起一个贯通宇宙的人间法则,又称王道。皇极章特别强调这个法则乃是对于臣和庶民的规范,一切皆以王道即"极"是会是归。仔细分析皇极章的内容,可以发现如下的几个主要特点:一是对于王权在现实世界中至高无上地位的确认。"惟皇作极""天子作民父母,以为天下王",庶民"无有淫朋",人臣"无有比德",皆以王道为依归。[1] 二是以王道为依归的具体表现就是"会其有

---

[1] 参见丁四新:《论〈尚书·洪范〉的政治哲学及其在汉宋的诠释》,《广西大学学报(哲学社会科学版)》第37卷第2期,2015年3月;及丁四新:《再论〈尚书·洪范〉的政治哲学——以五行畴和皇极畴为中心》,《中山大学学报(社会科学版)》2017年第2期。

极,归其有极"。皇极章非常重视"极"即标准和秩序。王依据天意建立起"极"以规范人臣和庶民,同时也规范自己。此"极"又称"王道",具有荡荡、正直等特点。王作为"民之主",应以身作则,施教于民。人臣和庶民都应去除个人之好恶,遵守王之义、王之道、王之路。三是对于德的重视。鼓励好德,并主张德福的一致性。对臣子和庶民而言,德包括有能有为有守等,王德则表现为对于人民的教化和清晰的分辨能力,有德者录用之,无德者清退之。

《洪范》的背景,乃是针对殷周鼎革之际不确定的形势,提出一个"相协厥居"的政治秩序。皇极章的几个特点,如果扩大到整个的《洪范》中,体现得更加明显和具体。首先,对于王权的强调,三德章更明确地指出"惟辟作福,惟辟作威,惟辟玉食。臣无有作福、作威、玉食。臣之有作福、作威、玉食,其害于而家,凶于而国。人用侧颇僻,民用僭忒"。这里的辟、人、民,大体相当于稽疑章的天子、卿士和庶民,代表着一种非常清晰的权力等级。天子在这个权力等级中位居最高处,在这个意义上,天子本身就相当于"极"。我们知道,"极"的本义是"栋",乃房屋之最高处,也处在最中间的位置,这正是权力之屋中天子的位置。相应地,只有天子具有"作"的权力。其次,皇极章所说之极,就是标准和秩序,或《洪范》篇首提到的"彝伦"。对于标准和秩序的重视,几乎体现在所有的章节之中。五行有五行之秩序,如水曰润下,火曰炎上,木曰曲直,金曰从革,土爰稼穑;五事有五事之秩序,貌曰恭,言曰从,视曰明,听曰聪,思曰睿等。八政体现的是政事的秩序,五纪则是天时的秩序。其论庶征,区分休征和咎征,所谓休征是"曰时五者来备，各以其叙，庶草蕃庑"，咎征则体现为不时，如一极备，一极无。在庶征和五事之间，还存在着明确的对应关系。另外，无论是龟卜还是占筮，都有清晰的规则确定吉凶。总之，从天地万物到人，都被纳入天子所作的明确的秩序之中。再次，《洪范》专门列出三德一章，以正直、刚克和柔克为三德，适用于不同的情形。所述虽然没有"周公之书"具体，但仍然可见对于德之认识的深化。最后还应提到的，在皇极章中提到的"是彝是训，于帝其训"，所显示出的秩序与天（帝）之间的关系，如前所述，是《洪范》的重要内容。人主能否和天之间建立起密切的关系，决定了天是否赐予其大法，而这又成为其在人间成败的关键。

对于秩序的关注和追求，是人类的永恒冲动。无论在《尚书》还是其他几部经典中，秩序都是最重要的主题。《尧典》《舜典》和《禹贡》等《尚书》开始的几篇，从大的方面来说，正是有关天空、人间和大地秩序发现的叙述。尧确立了天空的法则，舜实践了人间的伦理，禹则通过"平水土""奠山川"恢复了大地的秩序。《洪范》的"皇极"观念，如篇中所叙述的，是对夏殷两代以政治秩序为中心的宇宙思考的总结。而其意义，则在后来的历史展开中以更丰富的方式呈现出来。周公的"制礼作乐"，无疑是"皇建其有极"事业的继续。在这个过程中，一系列新的术语开始出现，如天道、人道、则、式、纲、法、度等，同时作为"极"之具体内容的礼乐等开始占据思想世界的中心位置。但"极"字仍然保持着活力，《尚书·君奭》记载周公对召公之语："前人敷乃心，乃悉命汝，作汝民极"，孔颖达云："前人文武布其乃心为法度，乃悉以命汝矣，为汝民立中正矣。"此"民极"显然承前"皇极"而来。此外,《周礼·天官·冢宰》也有"民极"的说法,"惟王建国,辨方正位,体国经野,设官分职,以为民极",郑玄注云:"极,中也。令天下之人,各得其中,不失其所。"贾公彦疏特引《洪范》之文,以为参证。又《周颂·思文》"思文后稷,克配彼天。立我烝民,莫匪尔极",毛传云:"极,中也。"与"皇极"同一用法。如果联系《大雅·皇矣》"不识不知,顺帝之则","极"也就是所谓"帝之则"。

"皇极"和"民极",是一体之两面。皇极重在皇建其有极,民极突出此极为民之所遵循。周敦颐《太极图说》"圣人定之以中正仁义而主静,立人极焉",所谓"人极",通"皇极"和"民极"而言。"皇极"和"民极"之后,最值得注意者,是"太极"概念的提出。众所周知,"太极"见于《周易·系辞传》:"易有太极,是生两仪。两仪生四象,四象生八卦。"[1] 关于其意义,朱伯崑先生以为应该在筮法语境中进行理解,"《系辞》说的太极,指大衍之数或奇偶两画未分的状态,乃卦象的根源,故称其为太极"[2]。朱先生关于《易传》,有"两套语言"的说法:"《易传》中有两套语言,一是关于占筮的语言,一是哲学语言。有些辞句只是解释筮法,有些辞句是作者用来论述自己的哲学观点,有些辞句二者兼而

---

[1] 《庄子·大宗师》论道,有"在太极之先而不为高"句,朱伯崑先生以为应在《系辞传》之先,张岱年先生则以为在《系辞传》之后,"这是说道在太极之先,比太极更根本。这是企图用'道'来压倒儒家的'太极'。这是儒道两家竞胜的表现"。《张岱年全集》第四卷,第501页。
[2] 朱伯崑:《易学哲学史》第一卷,北京:昆仑出版社,2005年,第58页。

有之。"[1]"易有太极"句,除了是占筮的语言之外,还是不是哲学语言,仍然有讨论的空间。[2] 从易学史和哲学史来看,对于"太极"的解释,无论是"元气""道"还是"理",都更关注其本原的意义。《系辞传》本身,也是一篇哲理性突出的文字。具体到"太极",如果从"皇极"和"民极"的角度来看,应该有着前后影响的关系。郑玄解释"太极"说:"极中之道,淳和未分之气也。"以气来解释太极,是汉代流行的说法。但"极中之道",却不免让我们想起"皇极"。这当然不是把"太极"等同于"皇极",只是说"太极"观念的提出,或受到此前已有的"皇极"之启示,并且具有某种意义上的关联。《系辞传》中还有"三极"的说法,"六爻之动,三极之道也"。三极指天地人三才,如此而言,三极之道的整体被称为"太极",也是合乎逻辑的推断。此外,"易有太极"句中提到的"两仪"和"四象",单纯就"仪"和"象"的字义看,都有法式和标准的意思。《大雅·文王》"仪型文王,万邦作孚"和《尚书·尧典》"象以典刑"是读者熟知的,《国语·齐语》也有"设象以为民纪,式权以相应"的文字,《管子·七法》以"象"与"法""则"等列为"七法"之一。由"仪""象"倒推"太极",其与"皇极"或"民极"的关系更加显豁。值得注意的是,王弼《周

---

[1] 朱伯崑:《易学哲学史》第一卷,第61页。
[2] 朱伯崑先生说:"《系辞》说:'易有太极,是生两仪',其本义是讲揲蓍或画卦的过程,讲的是筮法问题。可是后来被许多易学家和哲学家解释为讲宇宙形成的过程,将其哲理化。这两种倾向,都有片面性。"同上。

易注》关于太极的解释,以为"夫有必始于无,故太极生两仪也。太极者,无称之称,不可得而名,取有之所极,况之太极者也",视太极为无,具有强烈的道家倾向,是前述朱陆之争的重要背景。

三

经过前面两部分的叙述,现在来讨论"无极"的意义,无疑有了更深厚的基础。不过,任何关于"无极"概念的充分理解,都必须将之置于老子哲学的整体框架之中。本文无意系统地阐述老子的思想,但对于核心主旨的叙述是必要的。简要言之,老子针对三代精神传统的反思,令其提出了一种新的关于道和德的理解。这种理解的核心是通过"天下万物生于有,有生于无"的说法,把以政治为中心的世界奠基在"无"的原则之上,并与一切"有"的原则相对立。"有"的原则视"有名""有为"为天经地义的真理,主要表现为对于仁义价值和礼乐秩序的推崇,同时也包括对于一切以形名为中心的秩序如法的推崇。如果说继承了三代传统的儒家还把仁义价值和礼乐秩序的根据归之于天道,那么法家则直接地把价值和秩序的源头安排给现实的权力,"君生法"是最明显的证明。[1] 以儒

---

[1] 《管子·任法》云:"有生法,有守法,有法于法。夫生法者,君也;守法者,臣也;法于法者,民也。"《韩非子》有"君之立法"(《饰邪》)、"圣王之立法也"(《守道》)等说法。

家看法家，是以德服人的王道和以力服人的霸道之分别，[1]但在老子的视野中，不过都是"有"的原则的不同表现。其共同点在于，通过确立一个基于某种确定价值的形名秩序，或者说普遍标准，将万物和百姓纳入其中，来实现对于世界的控制。老子"无"的原则的核心，一方面在于通过"无名，万物之始"的宣示，确立"无名"的根本地位，同时给"有名"确立了一个界限，[2]揭示世界和形名之间的真正关系；另一方面则体现为本原之道和政治世界的君主之无为，主张权力的自我节制，并给世界留下自主的空间。与"无"的原则相呼应的，则是肯定万物"独立"存在之合法性的"自然"价值之凸显。

"自然"的观念，也是由老子最早提出。第二十五章"道法自然"，其意义应如第五十七章"万物莫不尊道而贵德。道之尊，德之贵，夫莫之命而常自然"所说，体现"生而不有，为而不恃，长而不宰"的玄德，不对万物施加教令，不把持不主宰万物而顺应和守护万物之"自"。王弼注"道法自然"云："法自然者，在方而法方，在圆而法圆。"而非先立一个"方"或者"圆"的标准，再将万物纳入其中。肯定万物之自然，必然要求本原之"无"的特点，同时要求道或者现实世界的权力之无为。由此出发，老子系统反思了包含在三代精神传统中的"德"的观念，提出了一个新的关于

---

[1] 《孟子·公孙丑上》："以力服人者，非心服也，力不赡也；以德服人者，中心悦而诚服也，如七十子之服孔子也。"

[2] 《老子》第三十四章："始制有名，名亦既有，夫亦将知止，知止所以不殆。"

"德"的理解。《老子》第三十八章的意义是众所周知的，该章在目前发现的早期传本中都位居整部书的开端。[1]第三十八章阐述了一篇系统的"德"论，并具有明确的针对性：

> 上德不德，是以有德。下德不失德，是以无德。上德无为而无以为，下德为之而有以为。上仁为之而无以为，上义为之而有以为，上礼为之而莫之应，则攘臂而扔之。故失道而后德，失德而后仁，失仁而后义，失义而后礼。夫礼者，忠信之薄而乱之首。前识者，道之华而愚之始。是以大丈夫处其厚不居其薄，处其实不居其华，故去彼取此。

上德和下德的区分，其核心在无的原则和有的原则之间的差异。上德的特征是无为而无以为，下德与之相反，是为之而有以为。构成顺承三代传统的儒家思想基础的仁义礼等，都被视为"有为"的范畴。[2]所谓有为，是以一个明确而清晰的标准来评判万物，并以之为政治的基本原则，《老子》第二章所谓"天下皆知美之为美""皆知善之为善"，第五十八章所谓"其政察察"，皆属此类。而其后果则是"斯恶矣""斯不善矣"，或者"其民缺缺"，即第三十八章所谓"无德"。以"礼"为例，当这个以正名为中心的秩序加之于

---

[1] 见马王堆帛书甲乙本和北大汉简本、严遵《老子指归》本等，此外，《韩非子·解老》也始于此章。
[2] 我们可以注意到"有为"在《尚书·洪范》皇极章中被作为一个重要价值肯定下来。

世界而无法得到世界的认同时，就会导致忠信的缺乏和大伪的出现，[1] 冲突和混乱在所难免。这显然是对于春秋时期"礼坏乐崩"现实的直接思考。无的发现，以及无的原则和有的原则的提出，是这种思考的哲学表达。无的原则的核心，首先是否定以某一个标准来衡量和规范万物，无论这个标准是以美还是善的名义出现，譬如表现为仁义礼的价值和秩序，这是老子"绝仁弃义"的根本理由。在他看来，当我们把某一个标准确立为最高原则的时候，通过善和不善、美和丑等区分和命名，对于万物的伤害就成为不可避免之事。老子强调"方而不割""大方无隅"，其用心即在此。"正复为奇""善复为妖"，根据也在于此。[2] 其次是肯定万物自身的存在及其合理性，通过"自然"以及大量由"自"构成的词汇，如"自化""自正""自朴"等，老子倾向于从万物自身来寻找其存在和变化之合理性的根据。老子的理想，在于对每一个事物的肯定，《庄子·天下》概括为"常宽容于物，不削于人"。第二十七章"是以圣人常善救人，故无弃人；常善救物，故无弃物"，第四十九章"善者吾善之，不善者吾亦善之，德善；信者吾信之，不信者吾亦信之，德信"，表达的都是这种肯定。相比起标准来，老子更关心的是万物的存在本身。换言之，万物本身比标准更加重要。因此，

---

[1] 《老子》第十八章"大道废，有仁义。智慧出，有大伪"。去伪存真，一直是老子及道家传统的重要关注。王弼注释《老子》，屡次提到"真"的价值，主张"全物之真"。而"至真之极，不可得名"。

[2] 这里所谓"方"或者"正"，都有明显的标准之义。

无的原则不是要否定万物，恰恰相反，正是为了肯定万物。如王弼所说："将欲全有，必反于无。"最后，在此基础上，一个新的关于"德"的理解就呼之欲出。如学者普遍注意到的，"德"至少从周初以来，已经成为一个核心的观念，是天和人之间的桥梁，礼乐是德的秩序形态。[1] 老子对"德"的理解，集中表现在"玄德"概念的提出，与从《尚书》到儒家的"明德"传统相对立。[2] 玄德体现为"生而不有，为而不恃，长而不宰"，是"无为"精神的具体表达。"不有""不恃""不宰"，也就是第三十八章所说"上德不德"之"不德"，人君只有"不德"，才能"有德"，得到万物之归附。[3] 反之，"有""恃"和"宰"是"不失德"，结果是"无德"。更进一步，"上德"或"玄德"体现于心，则是"无心"。体现为知识的状态，则是"无知"。体现于治，则是"无为之事"和"不言之教"。

通过以上关于老子哲学框架的叙述，我们可以更好地梳理第二十八章"无极"句和"无极"的意义。如前所引，"无极"句全文作"知其白，守其黑，为天下式。为天下式，常德不忒，复归于无极"。"知其白，守其黑"与"知其雄，守其雌""知其荣，守其辱"并列，凸显出白黑、雄雌、荣辱两种态度的对立。这种叙述方式很自觉地设立了一个反思的对象，并提出与之不同的方案。这是

---

[1] 如郑开的有关讨论，见《德礼之间——前诸子时期的思想史》，北京：生活·读书·新知三联书店，2009年。
[2] 郑开曾经专门讨论"明德"和"玄德"的区别，见《玄德论——关于老子政治哲学和伦理学的解读与阐释》，《商丘师范学院学报》第29卷第1期，2013年。
[3] 《老子》第三十二章"万物将自宾"，第三十四章"万物归焉而不为主"。

老子常用的一种叙述策略，如在他章可见的刚柔、有名无名、有欲无欲、察察闷闷、自见不自见、自视不自视、自伐不自伐、自矜不自矜，以及有为无为等，而最后都可以归为有和无。雄、白和荣代表着常见却也是值得深思的态度，属于前述"有"的原则。王弼注只涉及了雄雌，其云："雄，先之属；雌，后之属也。"对于白黑的理解，仿照王弼注，我们可以说："白，明、昭昭之属；黑，玄、闷闷之属也。"正如否定雄而主张雌一样，老子拒绝白而肯定黑。所谓白，是清楚明白的标准，如天下皆知善之为善等，表现出来则是所谓的"知"或"前识"，应用于政治是"以智治国"。黑则指没有清楚区分的混沌，类似的说法可见用来形容道的"混成"或"混而为一"，以及形容圣人之治的"为天下浑其心"等，出现于多处的"朴"或"素朴"也属于此类。

"无极"句中的"为天下式"的说法值得特别留意。某种意义上说，"为天下式"乃是本句问题意识的落脚处，关联着老子哲学关心的主要问题。河上公注"为天下式"为"为天下法式"。"式"字《诗经》常见，用法不一，但法式的意义非常突出。以《大雅·下武》为例："王配于京，世德作求。永言配命，成王之孚。成王之孚，下土之式。永言孝思，孝思维则。"毛注："式，法也。"与后文"则"字相应。《洪范》所理解的"天下式"是"白"的"皇极"，老子则以为是"黑"的"无极"。如果说"皇极"是确立一个标准，那么"无极"正是对任何标准的否定，是无的原则在政治领域的体现。这正是前述的"玄德"，即"无极"句中的常德。"知其白，守其黑"，是玄德的要求，"常德不忒"也就是自然之事。不可忽略的是，《老子》第六十五章也提到了"式"和玄德：

> 古之善为道者，非以明民，将以愚之。民之难治，以其智多。故以智治国，国之贼；不以智治国，国之福。知此两者，亦稽式。常知稽式，是谓玄德。玄德深矣远矣，与物反矣。然后乃至大顺。

河上公注"式"为"治身治国之法式"，与前注第二十八章类同。这里区分了两种治国的方式，一是以智治国，一是不以智治国，前者是明民、是国之贼，后者是愚之、是国之福。这种区分，显然与第二十八章的白和黑，以及明德和玄德的分别是同一理路。

讨论至此，"无极"的意义已经相当清楚。不过，为了论说的严谨，我们还可以分析一下《老子》中另外几处"极"字的用法，以便让读者了解"无极"不是一个偶然出现的概念。一处是见于第五十八章的"孰知其极"：

> 其政闷闷，其民淳淳。其政察察，其民缺缺。祸兮福之所倚，福兮祸之所伏。孰知其极？其无正。正复为奇，善复为妖。人之迷，其日固久！是以圣人方而不割，廉而不刿，直而不肆，光而不耀。

如前所述，闷闷和察察的两种政治，对应的正是玄德和明德，或皇极与无极。老子通过指出祸福、正奇、善妖的转化与相通，提出"孰知其极"的问题。王弼注云:"言谁知善治之极乎?唯无可正举,无可形名,闷闷然,而天下大化,是其极也。"即便以"正"的名义出现的"极"如"皇极",也难免陷入"正复为奇,善复为妖"的现实困境。因此,圣人对于"方""廉""直""光"等以"不割""不刿""不肆""不耀"来限制之。考虑到《洪范》皇极章及三德章对于"正直"的推崇,这里的说法或有明显的针对性。而"方而不割"之"方",只能是第四十一章"大方无隅"之"大方"。另一处和"极"有关的文字是第五十九章:

> 治人事天莫若啬。夫惟啬,是以早服。早服谓之重积德;重积德则无不克;无不克则莫知其极;莫知其极,可以有国;有国之母,可以长久;是谓深根固柢,长生久视之道。

仍然是和德相关。"啬"与"三宝"之"俭"同义,代表着无为的节制精神。按照老子的思想脉络,莫知其极,应该被理解为不知其有极,义同无极。如此方可以有国,可以长久。此外,第六十八章还有"是谓配天,古之极"之语,与第十四章"执古之道,以御今之有。能知古始,是谓道纪"对读,则所谓"古之极",即是以"无极"为内容的古之道。

上述的讨论,以"皇极"和"无极"为中心,在一个长时段的思想史中,寻求老子思想的发生脉络和精神特质,并旁涉道家和儒家的根本区分。"无极"概念的提出,乃是作为"皇极"的反对之物,代表着一种崭新的思考方向。从这个意义上来说,陆九渊围绕

"无极"概念对于朱熹的质疑，切中肯綮。"无极"对于以形名为中心的标准或秩序的反思，具有深刻的意义，在思想史上产生了重要的影响。老子所发现的无的原则，与以儒家及法家等代表的有的原则，处在一种长期的对话关系之中，丰富了中国哲学的面貌，共同推动了中国理论思维的发展和政治思想的进步。

权力的自我节制：对老子哲学的一种解读

在本文中，我尝试对老子哲学进行一种政治哲学角度的解读，并且主要围绕着节制权力的问题。这种解读并不需要把老子看作是一个现代意义上的政治哲学家，虽然他确实始终不懈地关注政治和权力以及与此有关的一些问题。我们不要忘记，在汉代的学者那里，以老子为代表的道家从整体上被概括为"君人南面之术"。[1]

这可能和很多人心目中的隐士哲学大相径庭，却更符合思想史的事实。需要澄清的是，所谓的"君人南面之术"并不是一种适用于君主和臣子之间的权术，而是君主治理国家的根本原则、态度和方法。这种主题内在地包含了政治哲学中要处理的许多内容，譬

---

[1] 班固在《汉书·艺文志》中指出："道家者流，盖出于史官。历记成败、存亡、祸福、古今之道，然后知秉要以执本，清虚以自守，卑弱以自持。此君人南面之术也。合于尧之克让，易之谦谦，一谦而四益，此其所长也。"见班固：《汉书》卷三十，北京：中华书局，1964年，第1732页。这种说法代表了汉代学者对于老子和道家的一般理解。

如权力的基础、使用以及节制等问题，从而为本文的讨论提供了某种逻辑上的合法性。我很高兴地看到，罗素在《权力论》中提到了儒家和道家，虽然他的理解并不会得到本文完全的认同。该书的第十八章就是"对权力的节制"，在引用了中国著名的"苛政猛于虎"的故事后，罗素说道：

> 本章的主题是，怎样才能保证政治不如老虎凶猛。从上面援引的一段话来看，节制权力这一问题很早就存在的了。道家认为这个问题是无法解决的，因而主张无为；儒家则相信通过某种伦理的和政治的训练，可以使掌权者成为温和仁爱的贤人。[1]

罗素关于"道家认为这个问题是无法解决的，因而主张无为"的说法是我们无法接受的；这个说法可能源自由于翻译而导致的对"无为"内涵的误解。事实上，在本文的解释中，我们可以看到"无为"的真谛正是对于权力的节制，不过是采取了自我节制的方式。

一　关于权力的哲学

人类经常会发现自己处于非常尴尬的处境之中：一方面，我们需要并因此不得不接受某物；另一方面，我们又必须去寻找节制

---

[1] 罗素：《权力论　权威与个人》，吴友三、储智勇译，北京：商务印书馆，2012年，第195页。

或限制它的方法。就如同水,这个我们生活中须臾不能离开之物,如果没有得到有效的控制,就有可能成为世界的毁灭者。我一直觉得,大禹治水的寓言不应该仅仅在治水的意义上被讨论[1];它应该是一个具有普遍意义的思想范式,以表现人类和世界之间纠缠和矛盾的关系。本文讨论的权力问题就具有如此的特点,人类社会对于权力的需要使得历史上很少有人去正面质疑它存在的必要[2],相反,那些解释和论证权力必要性和合理性的文字却屡见不鲜。从儒家、墨家再到法家、阴阳家和道家,这些文字超越了学派的分歧,存在于思想家普遍的视野之中。

权力的不可或缺并不意味着权力可以随心所欲地行使;在权力的存在得到确认之后,如何使用就成为最重要的问题。事实上,几乎与权力的出现同时,有关驯服或节制权力的思考就在展开。最早进入人们视野的似乎是天,象征权力的王在天面前的谦卑是众所周知的事实,这在"天子"这个称呼中得到了最好的体现。古代中国最重要的一篇政治哲学文献是《尚书·洪范》,其中记载着夏商周三代王朝一贯而又根本的统治原则。该篇一直突出天对于人间世的绝对控制角色,当然也包括对于世俗权力的主宰性,以第七项有关卜筮的论述为例:

---

[1] 当孟子把大禹治水、周公驱夷狄和孔子作《春秋》看作是人类文明史上三个最重要的事件(参见《孟子·滕文公下》)的时候,大禹治水的意义就已经超越了对水患的治理,而具有更广泛的象征意义。

[2] 虽然在中国和欧洲曾经分别出现过无君论和无政府主义的主张,但在大部分时间内它们的影响力都微乎其微,特别是无君论,以至于我们可以忽略类似的看法。

七，稽疑：择建立卜筮人。乃命卜筮，曰雨，曰霁，曰蒙，曰驿，曰克，曰贞，曰悔，凡七。卜五，占用二，衍忒。立时人作卜筮，三人占则从二人之言。汝则有大疑，谋及乃心，谋及卿士，谋及庶人，谋及卜筮。汝则从，龟从，筮从，卿士从，庶民从，是之谓大同，身其康强，子孙其逢，吉。汝则从，龟从，筮从，卿士逆，庶民逆，吉。卿士从，龟从，筮从，汝则逆，庶民逆，吉。庶民从，龟从，筮从，汝则逆，卿士逆，吉。汝则从，龟从，筮逆，卿士逆，庶民逆，作内吉，作外凶。龟、筮共违于人，用静吉，用作凶。

这里提到了最重要的五项决定因素：王、卿士、庶民、卜、筮。前三项都属于人，后两项则指向天。不难发现，在这个"天—人共治"的权力结构中，数量上的优势并不给人带来多大的利益。起决定作用的仍然是天：当卜筮都支持一个决定的时候，吉的结果是必然的；而当它们共违于人的时候，静而不是作就成为唯一的选择。同时也可以看到，庶民的存在已经得到了注意和肯定，成为节制权力诸因素的一部分。提出这一点是非常重要的，因为人类政治世界的权力关系最主要地就体现在天子(君主)和庶民之间。

作为一个曾经的史官，老子对于此一时期及更早的政治文化是相当熟悉的。与同时及稍后的诸子们相比，或许由于身份而来的特殊生存经验，老子对于政治及权力的问题给予了更多更直接的关注。史官的职责并不是简单地记录历史或者收藏档案，更重要的是利用关于天道和历史的知识，为天子或者侯王提供解决现实政治问题的建议。因此，具有史官身份的老子不是生活在历史里的人，而是直接生活在当下的政治和权力世界之中。老子说话的对象从来就不是普通的庶民，而是拥有权力的天子或者侯王。高亨曾经说过："老子之言皆为侯王而发，其书言'圣人'者凡三十许处，皆有位之圣人，而非无位之圣人也。言'我'言'吾'者凡十许处，皆侯王之自称，而非平民之自称也……故《老子》书实侯王之宝典，《老子》哲学实侯王之哲学也。"[1] 蒋锡昌也有类似的意见。[2] 他们是对的，《老子》中处处体现着侯王中心的思考方式，圣人或者侯王的字样充斥在很多的章节段落里，成为其哲学的诉求对象。但这并不意味着老子的眼中只有侯王：同时大量出现的字眼是"民"或者"百姓"，并且经常以和侯王相对的身份出现。这种叙述的方式意味着，侯王必须在与民或者百姓的关系中才能最终确立自己的存在形态。换句话说，侯王并不是绝对的存在，在他之外，还有作为他者的百姓。其实，意识到对方的存在就意识到了自身的边界。他者就是限制，关系就是限制。因此，权力节制的问题也就必然地提了出来。从本质上来说，这是一个侯王和百姓分享的世界。处在权力关系中的两端必须保持一种相对的平衡，以维持对于权力而言最重要的稳定要求。

这就使得老子的哲学成为一种主要是关于权力的哲学，其中包括关于权力的根源、使用、节制等方面的思考。《老子》中一系列重要的概念都可以也必须在与权力的关系中获得理解，如无为、自

---

[1] 高亨：《老子正诂》，北京：古籍出版社，1956年，第62页。
[2] 蒋锡昌：《老子校诂》，成都：成都古籍书店，1988年，第14页。

然、柔弱、刚强、道、德等。这样说其实正合乎汉代人以老子及道家为"君人南面之术"的概括,并能够突出老子对于政治问题的强烈关注。

二 王的道与德

在现实世界中,权力是借助于人间的王得到体现的。如《诗经》所说:"溥天之下,莫非王土;率土之滨,莫非王臣。"王通过对于土地和人民的控制来证明自己是人间最高权力的拥有者。老子对此当然有充分的了解,《老子》第二十五章说:

> 故道大、天大、地大、王亦大。域中有四大,而王居其一焉。人法地,地法天,天法道,道法自然。[1]

在这个世界中,王占据着四大之一的角色,另外的三大分别是道、天和地。从这个意义上讲,王代表着人类世界中最高的权力,并以此身份跻身于四大的行列。但是从另一方面来看,这里却也包含着对于王的轻视。拥有人间最高权力的王不过在世界的四大中敬陪末座,位居道、天和地之后。这段话中,同时包含着对于权力的肯

---

[1] 这段话存在着重要的版本差异。如"道大、天大、地大、王亦大"句,傅奕本作"道大、天大、地大、人亦大"。不过较早的帛书甲、乙本及竹简《老子》都作"王亦大",可证"王亦大"比较接近原初的形态。

定和限制双重意味。就后者而言，王在这个世界上必须仰视地、天和道，并具体地效法它们的做法。无论如何，"人法地，地法天，天法道，道法自然"的说法中都表现着人在另三大面前的学徒角色。包括王在内的人只应该是模仿者，真正的原型存在于地、天和道中。因此，我们在《老子》中经常可以看到由道、天地到圣人或者侯王的自然过渡，试举例如下：

> 天地不仁，以万物为刍狗；圣人不仁，以百姓为刍狗。（第五章）
>
> 天长地久。天地所以能长且久者，以其不自生，故能长生。是以圣人后其身而身先，外其身而身存。非以其无私邪？故能成其私。（第七章）
>
> 道常无名，朴。虽小，天下莫能臣。王侯若能守之，万物将自宾。（第三十二章）
>
> 道常无为而无不为。侯王若能守之，万物将自化。（第三十七章）
>
> 天之道，利而不害；圣人之道，为而不争。（第八十一章）

以上的五例中，第五、七、八十一这三章是从天地或者天推及圣人，第三十二、三十七两章则是从道推及侯王。这种表述的方式很显然把道或者天地置于原型的地位，圣人或者侯王只是模仿者。同时我们必须注意到，道只是圣人或者侯王效法的对象，用来处理与万物或百姓的关系。在老子那里，一直有一个如影随形的对子，一面是道、天地与万物，另一面是圣人、侯王与百姓。在这个对子中，百姓和万物对应，圣人、侯王则与道和天地对应。因此，如果说得更清楚一些，那么道不过是圣人或者侯王之道，在这个意义上，它与百姓无关。这样的说法并不是要抬高侯王的地位，只是想揭示出老子的核心关注。他关注的是侯王、圣人所拥有的权力，以及权力该如何被使用。权力的使用当然不能是任意的，它必须遵守某些原则。当老子把侯王和道进行连接的时候，他其实是想把权力纳入道的规范之下。道在此时扮演了权力驯服者的角色。

但是道有什么资格充当这样的角色？这不仅是读者的问题，更是王会提出的问题。最简单的答案就是道比王大，并且是王之为王的根据。作为此世界的生成者，道代表着这个世界里最高的权力，以及一切次级权力的来源。四大其实可以分成三个不同的层次：道、天地和王。道的大是绝对的，而天地和王的大则是相对的。在老子的理解中，包括天地万物在内的一切都产生于道，如第二十五章所说的"有物混成，先天地生"，以及第四十二章所说的"道生一，一生二，二生三，三生万物。万物负阴而抱阳，冲气以为和"等。因此，道对于万物的态度，足以成为一切权力的模范。那么，这个世界里最高的权力又是如何行使的呢？我们可以以第五十一章为例来说明道和万物之间的关系：

> 道生之，德畜之，物形之，势成之。是以万物莫不尊道而贵德。道之尊，德之贵，夫莫之命而常自然。故道生之，德畜之，长之育之，亭之毒之，养之覆之。生而不有，为而不恃，

> 长而不宰，是谓玄德。

从这段话中可以归纳出以下几点：第一，道对于万物是生之畜之，长之育之；第二，道并不随意地对万物发号施令，而是采取顺应的姿态；第三，道并不因为创造或生养万物而有主宰它们的想法；第四，万物因此对道尊而贵之。

这里的说法是有典型意义的，老子给出的是一个有关权力道德的范本。权力首要的事情是生畜长养万物或百姓，它要对整个世界负起责任，而不仅仅是面向自身和服务自身。如荀子所说的，"天之生民，非为君也；天之立君，以为民也"（《荀子·大略》）。在这样的理解之下，权力的第一原则是施与。它首先是一个负责任的施予者，而不是统治者或者索取者。《老子》第四十一章结尾的一句话是值得注意的："夫唯道，善贷且成。""贷"就是施与，"成"便是成就。在施与和成就之中，道才显示出了它对于世界的价值和意义。正是在施与的基础上，权力的合法性才建立了起来。老子特别提醒读者注意的一点是：权力是来成就而不是毁灭这个世界的。由此出发，在有关权力的道德中，于施与之外，节制就成了另外一个核心的内容。只有节制才能够保证施与。在"莫之命而常自然"中，我们看到的是对处在权力关系另一端的万物（百姓）存在的承认。这个世界中不仅权力的拥有者（君主）是主体，百姓也是主体。对世界的这种双主体结构的理解直接就可以导出权力节制的问题。权力本身并不能够成为发号施令的理由，它必须和先前的施与原则结合起来。换言之，如果这种号令不合乎施与的原则，那么它就是该放弃或者节制的。施与和节制原则的结合，就是老子所谓的"玄德"，一种仅仅和权力有关的道德。其内容就是"生而不有，为而不恃，长而不宰"：创造而不占有，成功而不居功，引导而不主宰。这是《老子》给权力提供的"道"和"德"，它要消解的是权力的拥有者占有及主宰这个世界的冲动，取而代之的是一种通过节制来成就万物和百姓的德性和智慧。

我们不必从无私和高尚的角度来理解老子上述关于权力的要求：权力从来就不是无私和高尚的，关于权力的思考也必须考虑权力的本性。施与和节制并不是单向的付出或者放弃：在老子的设计中，它同时有利于处在权力关系中的两端，并且尤其有利于君主。《老子》最后一章的说法是带有总结性的，其中"圣人不积，既以为人己愈有，既以与人己愈多"，把"玄德"中隐藏的玄机明白地呈现了出来。"为人"和"与人"之德必须落实到实际的"得"上面，才不会背离"德者，得也"[1]的古训。于是我们看到存在于老子哲学中的为人和为己的统一。权力在给万物和百姓空间的同时，也就给自己准备了更大的空间。《老子》第六十六章说：

> 江海之所以能为百谷王者，以其善下之，故能为百谷王。是以圣人欲上民，必以言下之；欲先民，必以身后之。是以圣

---

[1] 此语见《管子·心术上》、《礼记·乐记》、王弼《老子注》等，《韩非子·解老》也有"德者，内也；得者，外也"之说。

> 人处上而民不重,处前而民不害。是以天下乐推而不厌。以其不争,故天下莫能与之争。

所谓的"不争",是说君主不与百姓争,但并不是放弃。通过采取"下之""后之"的方式,换得百姓"乐推而不厌"的结果,君主也可以实现"上民""先民"的目的。这是"将欲取之,必固予之"的大道。第七章把这层意思说得更加透彻:"是以圣人后其身而身先,外其身而身存。非以其无私邪?故能成其私。""后"而取"先","外"则得"存","无私"能成"私",老子发现了一条由无通向有的路。如第四十章"反者道之动,弱者道之用"所说,"反动"之道不过就是这条路的升华,"柔弱"之德则是落实这条路的具体方法。

从最根本的意义上说,老子所谓的道德乃是王的道德,权力的道与德。权力只有合乎道德才是正当的,当第三十五章说"执大象,天下往"的时候,"大象"(道)就成了权力的根据。第三十九章"侯王得一以为天下正",也包含着同样的意义。在这里,"大象"和"一"所代表的道成为人间权力正当性的基础。其具体的表现,"故贵以贱为本,高以下为基。是以侯王自称孤、寡、不穀。此非以贱为本邪?"(《老子》第三十九章)这就是权力的自我节制。也只有在自我节制中,权力才发现了自己真正的道德。

三　无为与自然

对于老子而言，与权力节制有关的最值得注意的概念就是无为和自然。这两个容易引起而且已经引起了大量误解的词汇，必须安放在有关权力的哲学中，才可以获得清楚的理解。在正式讨论它们的意义之前，我想特别指出无为和自然的主语在老子那里有着明显的不同。无为显然是道和圣人或侯王的性质，自然的主语则是万物或者百姓。试举例说明：

> 是以圣人处无为之事，行不言之教。（第二章）
> 爱民治国，能无为乎？（第十章）
> 功成事遂，百姓皆谓我自然。（第十七章）
> 道常无为而无不为。侯王若能守之，万物将自化。（第三十七章）
> 故圣人云：我无为而民自化，我好静而民自正，我无事而民自富，我无欲而民自朴。（第五十七章）
> 是以圣人欲不欲，不贵难得之货；学不学，复众人之所过。以辅万物之自然而不敢为。（第六十四章）

从第二、十、三十七诸章可以清楚地看到，无为的主语是圣人、侯王或者道，而不是百姓；第十七章则表明，自然的主语是百姓，第六十四章也是如此。最能体现"君主无为而百姓自然"说法的是第五十七章，一连串的"我（圣人）"和"民"的相对关系再明显不过地呈现出了这一主题。上一节已经引用的第五十一章的文字"是以万物莫不尊道而贵德。道之尊，德之贵，夫莫之命而常自然"，也表现的是"道不对万物施加号令，因此万物能够自然"的主题。由此来看老子"道法自然"的说法，"自然"的前面其实省略了作为主语的"万物"，补足之后的说法是"道法万物之自然"。如此理解下该句的意义其实相当清楚，就是道效法、辅助万物之自然，与第五十一和六十四两章的说法若合符节。[1]

从上述的引文中，我们可以感受到老子哲学对于万物自然问题的强烈关注。万物之自然，牵涉的是处在权力关系中弱势一方的万物存在的主体性问题。换句话说，作为道所生成的对象，万物在获得了生命之后是以什么方式存在的？仅仅是创造者的附庸，还是拥有独立性和主体性的生命？处在道和万物的关系中，以上问题的答案并不能由万物的一方单独地获得解决，主要还是取决于道的态度和做法。由前节关于玄德的讨论可以得知，道因其无为之德而保证

---

[1] 关于"道法自然"句的意义，各家的说法颇多歧异，并引起若干义理上的纷扰。甚至有学者主张"自然"乃是比道更高的一个存在，因此才能够得到道的效法。至于通常把"自然"解释为自然而然，不能够说完全错误，但由于没有把自然的主语确立为万物或者百姓，仍然有明显的意义模糊及扭曲之处。传统的注释中，王弼对此的解说仍然是精当的："道不违自然，乃得其性，法自然也。法自然者，在方而法方，在圆而法圆，于自然无所违也。自然者，无称之言，穷极之辞也。"（见楼宇烈：《老子道德经注校释》，北京：中华书局，2008年，第64页）"在方而法方，在圆而法圆"的说法很显然是就道和万物的关系而言的，并清楚地表现着道法万物之自然的意义。

了万物的自然和主体性。

这种关于道和万物关系模式的论述，其用心显然是在给有关君主和百姓的关系提供一个基础。万物的自然在此转变为百姓的自然，与之相应的是，道的无为就该转变为君主的无为。老子的态度是鲜明的：必须找到一种适当的方式来保证百姓某种程度的主体性，而不仅仅是处在单纯的"对象"角色之中。这种方式一定会涉及对于君主权力的节制，无为正是在这个背景之下成了权力最重要的道德。用最简单的话来说，无为不是别的，就是权力的自我节制。与此相反，为则是权力的扩张和放纵。从老子的论述来看，无为是以权力自我的"损"和"啬"等为前提的，于是我们在《老子》中就可以看到"为学日益，为道日损。损之又损，以至于无为"和"治人事天莫若啬"等说法。"损"和"啬"的对象不是别的，正是君主要干涉甚至主宰百姓的权力欲望。这种欲望及其主导下的行为被称为有为；在有为的原则之下，百姓完全被对象化了，成为君主按照自己的意志或原则来塑造和改变的对象。第三十八章把无为称为"上德"，有为则是"下德"：

> 上德不德，是以有德。下德不失德，是以无德。上德无为而无以为，上仁为之而无以为，上义为之而有以为，上礼为之而莫之应，则攘臂而扔之。

无论是"上德"或"下德"，都是就权力的道德来说的。它们之间的区分：一是"不德"和"不失德"，二是"无为"和"为之"，三是"有德"和"无德"。第一条偏重在心的有无，第二条偏重在行为的有无，第三条则是结果的有无。如果从前此的理解出发，有心和有为之所以是下德，主要在于这种态度和做法把君主的意志强加于世界，因此破坏了百姓的主体性，也就破坏了这个世界建立在君主和百姓双主体结构之上的和谐与平衡。以儒家所主张的仁义礼为例，它们之间尽管存在着程度的差异，但是在教化的原则之下，都存在着由此及彼、推己及人的问题，因此都属于下德和有为的范畴。无论以何种名义，这种对百姓主体性的干涉和破坏不会是没有后果的：它会引起百姓一方的抗议和抵制，并进而导致权力关系双方的冲突，"上礼为之而莫之应，则攘臂而扔之"描述的就是这一景象。也正因为如此，原本是为了赋予社会以秩序的礼竟然成为"忠信之薄而乱之首"。如果再进一步，由礼而进至更刚性的刑法的话，那么老子所说"民不畏威，则大威至"，以及"民不畏死，奈何以死惧之"的局面就会出现。所为越多，就越混乱，第五十七章说：

> 天下多忌讳，而民弥贫；人多利器，国家滋昏；人多伎巧，奇物滋起；法令滋彰，盗贼多有。

在第七十五章中，这被概括为"民之难治，以其上之有为，是以难治"。在民的难治中，君主的危机也就出现了。权力的过分放纵不仅不会带来其希望的东西，反而会招致最不想看到的衰弱和毁灭。

在双主体结构的理解下，百姓是不甘于被对象化的，他们需要来自权力一方的尊重和承认。权力一方在处理与百姓的关系时可以有两种选择：一种是有为的刚，另一种是无为的柔。刚便是独断专行，柔则是"莫之命而常自然"。老子在多章中都直接讨论到刚柔及其不同的结果，其根本性的结论是"柔弱胜刚强"。这句话的意思不是说柔弱的一方会胜过刚强的一方，而是说在权力的使用上，柔弱的态度要好过刚强的态度，无为的做法要胜过有为的做法。如果说刚强是以我（君主）为主的，柔弱则指向对我的消解，老子称之为"无心"，《老子》第四十九章说：

> 圣人常无心，以百姓心为心。善者，吾善之；不善者，吾亦善之，德善。信者，吾信之；不信者，吾亦信之，德信。圣人在天下，歙歙焉，为天下浑其心，百姓皆注其耳目，圣人皆孩之。

这一章的重要性似乎还没有得到研究者的普遍关注，但它蕴含的问题却是富有意义的。最值得注意的是"圣人常无心"的说法，这意味着权力欲望的消解。权力主动放弃了按照自己的意志主宰世界的冲动，取而代之的则是万物如其所是般的呈现。如我们所知道的，在圣人的常无心中，百姓的心才可以在圣人的心中呈现出来。可以从相反的方面来进行思考：如果圣人常有心，并以己心为百姓心，那又该是一个什么样的情形？那是一个为百姓安心的过程，也就是一个按照君主的想法来塑造和改变世界的过程。[1] 譬如所谓的善和

---

[1] 读者或许会想到张载所说的"为天地立心，为生民立命"之说；放在老子的思考中，这是一个有为的典型，其实质则是以己心为天地心，以己命为生民命。

不善，究竟是谁的善和不善呢？当善的相对性消失的时候，善也就变成了恶的东西。因此，"善者，吾善之；不善者，吾亦善之"的说法，并不意味着必须容忍恶的存在，究其实质，乃是对善恶区分的绝对标准的拒绝。这个绝对标准是君主根据己心设立的，用来引导和规范百姓的行为。老子真正的问题是：君主的权力是否可以化为塑造世界和改变他人存在方式的权力？这种权力又是否必须把所有的存在都纳入到一个统一的轨道上去？答案显然是否定的。为此之故，君主或者圣人就必须收敛自己宰制世界的想法，消解个人的意志，不以己心去搅动、控制百姓之心。

到此为止，我们可以把无为的政治归结为君主无心的政治。就与百姓的关系而言，它具有某种不干涉主义的精神。在这一点上，胡适是敏感的。他在讨论老子时说："凡是主张无为的政治哲学，都是干涉政策的反动。因为政府用干涉政策，却又没有干涉的本领，越干涉越弄糟了，故挑起一种反动，主张放任无为。"[1] 后来，胡适更进一步把老子的思想称为无政府主义。[2] 这个概括或许有些过分，无为仅仅是对于权力的节制，而不是否定。老子从来没有想象过一个没有权力的世界。在他那里，无的意义并不是不存在，无和有的区别是存在内部的区别，其不同仅仅是存在方式的不同。因此，无为也并不就是无所作为，只不过这种作为主要通过辅助和因循的方式出现，不会引起百姓强烈的权力存在感而已。

---

[1] 胡适：《中国古代哲学史》，台北：商务印书馆，1958年，第47页。
[2] 胡适：《先秦名学史》，上海：学林出版社，1983年，第21页。

四　自知与自胜

我们究竟对于这个世界了解多少,以及在这个世界中处于什么样的位置?这些问题对于采取正确的行动而言是至关重要的。普通人很容易意识到自己的渺小和无力,但对于权力的拥有者来说,则是另外一回事。权力经常给人带来生命、知识和道德等方面的虚幻优势,以为自己可以左右他人和世界。这种感觉常常会引起知识上的武断和行为上的专制,为此,穿过迷雾的自知就成为老子思考权力问题时的一个重要方面。

自知可能是人生最困难却也最要紧的一件事情。苏格拉底喜欢的格言是"认识你自己"[1],老子也有类似的表述。《老子》第三十三章开头就说:"知人者智,自知者明。"从表面上看,这是把知人和自知分成两件事。但是我们知道,这不会是两件事情:不了解自己的人也不会真正地了解自己之外的世界,那种所谓的了解不过是扭曲而虚构的知识。在我看来,"知人者智,自知者明"的叙述方式主要是在突出"知"的转向:由外到内、从人到己的转向。知人当然重要,但如果不是建立在自知的基础之上,那是没有意义的。《老子》中的自知,如果将意义补足的话,就是权力对于自我的认知:权力在这个世界上究竟占据何种地位,它又在多大程度上可以了解和影响世界。

---

[1] 见赵敦华:《西方哲学简史》,北京:北京大学出版社,2000年,第34页。

同样是苏格拉底，曾经认为智慧就在于知道自己的无知。[1]《老子》第七十一章也有类似的说法：

> 知不知，尚矣。不知知，病也。圣人不病，以其病病。夫唯病病，是以不病。

真正的圣人并不是博物君子，或者以为自己知道了世界的人。恰恰相反，让他成为圣人的不过是一种特别的知的能力：知道自己不知道。我们经常生活在一种病态的幻觉之中，不知道却自以为知道。权力尤其如此。这种病态会带来很大的危险，即按照所谓的"知"来理解和改变世界，譬如所谓的"以智治国"。权力陶醉在"知"所开辟的光明之中，并相信这种光明可以照耀世界。老子对此充满警惕，并不断提出告诫："以智治国，国之贼。"（《老子》第六十五章）第十章的说法是极有意义的："明白四达，能无知乎？"这是对光明和智慧的重新诠释：那不是别的，正是无知。所谓的"知"引导我们走进的不过是愚昧，如第三十八章所说的"前识者，道之华而愚之始"。"前识"的说法，总会让我们联想到"先知先觉"。《孟子·万章上》说："天之生此民也，使先知觉后知，使先觉觉后觉。予，天民之先觉者也，予将以斯道觉斯民也。"权力经常会把自己视为先知先觉者，并把百姓看作后知后觉甚至不知不

---

[1] 参见北京大学哲学系外国哲学史教研室编译：《西方哲学原著选读》，北京：商务印书馆，2005年，第65—68页。

觉者，视为需要启蒙的对象。但在老子看来，这不过是一种病，"不知知"的病。你必须知道这是一种病，才能避免患上这种病。在第七十二章中，我们可以看到如下的说法：

> 民不畏威，则大威至。无狎其所居，无厌其所生。夫唯不厌，是以不厌。是以圣人自知不自见，自爱不自贵。故去彼取此。

如果把"自见"和"自贵"理解为自大狂式的表现和自我中心的态度，那么"自知"和"自爱"充满的就是节制的精神。我们可以很清楚地看到这种论述的背景出现在君主和百姓的关系中。权力如果完全不考虑百姓的生存方式和感觉，那一定是极其危险的。君主必须知道自己不过是世界的一方，还有作为另一方的民存在于这个世界之中。你不能漠视对方的存在，完全漠视的结果就是来自对方的对自己的毁灭。世界是由位于权力关系的两端来分享的，而不是某一方独占的。老子认为，权力必须意识到这一点，并由此发展出作为节制的"自胜"。如第三十三章所说："胜人者有力，自胜者强。"真正的强者靠的不是战胜他者，而是对自我的战胜。一味地追求战胜他者是病态的自恋表现，比较起来，战胜自己才是更紧要的，譬如权力对于自身"控制和主宰"欲望的战胜。从本质上来说，自胜寻求的并不是自我压抑，而是处于权力关系两端的平衡，以及由此而来的权力占有者追求的稳定。《老子》的很多章都在说明此一道理，如第二十二章：

> 曲则全，枉则直，洼则盈，敝则新，少则得，多则惑。是以圣人执一为天下式。不自见，故明；不自是，故彰；不自伐，故有功；不自矜，故能长。

其实这一章要和第二十四章"企者不立，跨者不行。自见者不明，自是者不彰，自伐者无功，自矜者不长"对照来读。"企者"和"跨者"等呈现的是一个典型自恋者的形象；过度自大的结果却是一无所获。相反，在能够表现自胜主题的"不自见""不自是""不自伐""不自矜"中，自恋者原本要努力的目标却实现了。让权力能够充分舒展的并不是一味地逞强，反而是示弱。在权力的自胜中，它实现了控制和拥有这个世界的愿望。既然如此，权力为什么不变得智慧些呢？我们在第四章和第五十六章都可以看到如下几句话："挫其锐，解其纷；和其光，同其尘。"我们要挫掉的并不是别人的锐气，和去的也不是他者的光芒。这是面向自身的，唯有如此，才可以解决纷争，玄同彼此。真正的圣人是"方而不割，廉而不刿，直而不肆，光而不耀"的。权力始终意识到他者的存在，并由此而收敛自我。第六十七章中作为三宝之一的"俭"，不是一般所理解的节俭；它是收敛，略同于第五十九章所说的"治人事天，莫若啬"中的"啬"。这是权力主宰欲望的吝啬，是权力控制冲动的收敛。在这种收敛中，德行得以积累，而权力之本得以稳固。

五 爱与宽容

自我节制的领域并不仅仅包括诸如欲望、财富、知识等，比较起来，更重要的是对爱的节制。初读到《老子》第五章"天地不仁，以万物为刍狗；圣人不仁，以百姓为刍狗"这段文字的时候，很少有人不心生讶异。我们已经在很大程度上习惯于把"仁"视为人类共同价值来加以接受，因此，当看到老子倡导天地不仁，特别是圣人不仁的时候，心生那种讶异的感觉是可以理解的。当然，追问理由是更重要的事情。老子为什么要拒绝仁？

作为儒家的核心观念，仁最根本的意义就是爱人。[1] 这是一个奠基在血缘关系基础上的人类之爱，郭店楚简《五行》对此有简单而清晰的叙述：

> 颜色容貌温，变也。以其中心与人交，悦也。中心悦旃，迁于兄弟，戚也。戚而信之，亲也。亲而笃之，爱也。爱父，其继爱人，仁也。[2]

由爱父而爱人，这是仁的情感在这个世界展开时呈现出的最简单结构。它是由近及远、由亲及疏的，而其根源则在所谓的"中心"。

---

[1] 《论语·颜渊》："樊迟问仁。子曰：爱人。"
[2] 见李零：《郭店楚简校读记》，北京：北京大学出版社，2002年，第80页。

这个"中心"当然是个人自己的心，否则便成为不实虚幻之物；但它又不能完全是自己的，否则就无法普遍化。因此，儒家仁的观念的展开从逻辑上来说需要普遍人心和人性的假设，孟子提出心之同然以及性善之说算是此理论初步的完成。唯有如此，由己及人、由近及远的外推才是可能和合理的。我们知道，这种外推在《论语》中就已经是儒家仁学实践的基础：无论是表现"忠"的"己欲立而立人，己欲达而达人"，还是作为恕道的"己所不欲，勿施于人"，背后都清楚地呈现着一个由己及人的外推之路。这个外推之路预设了己和人的同质性，从而使外推可以无矛盾地进行。

对于老子来说，包含在仁的观念中的几个核心因素都是无法接受的。首先是根源性的"中心"的存在，以及稍后出现的"良心"的假设；其次是心之同然的普遍性；最后是由己及人的外推。老子也提到心，但几乎在谈到的每一个地方，都要求着心的虚或者无，如"虚其心""致虚""常无心"，以及"涤除玄鉴"等，以期保持与作为万物根源的道的一致。道是虚的，天地之间是虚的，圣人之心也该是虚的。我们知道，虚心的强调其实是为了避免权力强人从己的冲动。有时候，权力和某种心的结合会把这个世界带入绝境，即使是所谓的良心。在这样的理解之下，老子哲学根本是无法容纳中心或良心概念的。良心的定义首先就会成为问题：什么是良？谁的良？在未必会给这个社会带来"良"的结果之前，"良心"却一定会制造关于什么是"良"的争论。和肯定良心相比，老子更希望的是"使民无知无欲"的"为天下浑其心"：淳朴的心灵不必去思考什么是善或者良的问题。由此，也根本不会产生次级性的心之同然的普遍性问题。我们知道，普遍性固然可以带来某些积极的东西，诸如大家都会遵守的秩序，但同时也会强化权力专制的欲望。至于推己及人，则内在地包含着强梁的因素，当然会被老子归入"先"或者"刚"的范畴而加以拒绝。推可能是一个把自己的心强加于人的过程：权力在爱的名义之下用自己的意志来改变他人，这不能不说是爱的悖论。说到底，仁爱仍然是个自我中心的体系，缺乏百姓主体性的向度。相对于刚性的"推"，老子更推崇的是柔性的"辅"。其间的根本区别在于，推是改变和塑造，而辅是如实地呈现。

在《正义论》中，罗尔斯曾经讨论过有关爱的问题："爱本质上显然希望像施爱者的合理的自爱所要求的那样推进对方的利益。一个人是多么经常地要实现这一希望是足够清楚的，困难在于对几个人的爱，一旦这些人的要求相冲突，这种爱就陷入了困境……只要仁爱在作为爱的对象的许多人中间自相矛盾，仁爱就会茫然不知所措。"[1] 罗尔斯是在讨论仁爱和正义的关系时给出如上说法的。他主要针对的是爱的对象之间的复杂性，并指出这种复杂性给施爱者带来的困惑。但在这种困惑之外，更大的困惑其实来自施爱者和被爱者之间：当他们没有一个共同的心的时候，爱就成为一个彻底的悖论。施爱者的爱到了被爱者那里却变成了痛苦。因此，在仁爱的哲学中，教化就成为不可或缺的原则。这一原则的实质是在百姓中建立一个普遍的心，以感受来自施爱者的爱，使爱得以最终完成。

---

[1] 罗尔斯：《正义论》，何怀宏等译，北京：中国社会科学出版社，2006年，第188页。

但这又回到了改变的问题。爱的哲学其实是一个改变的哲学，朱熹把《大学》中的"亲民"读为"新民"[1]，尽管引起包括王阳明在内的很多人的不满[2]，但在突出儒家改变主题的意义上，他是正确的。但是谁改变谁？为什么是君主改变百姓，而不是相反？君主又在什么样的意义上有资格改变百姓？如果可以接受某种改变的话，它的限度是什么？在这些问题没有得到很好的思考之前，单纯地主张爱就可能是一件很危险的事情。从这一点来看老子，他对于爱的拒绝其实是一种很深刻的思想。"大道废，有仁义"，"绝仁弃义，民复孝慈"，以及把仁义归为下德，都不是随便的话语，而是经过缜密思考之后形成的看法。无论如何，仁爱都属于有为的范畴。于是，在对爱的反省之上，老子提出了新的价值：宽容。这个词在《老子》中并未出现，但是见于《庄子·天下》篇对老子思想的概括之中："常宽容于物，不削于人。"宽容这个词，的确说出了老子思想的精髓。我们不妨借助老子的文字来感受一下，首先看第十六章的一段文字：

> 致虚极，守静笃。万物并作，吾以观复。夫物芸芸，各复归其根。归根曰静，静曰复命，复命曰常，知常曰明。不知常，妄作凶。知常容，容乃公，公乃王，王乃天，天乃道，道乃久，没身不殆。

---

[1] 朱熹：《四书章句集注》，北京：中华书局，1983年，第3页。
[2] 如见陈荣捷：《王阳明传习录详注集解》，上海：华东师范大学出版社，2009年，第15页。

可以体现宽容的词汇是"容"和"公"。值得注意的是，它们建立在"虚"和"静"的基础之上，和爱无关。的确，只有在心灵的虚和静中，差异的万物才可以同时呈现。而在一个充满爱的心中，某些东西呈现了，另外一些却遮蔽了。宽容的心并不想去按照某些人为的、出于私意的想法割裂这个世界，一切都混而为一："善者，吾善之；不善者，吾亦善之，德善。信者，吾信之；不信者，吾亦信之，德信。"在此背景上看第五十六章，似乎别有一番味道：

> 知者不言，言者不知。塞其兑，闭其门，挫其锐，解其纷，和其光，同其尘，是谓玄同。故不可得而亲，不可得而疏；不可得而利，不可得而害；不可得而贵，不可得而贱。故为天下贵。

"玄同"在过去经常被看作是一种神秘主义的状态，在宽容的视野下，却一点都没有神秘的色彩。有了亲疏、利害、贵贱的分别，这个世界就被分成两部分。当这些分别消失的时候，它们都被包容在一起。"上德若谷"，有容乃大，故为天下所贵。由此，我们也就更清楚第六十七章的"三宝"之说：

> 吾有三宝，持而保之。一曰慈，二曰俭，三曰不敢为天下先。慈故能勇；俭故能广；不敢为天下先，故能成器长。

我想特别讨论"慈"的意义。老子反对仁，却主张慈，仁和慈的分别是显然的。但在一些学者的解释中，这个分别显然没有得到重视。以刘笑敢先生的《老子古今》为例，慈的观念被看作是儒道相通的一个例证。其中提到慈的基本意义就是爱，不过更侧重于上对下、老对小，更强调爱之深。评论中还引用《论语》《大学》等儒家典籍提倡慈的文字，以见儒道两家论慈的异同。[1] 而我认为，从根本上说，慈和仁是完全不同的价值。关于慈的意义的最恰当解释也许就是宽容，而不是爱。爱是自我中心的，而慈却是消解了自我之后的他者的呈现。

以上对老子哲学中权力的自我节制问题做了初步的讨论。在缺少外在节制的前提之下，自我节制对于权力的使用方式而言是至关重要的。必须指出，就先秦时代的哲学而言，儒家、墨家、法家等都提出了不同的节制权力的思考。儒家的德、仁和天命，墨家的天志，法家的法，都起着节制权力的作用。但从整体上来说，这些思考仍然无法与老子的主张相提并论。一方面，各家并没有如老子一样把权力问题作为关注的中心；另一方面，在权力的节制方面，各家也远没有达到老子般深刻的认识。就后者而言，我的意思是说，儒家、法家等仍然是在征服和服从的结构中理解君主和百姓的关系[2]，

---

[1] 刘笑敢：《老子古今》上卷，北京：中国社会科学出版社，2007年，第653—654页。
[2] 《孟子·公孙丑上》："以力服人者，非心服也，力不赡也；以德服人者，中心悦而诚服也，如七十子之服孔子也。"这可以看作是孟子对法家和儒家区别的一种理解。但其中共同的一点，是他们都要求来自百姓的"服"，不同的只在于服的方式。

但老子却更倾向于君主和百姓的双主体结构。在古代中国哲学传统中，从来没有一个哲学像老子那样突出百姓的权利和自主性，以及从此出发的对君主权力的节制。这正是严复视老子哲学为民主治道的主要理由。[1] 当然，正如严复已经指出的："中国未尝有民主之制也，虽老子亦不能为未见其物之思想。于是道德之治亦于君主中求之；不能得，乃游心于黄农以上，意以为太古有之。盖太古君不甚尊，民不甚贱，事与民主本为近也。"[2] 近于民主，而非民主，这正是本文取名"权力的自我节制"的主要理由。

---

[1] 严复《老子道德经评点》中时有此等语，如"黄老为民主治道也"，"夫黄老之道，民主之国之所用也。故能长而不宰，无为而无不为。""老子者，民主之治之所用也"等。见严复：《老子道德经评点》，载《无求备斋老子集成》续编，台北：台湾艺文印书馆，1965年。

[2] 同上书，第36页。

关于郭店楚墓竹简《老子》的结构与性质
——兼论其与通行本《老子》的关系

1993年发掘的湖北荆门郭店一号楚墓中，发现有大量保存基本完好的竹简，经过整理者辛勤的工作，这批竹简的释文已于今年（1998）5月由北京文物出版社出版。其中既有《老子》《缁衣》《五行》等我们已经熟悉的书籍，也有《太一生水》《性自命出》等首次见到的文献。这批材料的价值之大，业已引起国内外学术界的广泛注意。本文主要围绕其中与老子有关的内容做一讨论。

依照形制的不同，竹简《老子》被整理者分为三组。实际上，它们应该是战国时期《老子》的三个不同传本。这种讲法能够更清楚地表达郭店《老子》的性质及其间的关系。

一 竹简《老子》在内容上的特点

竹简《老子》三本加起来有1700多字，约相当于通行本的三分之一。它们与通行本之间是什么关系，自然是人人都会关心的问题。早在去年，荆门博物馆的崔仁义先生就撰文，主张竹简《老子》

是《老子》的原始面貌，通行本是在竹简的基础之上形成的。[1] 应该说，这是一种很容易产生的想法。今年5月，在美国达慕思大学举行的"郭店《老子》国际学术讨论会"上，布朗大学的罗浩教授曾就竹简《老子》与通行本《老子》的关系给出了几个可能的模型。不过，他也是主张前者是后者的一个来源。[2] 我个人觉得，为了讨论这种关系，我们必须先了解竹简《老子》内容上的特点。

竹简《老子》在内容上有什么特点？我觉得至少有如下几点：

1. 三本《老子》各有自己相对统一的主题。这从文字相对较少的丙本和乙本看得最明显。丙本分四个段落（依据照片中的墨钉），其主题是治国，其核心方法是自然无为。乙本对应通行本的八个章，其主题是修道，其核心方法是损。比较起来，甲本的文字最长，其主题有两个：一个是治国，另一个是道与修道。这两个主题恰好被符号"ᄂ"区分开。

2. 甲本与丙本有重复的内容。在甲本与丙本中都有相当于通行本第六十四章下半段的内容，而且在文字上颇有出入。我们可以用对照的方式排列出这段文字，同时，为了比较，也顺便把王弼本的文字一并写出（"甲""丙"分别代表竹简《老子》的甲本与丙本，"王"指王弼本）：

---

[1] 崔仁义：《荆门楚墓出土的〈老子〉初探》，《荆门大学学报》1997年第5期。
[2] 罗浩（Harold Roth）提到的另外两种可能的模型是：辑选与并存。前者是说郭店《老子》是对更早《老子》传本的辑选。后者指郭店《老子》与通行本《老子》是同时存在的不同形式的格言汇编。

甲：为之者败之，执之者远之。

丙：为之者败之，执之者失之。

王：为者败之，执者失之。

甲：是以圣人亡为故亡败，亡执故亡失。

丙：圣人无为，故无败也；无执，故□□□。

王：是以圣人无为故无败，无执故无失。

甲：临事之纪，

丙：（无）

王：（无）

甲：慎终如始，此亡败事矣。

丙：慎终若始，则无败事矣。

王：民之从事，常于几成而败之。

甲：（无）

丙：人之败也，恒于其且成也败之。

王：慎终如始，则无败事。

甲：圣人欲不欲，不贵难得之货；

丙：是以□人欲不欲，不贵难得之货；

王：是以圣人欲不欲，不贵难得之货；

甲：教不教，复众之所过。

丙：学不学，复众之所过。

王：学不学，复众人之所过。

甲：是故圣人能辅万物之自然，而弗能为。

丙：是以能辅万物之自然，而弗敢为。

王：以辅万物之自然，而不敢为。

甲本与丙本这段类似文字的关系最适合用"大同小异"四个字来概括。而且，不难发现，丙本与王弼本是非常接近的。

3. 从总体上来说，竹简《老子》与通行本的差别并不大。而且，主要的差别都集中在甲本中，其次是乙本，丙本与通行本的差别最小。甲本与通行本的一些差别都是非常重要的，直接影响到对意义的了解。譬如竹简本说：

<u>绝智弃辩</u>，民利百倍。绝巧弃利，盗贼亡有。<u>绝伪弃诈</u>，民复孝慈。

通行本的这段话是：

<u>绝圣弃智</u>，民利百倍。<u>绝仁弃义</u>，民复孝慈。绝巧弃利，盗贼无有。

通行本的"绝圣弃智""绝仁弃义"在竹简本中变成了"绝智弃辩""绝伪弃诈"。很多学者都指出这是非常重要的。当然，我们在注意这种差别的思想意义时，首先应对这一差别的原因做出解释。这一工作可以放到后面进行。我们再来列出另外的一些主要差别。竹简本说：

> 有<u>状</u>混成，先天地生。[1]

通行本则作：

> 有<u>物</u>混成，先天地生。

虽一字之差，却不容忽视。又竹简本说：

> 至虚恒也，守中笃也。万物旁作，居以须复也。天道员员，各复其根。

通行本此段文字是：

---

[1] "状"字在《郭店楚墓竹简》一书中尚未辨认出。5月下旬在美国达慕思大学的"郭店老子国际学术讨论会"上，裘锡圭和夏德安（Donald Harper）两位教授都指出这应为"状"。

致虚极，守静笃。万物并作，吾以观复。夫物云云，各复归其根。

此外，还有很多句子，竹简本与通行本之间存在较大的区别。这种区别虽然并未对义理有大的影响，但从版本学的角度来看，其价值是不容低估的。譬如竹简本说：

江海所以为百谷王，以其能为百谷下，是以能为百谷王。圣人之在民前也，以身后之。其在民上也，以言下之。其在民上也，民弗厚也；其在民前也，民弗害也。天下乐进而弗厌。以其不争也，故天下莫能与之争。

通行本的文字是：

江海所以能为百谷王者，以其善下之，故能为百谷王。是以欲上民，必以言下之。欲先民，必以身后之。是以圣人处上而民不重，处前而民不害。是以天下乐推而不厌。以其不争，故天下莫能与之争。

可以看出，其在文字上的差别是很大的。类似的例子还有很多，此处不一一列举。

就乙本与丙本来说，其与通行本之间的差别就没有甲本那么明显。重要的影响义理的区别几乎没有，文字上的区别也没有那么突出。这种情形，需要给出一个合理的解释。

二 三个不同的《老子》传本

甲乙丙三本《老子》之间存在着主题差别，每一本内部有相对统一的主题，这一现象是饶有趣味的。显然，这应该是出于某些人的有意编纂。而且，从甲本与丙本之间有大同小异的文字来看，编纂者并非一人。换句话说，这三本并不是一个整体。它们有不同的来源，依据的也是不同的传本。[1]

甲本可以肯定是自成一体，其中包括了通行本《老子》的几乎全部主题：道论、治国与修身。丙本与甲本的来源也肯定不同。至于乙本与甲本，由于在内容上，甲本是自足的，乙本修道的主题在甲本中已经存在，因此它们应该也不是一个整体。比较复杂的是乙本与丙本的关系，其间并无重复的文字，主题分别得非常清楚。而且，其文字与通行本的差别都不大。所以，它们有可能依据同样一个《老子》传本。但在一个字使用上的差别可以将它们区别开来。

具体地说，乙本仍然使用"亡"字来表达"无"字的意义，而丙本则只使用"无"字。这样，丙本与乙本也可以肯定是依据两个不同的传本。所以，在郭店《老子》背后，我们可以看到三个不同的《老子》传本。

---

[1] 在达慕思大学的会议上，罗浩教授已经发表过类似的看法。

这三个不同的《老子》传本之间是什么关系呢？我们可以做些推测。它们可能是并时的，都来自一个共同的祖本；也可能有时间的先后，或者它们依据的本子之间有时间先后的关系。如果拿帛书本及通行诸本做参照系的话，它们更可能是时间先后的关系，即与帛书本及通行本差别较大的甲本（或甲篇依据的传本）在前，而乙本与丙本（或乙本与丙本依据的传本）相对在后。在前引甲本与丙本类似的文字中，一些学者已经注意到一个有趣的区别，即甲本使用"亡"字的地方，丙本一律写作"无"（韩国的金白铉教授就曾提到此点）。这种用法的差别，可能具有时代的特征。无论如何，在后来的各种版本中，均采用"无"字而不是"亡"字，不知道这可不可以作为说明甲本早出的一个证据。

　　如果甲本真的早出的话，那么，它所代表的就是一个与通行本有较大差异，却比较符合《老子》原貌的传本。这对于我们研究《老子》书的流传，以及道家思想的演变都大有帮助。我们可以认识到，《老子》书从出现到定型确实经历了一个过程。在此一过程中，大的结构虽然未变，但一些文字与思想则发生了某些变化。这种变化应被理解为其后学的有意作为。

　　古书特别是先秦子书在流传过程中会发生变异，过去有很多学者已经指出，但未能引起广泛的注意与重视。而且，究竟哪些地方发生了变化，由于没有坚强的证据，也很难确定。郭店《老子》的发现，为我们了解《老子》的演变提供了新的材料与线索。举例来说，在20世纪初古史辨学派的讨论中，《老子》中激烈反对仁义的内容，经常被作为证明该书晚出的一个重要证据。[1]从目前掌握的资料看,"仁义"连用最早见于《墨子》,在战国中期以前已经流行。[2]但在春秋末期,这种用法尚未发现。因此,主张《老子》为春秋末期老聃所做的学者,只好认为这些词句可能是后人添加的。可是由于不能提出确切的依据,总是难以让人信服。竹简本的发现,恰恰提供了确切的依据。帛书本与通行本的"绝仁弃义",最早的竹简甲本作"绝伪弃诈"。以仁义代替伪诈,显然出于后人之手。而且,这后人也不会太晚,可能是在战国中后期。因为第一,竹简丙本有"大道废,焉有仁义"的说法,这可以看作是对仁义的批评,丙本虽是比甲本晚出的一个传本,但不会晚于战国中期。第二,战国末期韩非的《解老》《喻老》中,已经引用与解释了一些激烈反对仁义的句子。而且,我们还可以对这些文字的改动者的身份做一个推测,他们很可能是庄子学派的人物。何以见得呢?

不妨看一下《庄子》外篇中的《胠箧》《在宥》等,从前罗根泽等认为它们是庄子后学中的老子派所为,能否这样说当然可以考虑,但其中确实引用了一些老子的话,譬如"故曰:鱼不可脱于渊,国之利器不可以示人"等。它们对仁义圣智进行了激烈的批评,称"绝圣弃智,大盗乃止","攘弃仁义"(《胠箧》),"绝圣

---

[1] 如梁启超《论〈老子〉书作于战国之末》中就提到:"还有用'仁义'对举的好几处,这两个字连用,是孟子的专卖品,从前像是没有的。"见《古史辨》第四册,上海:上海古籍出版社,1982年,第307页。
[2] 《墨子》中仁义连用之例甚多。从孟子、庄子对墨子、杨朱等的批评来看,后者都是以仁义为其思想标签的。

弃智，而天下大治"(《在宥》)。可以推测，这些篇的作者一方面看到过、传过《老子》，另一方面也可能改动了《老子》的部分词句。

"绝圣弃智""绝仁弃义"放到一起，批评了仁义圣智四种德行，这不禁让人想起儒家学派的五行说。大家都知道，《五行》最早在马王堆帛书中发现，郭店楚简中也有。而马王堆与郭店中同时也发现有《老子》。这也使很多学者注意《老子》与《五行》的关系。从通行本的"绝圣弃智""绝仁弃义"来看，这里已经批评了仁义礼智圣五行中的四行，而在另外的地方，也批评了礼。两部书之间可以说是正相反对的。值得注意的是，在先秦，激烈批评五行说的，除荀子外，大概就是《庄子》了。庞朴先生在《帛书五行篇研究》中曾经引用过《在宥》篇的如下一段话：

> 而且说明邪，是淫于色也；说聪邪，是淫于声也；说仁邪，是乱于德也；说义邪，是悖于理也；说礼邪，是相于技也；说乐邪，是相于淫也；说圣邪，是相于艺也；说知邪，是相于疵也。

这里列举了明、聪、仁、义、礼、乐、圣、智，全部是《五行》篇中讨论的内容。他指出这是对五行说的批评，是很对的。[1] 这种批

---

[1] 庞朴：《帛书五行篇研究》，济南：齐鲁书社，1980年，第11—12页。

评实际上也表现在《骈拇》《胠箧》《马蹄》诸篇中,这些篇是《庄子》中批评圣智仁义最激烈的几篇。让我们来看这几句话:

> 甚矣!吾未知圣智之不为桁扬接槢也,仁义之不为桎梏凿枘也。(《在宥》)

> 故跖之徒问于跖曰:盗亦有道乎?跖曰:何适而无有道邪?夫妄意室中之藏,圣也;入先,勇也;出后,义也;知可否,知也;分均,仁也。五者不备而能成大盗者,未之有也。(《胠箧》)

将"绝智弃辩""绝伪弃诈"改为"绝圣弃智""绝仁弃义",应该就是在这样的思想氛围中实现的。

在前面讨论竹简《老子》与通行本的差别时,我们曾举了相当于通行本第十六章的例子。通行本的"夫物云云,各复归其根",在竹简本中作"天道云云,各复其根"。《在宥》中有一句话说:"万物云云,各复其根。"也许正是在该篇的影响下,通行本《老子》的这句话才成为现在这个样子。

三 郭店几本《老子》是摘抄本,还是全本?

目前对郭店《老子》的研究中,很多人都认为:(一)三本《老子》是一个整体;(二)它们是当时《老子》的全本。第一个观点显然是不正确的,这在上一部分中已经有说明。以此为前提,可以推论出三本中的任何一本也不能是《老子》全本。因为，每一本都不能包括其他两本的内容。此外，三本相加也不能说就是全本。依我的看法，这三本更像是出于不同目的的摘抄本。理由何在呢？

仍然与各本内容的特点有关。如前所述，竹简《老子》的每一本都有自己的主题，我们已经指出这应该是编者的有意作为。因为主题集中，所以各段之间的联系非常紧凑。以乙本为例，首先是讲"治人事天莫若啬"，然后是"学者日益，为道者日损"，然后就是"绝学无忧"，其间的联系是显而易见的。但这种联系并不见于通行本的次序之中。照流行的八十一章的分法，上列内容分别属于《老子》的第五十九、四十八和二十这几章，互相之间并不连接。这种情形有助于说明在郭店《老子》之前，已经存在着一个类似于通行本规模与次序的《老子》书。道理是显而易见的，如果竹简各本是今传《老子》底本（或称祖本）的话，后来的编者没有理由打乱原本非常整齐又紧凑的顺序，而另外代之以一个较松散的次序。这与学者们在考虑通行本与帛书本《周易》六十四卦次序的先后问题时所遵循的思路是一致的。[1]

---

[1] 如李学勤先生曾指出："帛书卦序不会早于传世本卦序。理由很简单，如果《周易》经文本来就有像帛书这样有严整规律的卦序，谁也不会打乱它，再改编为传世本那样没有规律的次第，而《序卦传》也用不着撰写了。事实只能是，传世本是渊源久远的经文原貌，帛书本则是学者出于对规律性的爱好改编经文的结果。"见《周易经传溯源》，长春：长春出版社，1992年，第206页。

我们还可以举例说明竹简本在摘抄时，为了主题的要求，而对原来的《老子》有删减的现象。如乙本的一段文字是这样的：

> 学者日益，为道者日损。损之又损，以至亡为也。亡为而亡不为。

通行本第四十八章说：

> 为学日益，为道日损。损之又损，以至于无为。无为而无不为。取天下常以无事，及其有事，不足以取天下。

两相对照，最明显的区别是通行本多出了（或者说竹简本少了）"取天下常以无事，及其有事，不足以取天下"这句话。这句话的主题是政治性的，而去掉了这句话以后，其内容主要是关于为道工夫的。究竟是通行本在竹简本的基础之上加了这句话，还是竹简本在一个类似于通行本的底本基础上去掉了这句话？两种可能性都存在。但若考虑到乙本的内容全部是关于修道的话，那么，后一种情形的可能性要更大一些。

类似的例子在甲本里也存在。竹简本说：

> 天地之间，其犹橐籥与？虚而不屈，动而愈出。

这句话属于通行本的第五章，该章说：

天地不仁，以万物为刍狗；圣人不仁，以百姓为刍狗。天地之间，其犹橐籥与？虚而不屈，动而愈出。多言数穷，不如守中。

两相比较，竹简本的这段话主要讲天道的问题，而通行本中，由于它还有上下文的限制，该章的主题就变成了要求人们像天地一样清虚无为。在竹简本中，这段话正好上接"有状混成，先天地生"的道论部分。看来，编者因为有意把老子讲道与天道的内容放在一起，所以删除了原本附在这段话前后的一些芜杂内容。

另外有助于说明郭店《老子》均是摘抄本的证据是，一些在战国中后期被他人引用的老子语句并不见于这三篇中。譬如：

1.《战国策·齐策》引齐国颜斶云："老子曰：虽贵必以贱为本，虽高必以下为基，是以侯王称孤寡不穀。"此为通行本第三十九章文字。颜斶与齐宣王同时，其年代与郭店墓下葬之时相距不远。

2.《庄子·天下》篇述各家学，多引其著作之语。其论关尹、老聃学说，引老聃曰："知其雄，守其雌，为天下溪；知其白，守其辱，为天下谷。"此语见今《老子》第二十八章。《天下》篇虽非庄子自作，但其写作年代也不会太晚，因为成书于公元前242年以前的《吕氏春秋》已经引用了该篇的部分内容。[1]

---

[1] 如王范之先生提到《吕氏春秋·下贤》的"以天为法，以德为行，以道为宗"应本于《天下》篇的"以天为宗，以德为本，以道为门"等。见其所著《吕氏春秋研究》，呼和浩特：内蒙古大学出版社，1993年，第71页。

上述的这些材料基本上与郭店一号墓的年代相先后。其中的老子语均不见于郭店《老子》中，说明郭店《老子》并不是当时流行的《老子》全本。

古书流传的方式多种多样，有整部书的流传，有单篇流传，也有摘抄流传。整部书流传的情形非常普遍，兹不论。由于比较早的书都抄在竹简或帛书上，一方面这些材料较珍贵、难以获得，另一方面竹简的携带也非常困难，再加上个人兴趣的因素，所以古书的单篇或摘抄流传在古代同样普遍。余嘉锡先生在《古书通例》中对单篇流传的情形曾有讨论，[1] 这种例子在近年的考古发现中尚可以看到许多。如马王堆汉墓帛书中有《九主》，即是《伊尹》中的一篇。其中，也有《庄子》的《盗跖》篇。至于摘抄性的流传，郭店竹简中就有很多例子。《语丛三》中就有一些明显是摘抄自《论语》的句子。譬如：

志于道，狎于德，比于仁，游于艺。
毋意，毋固，毋我，毋必。

另外有很多句子与《礼记》等书有关，可能是来自它们。在现存古书中，也有许多例子。如汉初贾谊的《新书》中，有一篇叫《修政语》，就摘抄了《鬻子》等书中的一些句子或段落。[2] 摘抄的部分

---

[1] 余嘉锡：《古书通例》，上海：上海古籍出版社，1985年，第93—97页。
[2] 《修政语下》有大量周文王、武王、成王请教鬻子的话，这应该是出自《鬻子》。

当然都是编者或作者喜欢或觉得有用的内容。

　　从一种意义上说，韩非在《解老》《喻老》两篇中引用的《老子》语也可以说是摘抄，不过是在摘抄的基础之上又加了注解。据统计，《解老》篇涉及第三十八、五十八、五十九、六十、四十六、十四、五十、一、六十七、五十三等十章，《喻老》篇涉及第四十六、五十三、二十六、一、六十七、五十三等十章，《喻老》篇涉及第四十六、五十三、二十六、三十六、六十三、六十四、五十二、七十一、四十七、四十一、三十三和二十七等十二章。韩非之所以选择这些章来进行解释，当然是因为他觉得它们合乎自己的想法。以前研究韩非的人，曾经提出过一种想法，认为只有韩非引到的《老子》才是真正的《老子》，其余的都属后来加上的。这实际上就是把韩非的摘抄本看作了全本，显然是不正确的。

四　郭店《老子》与通行本的关系

　　郭店《老子》实际上代表的是三种不同的《老子》传本，而且是这三种不同《老子》传本的摘抄本。这是我们以上讨论得出的结论。在这个前提之下，我们再来看它们与通行本的关系，实际上也可以说是它们所依据的几个传本与通行本的关系。

　　首先一点，郭店《老子》所依据的三个传本与通行本之间的差别不会很大。尤其在整体的结构（包括字数、顺序等）上，应该是非常类似的。在这方面，马王堆帛书《老子》可以作为参考。帛书甲本与乙本抄写于不同的时间，文字上也有一定的差异，应该是依据不同的传本。而且这传本距战国时期很近，甚至就可以上溯到战国时期。甲本与乙本在整体结构上没有什么区别。它们与通行本相比，仅仅在个别章的顺序上有些不同，可以说大同小异。这应该是代表了《老子》的一个相对稳定的顺序和结构。郭店《老子》所依据的传本在顺序上怎样，当然不能肯定。但其顺序应更接近于帛书本，而不会是像目前看到的抄在竹简上的那样。因为后者的顺序有编者特殊的用意，其结构并不能代表它所依据的传本本身的结构。

其次，差别当然是存在的。譬如分段或分章，帛书本与通行本不同，竹简代表的传本与通行本、帛书本也都有区别。不过更主要的是一些文字，这方面的差别最明显。从这里可以看出《老子》在流传过程中发生的变化。

再次，若将郭店《老子》与帛书及通行本相同部分的文字做一个详细比较的话，会发现有三种不同的情况。一是郭店《老子》与帛书及通行本都不同；二是与帛书本同而与通行本异；三是与通行本同而与帛书本异。第一种情况暂不考虑，就第二与第三种情况而言，前者要远多于后者。这应该是很正常的，因为毕竟郭店《老子》与帛书本在年代上要更接近一些。但第三种情况的存在表明，通行本与帛书本不同的地方，并不就意味着晚出，而是它有另外的来源。同时，这也意味着郭店《老子》虽然较通行本早，其所依据的传本可能也是通行本的来源，但并不是唯一的来源。

最后，郭店《老子》可以让我们了解到，通行本的形成经历了一个流动而漫长的过程。从郭店甲本到丙本，就是一个流动的过程。而这只是通行本形成过程中的一个阶段、一个侧面。帛书甲乙本所代表的也是一个阶段、一个侧面。大概一直到刘向的时代，《老子》才基本上定型为通行本的样子。

五　古代人如何认识《老子》

郭店几本《老子》带给人们的另一个收获是，让今天的学者了解战国的人如何看待与认识《老子》。在此之前，我们当然可以通过庄子、韩非等来了解当时人对《老子》的看法，但庄子、韩非本人便是大思想家，他们有很强的个人主见（或偏见），都从自己的角度去解释老子。郭店《老子》与此不同，其中当然也有编者的意图，但比较起来，这种形式仍是众多理解《老子》方式中最客观的一种，因为它只是把相似的内容归在一起。

但这种归纳本身也能凸显出《老子》思想的内在结构。丙本集中于治国的主题，乙本的中心是修道（或称治身），甲本除了这两方面外，还可以加上道论。这几方面正是人们对老子及道家思想的普遍理解。

道论是老子思想的基础，道被设定为天地万物的本原，以及宇宙普遍法则的象征。但道论在老子思想中始终不是主角，而只处于背景的位置。陈鼓应先生曾经讲过一段很精彩的话：

老子的整个哲学系统的发展，可以说是由宇宙论伸展到人生论，再由人生论延伸到政治论。然而，如果我们了解老子思想形成的真正动机，我们当可知道他的形上学只是为了应合人生与政治的要求而建立的。[1]

郭店《老子》从一个角度说明了这一点。乙本与丙本根本没有道论的内容，它们把这背景略去了。甲本中有一些，但内容非常少，而且都与人生和政治有直接的关系。

比较起来，政治是史官出身的老子关注的中心。汉代人把老子的思想概括为"君人南面之术"。战国的人也非常强调这方面。郭店《老子》中，涉及治国的内容最多，包括丙本的全部与甲本的大部分。这方面的内容有如下的特点：

1. 治道当然是以圣人、侯王为中心展开，在甲本中，出现了圣人、侯王、王、人主等称呼。其中提出的主要治国方法是无为、自然与不争。这与通行本是一致的。

2. 《老子》中论兵的内容并不多，主要集中在通行本的第三十、三十一、五十七及六十八、六十九等章。在总字数仅相当于通行本三分之一的郭店《老子》中，就包括了前面三章的大部分。这似乎可以说明编者对用兵问题的重视。

最让人感兴趣的还是对修道问题的重视。乙本及甲本把一些修道的文字汇集在一起，显示出当时人把这视为老子思想中的一个

---

[1] 陈鼓应：《老子注译及评介》，北京：中华书局，1984年，第1页。

重要方面。而且，乙本的编者显然是一个专门对修道问题有兴趣的人。该篇涉及修道的各个方面，包括修道的方法、态度、目的以及达到的境界。就修道的方法而言，主要是"啬""损""绝学"等；其态度主要是"勤能行于其中"；其目的是长生久视以治国平天下；其境界则通过"大成若缺""大盈若冲""上德如谷""广德如不足"等一系列词汇表现出来。

我自己过去对老子的研究，比较强调其治国的方面，而对修道的方面重视不够。郭店《老子》的发现，促使我去思考老子与整个道家传统中修道方面的问题。古人的学问，大多是能行且必须是身体力行的。老子如此，庄子、管子也如此。庄子对修道工夫是很强调的，所谓"心斋""坐忘"讲的都是这一问题，其方法也与老子有一脉相承之处。《管子》四篇也很重视这个问题，《心术上》的静因之道既是治国的方法，也是修道的方法。《内业》差不多全部讨论这个问题。以后，韩非在解释《老子》时，也很注意这方面。如他对"治人事天莫若啬"的解释，直接把它与爱养精气联系起来；其解释"上德不德"，也说"神不淫于外"等。从这可以看出，战国的道家以及当时解释《老子》的人，都是很重视修道传统的。

在结束本文的时候，突然想到一个问题。与《老子》丙本同编于一捆简的《太一生水》，以其对水之地位的强调，引起了人们对水的重视。在通行本《老子》中，水也是一个非常重要的喻象，第八、七十八章都直接提到它。一般而言，它与柔弱密不可分。但令人略感不解的是，三本《老子》都没有直接写到水。相应地，被

《吕氏春秋·不二》篇视为老子思想核心的"柔",在郭店《老子》中的地位也不突出。当然,这也许根本就不是一个问题,因为郭店《老子》毕竟只是摘抄本。它们偶尔不抄些什么,是不值得大惊小怪的。

老子"自然"观念的初步研究

由老子最早提出的"自然"观念,在后世的解释中获得了越来越丰富的意义。我们今天了解到的"自然"观念的许多含义,应该归于老子之后众多的解释者,而不能将其直接与老子挂起钩来。本文的目的不在于辨析历史上"自然"观念的诸种含义,只是试图阐明《老子》中"自然"一词的用法以及与此相关的几个问题。

一 《老子》中"自然"一词的用法

"自然"一词在《老子》以前的文献中未见使用,《老子》书中则出现了五次。关于其意义,古今注家有不同说法,大都把它看作是道所具有的一种性质,也有人把它看作是比道更根本的某种东西,是老子哲学的最高范畴。这种种说法可以说有一个共同的特点,即都把简单的东西复杂化,把古代的东西"现代化"。以老观老,大多说法并不合乎老子使用"自然"一词的本义。

我们首先从语法的角度来分析一下"自然"一词的结构。在这样做时,可以先看看《老子》中由"自"字组成的词组在语法上的特点。如果这些词组在语法上是有相同结构的话，那我们有理由认为"自然"一词也应有如此的结构。我们发现，《老子》中"自"字差不多出现三十多次，除一次作介词用外（第二十一章"自今及古"），其余都是用作反身代词。而且用作反身代词的"自"字基本上是与一个动词共同组成一个词组，如"自生""自遗""自见""自是""自我""自矜""自宾""自均""自知""自化""自胜""自正""自富""自朴""自爱""自贵""自来"等，只有第三十四章"自为大"一处例外，其实也可理解成"自大"的另一种说法。由此通例来看，"自然"也当是由反身代词"自"与动词"然"复合而成。"自"即"自己"，"然"则当依蒋锡昌指出的，依《广雅·释诂》解释为"成"。[1] 如此，"自然"即是自成之义。《广雅》以"然"为"成"，清人王念孙曾为之疏证云："然者，《大戴礼·武王践阼篇》云：'毋曰胡残，其祸将然；毋曰胡害，其祸将大。'《淮南子·泰族训》云：'天地正其道，而物自然。'是然为成也。"[2] 王氏所举《淮南》之例，即承老子而来。

《老子》中五次出现的"自然"，都可在"自成"的意义下获得合理的解释。此中还有一问题：老子思想中有道与万物、圣人及侯王与百姓、民的区分，"自然"究竟指哪一方而言呢？看来，是指万物或百姓一方而言。以下，我们依次来看一下"自然"一词在《老子》中的用法。

---

[1] 蒋锡昌：《老子校诂》，成都：成都古籍书店，1988年，第113页。
[2] 见王念孙：《广雅疏证》，北京：中华书局，1983年，第101页。

1. 太上，下知有之；其次，亲而誉之；其次，畏之；其次，侮之。信不足，焉有不信。悠兮其贵言，功成事遂，百姓皆谓我自然。（第十七章）

此章所论乃百姓与侯王不同种类之关系。"太上，下知有之"为老子理想之状态，"其次"而后，则每次下愈况。"悠兮其贵言"就侯王言，劝其"处无为之事，行不言之教"，如此，则虽有"功成事遂，百姓皆谓我自然"，此句许抗生教授译作"功成了，事就了，而老百姓却说是他们自己成就的（与君主没有关系）"[1]，十分恰当。此处"自然"乃就百姓而言无疑。

2. 希言，自然。故飘风不终朝，骤雨不终日。孰为此者？天地。天地尚不能久，而况于人乎？（第二十三章）

此段中，"希言"与"自然"当分读。"希言"即"不言之教"之"不言"，乃就"侯王"一面而发。"自然"则与之相对成文，即前引第十七章"百姓皆谓我自然"之义。今注家中，张松如说此句为是。[2] 后文"飘风""骤雨"喻天地之有为，从反面说"希言""自然"之义。此段之"自然"亦就"百姓"或"万物"而言。

---

[1] 许抗生：《帛书老子注译与研究》（增订本），杭州：浙江人民出版社，1985年，第89页。

[2] 见张松如：《老子说解》，济南：齐鲁书社，1987年，第157页。

3. 故道大，天大，地大，王亦大，域中有四大，而王居其一焉。人法地，地法天，天法道，道法自然。（第二十五章）

案本段"道法自然"句古今学者均甚重视，而误解犹深。《老子》书本重君（侯王）道，本段即为君道而发。老子谓王当法道，而道之情状如何？曰法自然。此"自然"今注家多谓"自然而然""自己如此"之义，以"道法自然"为道效法自己，与他处释"自然"自相矛盾。实则此"自然"之主语亦当为"万物"或"百姓"，"道法自然"即道随顺物之自然，此义老子多言之，观下引两段话可见，此从略。老子由"道法自然"而要求侯王当随顺百姓之自然，亦前引第十七、二十三两章之义。

4. 道生之，德畜之，物形之，势成之。是以万物莫不尊道而贵德，道之尊，德之贵，夫莫之命而常自然。（第五十一章）

此段亦就道、德与万物之关系言，义较显豁，以为道德生养万物，却并不发号施令，而是任物之自然。此"自然"之主语亦为万物。

5. 圣人……以辅万物之自然而不敢为。（第六十四章）

"万物"一词《老子》书中多用，其义既可指自然事物，亦可指人类，此章中之"万物"即指人、百姓，谓圣人任顺百姓之自为而不敢为，与"圣人无常心，以百姓心为心"（第四十九章）义同。

此章"自然"之主语亦为万物（百姓）。

从上述诸例可以看出，《老子》中所用"自然"一词有如下特点：

第一，"自然"一词均是在说明道与万物或侯王与百姓之关系时出现，而且其主语均为万物或百姓一方，从无为道或侯王一方的情形。

第二，"自然"虽也用于说明道与万物的关系，但它主要是作为一种政德原则提出的，因而其意义主要是政治方面的。在老子思想中，道与万物的关系不过是侯王与百姓关系的一个背景，并无独立之意义。

实际上，在《老子》中，与"自然"一词义近的还有"自宾""自均""自化""自正"等。如第三十二章说：

> 道常无名，朴。虽小，天下莫能臣。侯王若能守之，万物将自宾。天地相合，以降甘露，民莫之令而自均。

第三十七章说：

> 道恒无名。侯王若能守之，万物将自化。化而欲作。吾将镇之以无名之朴。镇之以无名之朴，夫将不欲。不欲以静，天下将自正。

第五十七章也说：

> 故圣人云：我无为而民自化，我好静而民自正，我无事而民自富，我无欲而民自朴。

以上三章都明确提到"侯王"或"圣人"，更能显示出"自然"观念的提示主要是偏重于政治方面的意义。而且其主词明确地都是万物或者民。

归纳地说，《老子》中"自然"观念主要是指百姓（民）在不感到任何压力或助力的情形下，完全依靠自己纯朴的本性去生活。他们知道有统治者（圣人或侯王）的存在，却感受不到其伟大或者暴虐。这很有似于据说是帝尧时某老者所作的"击壤诗"所表达的意境："日出而作，日入而息，凿井而饮，耕田而食，帝力于我何有哉？"

二 圣人、侯王之无为：百姓"自然"的外在保证

老子把社会区分为圣人、侯王与百姓、民这样两个阶层，与之相对应的，整个宇宙便被区分为道与万物。社会中两个阶层相对而言，圣人、侯王处于高、贵的位置，而百姓、民则位居下、贱之地。老子认为，他们之间的关系应该是"贵以贱为本，高以下为基"，因此侯王才自称孤、寡、不穀，以示谦虚之义。对于百姓，侯王应尊重其意愿，"以百姓心为心"，任其自然，不加干涉。

在现代学者中，自然、无为常常连称并提，意义也不加分别。但实际上，二者之间虽关系密切，却是针对不同阶层者提示的不同

要求，不能混同。如前所述，"自然"的主词为万物、百姓或民，而无为的主词则是道、侯王或圣人，《老子》中"无为"一词出现约十次，多数情况下都明确地提到它应是道、侯王或圣人具有的品质。无为与自然的主词正相反对，也正相配合。因为，百姓或民之自然正是靠圣人、侯王之无为来保证的，二者如表里关系，不可分割。此义老子多言之，而以前引第五十七章所说最为明显：

> 故圣人云：我无为而民自化，我好静而民自正，我无事而民自富，我无欲而民自朴。

圣人无为、无事、无欲、清静，民方能自己做主。

要进一步地了解"自然"，我们需简单考察一下"无为"一词的含义。在《老子》以前的文献中，只有《诗经》中使用了"无为"，见于《王风》和《陈风》。《王风·兔爰》云：

> 有兔爰爰，雉离于罗。我生之初，尚无为。我生之后，逢此百罹，尚寐无吪。
>
> 有兔爰爰，雉离于罦。我生之初，尚无造。我生之后，逢此百忧，尚寐无觉。
>
> 有兔爰爰，雉离于罿。我生之初，尚无庸。我生之后，逢此百凶，尚寐无聪。

此诗汉郑玄以为"闵周也。桓王失信，诸侯背叛，构怨连祸，王师伤败，君子不乐其生焉"[1]。从全诗结构看，"无为"与"无造""无庸"义近，而与"百罹""百忧""百凶"等义反，当指人的一种清静无事、自由自在的生存状态。《陈风·泽陂》也使用了"无为"：

  彼泽之陂，有蒲与荷。有美一人，伤如之何，寤寐无为，涕泗滂沱。
  彼泽之陂，有蒲与蕳。有美一人，硕大且卷。寤寐无为，中心悁悁。
  彼泽之陂，有蒲菡萏。有美一人，硕大且俨。寤寐无为，辗转伏枕。

高亨先生《诗经今注》以此诗中"无为"为"无所作为，没有心干事"[2]，比较贴切。

作为陈国人，且又在周王室做史官的老子，使用"无为"一词并把它作为一个主要的概念，不知是否与《陈风》及《王风》有关。《老子》和《诗经》中"无为"意义的区别是显然的，后者只是普通的用法，而前者则主要是作为一种政治原则甚至宇宙原则。但其联系也是明白易见的。《老子》中的"无为"同样具有清静无事的含义。如第四十八章、五十七章以无事与无为，第五十七章以静与无为相提并论。

---

[1]　《十三经注疏》，北京：中华书局，1980年，第332页。
[2]　高亨：《诗经今注》，上海：上海古籍出版社，1980年，第187页。

老子视"无为"为圣人或侯王应具有的最高的政治道德,第三十八章以"无为而无以为"是"上德"的特征,而有为则被认为是下德。实际上,老子提出侯王之无为,任百姓之自然,在当时主要是针对侯王实行有为政策从而导致社会混乱这一背景的。第七十五章说:

民之饥也,以其上食税之多,是以饥。民之难治也,以其上之有为,是以难治。民之轻死,以其上求生之厚,是以轻死。

第五十七章也说:

以正治国,以奇用兵,以无事取天下。吾何以知其然哉?以此:天下多忌讳,而民弥贫;人多利器,国家滋昏;人多伎巧,奇物滋起;法令滋章,盗贼多有。

大凡以仁义礼法对治国者,皆属有为,老子将其概括为"以智治国"。第六十五章说:

古之善为道者,非以明民,将以愚之。民之难治,以其智多。故以智治国,国之贼;不以智治国,国之福。

从反对、否定有为这一角度来看,无为也是一种为,所以老子说"为无为"。实行无为的政治,便要"绝圣弃智""绝仁弃义""绝巧弃利",为百姓之自然创造一个良好的环境。就此而言,百姓之自然也并不是绝对的,其中也包含了侯王、圣人的功劳,只不过圣人侯王固守无名、不矜弗居而已。

与"自然"一样,"无为"在老子这里同样主要是一项政治原则,它是对统治者处理与百姓关系的要求。如第十章所说:"爱民治国,能无为乎?"就足以表现出这种意义。老子以为,有为的政治方式,无论其出发点如何善良,都会造成对百姓自然状态的破坏。被老百姓爱戴,在实质上与被老百姓谩骂并无不同,这正是后来庄子学派批评"誉尧而非桀"态度的来源。老子认为,圣人、侯王采取无为的方式治国,"处上而民不重,处前而民不害",则"天下乐推而不厌"。对侯王而言,这实在是一项于人于己都有利的原则。

三 道与德:百姓"自然"的内在依据

"自然"的观念作为老子从百姓的角度提出的一种政治理想,既需要有在上的圣人、侯王之无为做外在的保证,同时更需有其内在德性的依据。此种内在的依据保证百姓在离开侯王的干涉与控制之后,自发、自主地创造一种素朴而和谐的社会状态。这样就不可避免地牵涉到人性的问题。

老子五千言中没有一次出现"性"字,但这不意味着老子没有涉及人性的问题。在《道德经》中,与"性"意义相当的词是"德",这两个词在后世常常连称为"德性"。它们至少共同具有下述三方面的意义：第一是得之于外，而且此"外"相对人来说具有超越的地位，如天或道等；第二是具之于内，即为每一个人生来所具有；第三，由于前两点，它便构成了人生命中最重要的部分及人与天或道沟通的基础。若对性与德做进一步的分疏，则德比性似乎更为根本，如《庄子·天地》篇所说："物成生理谓之形，形体保神、各有仪则谓之性。性修反德，德至同于初。"现在我们就来看看老子讨论"德"的文字。第五十一章说：

> 道生之，德畜之，物形之，势成之。是以万物莫不尊道而贵德。道之尊，德之贵，夫莫之命而常自然。故道生之，德畜之，长之育之，成之熟之，养之覆之。生而不有，为而不恃，长而不宰，是谓玄德。

道产生出了万物，而真正畜养万物，使之成长的则是德，换言之，德是万物生命力的基础和来源。这很容易使我们想起像《庄子·天地》篇中"物得以生谓之德"这样的文字。对于万物而言，道与德同样尊贵，但二者之于万物的关系似乎是不同的，道在万物之外，而德则蕴于万物之中。第二十八章说：

> 知其雄，守其雌，为天下溪。为天下溪，常德不离，复归于婴儿。
> 知其白，守其辱，为天下谷。为天下谷，常德乃足，复归于朴。

万物初生时从道那里获得的某种东西，被老子称为常德。从"常德不离，复归于婴儿"句可以看出，所谓常德，确是万物或人生来即内在具有者。老子以为婴儿代表了人常德至足、素朴未散的阶段，第五十五章进一步说：

> 含德之厚，比于赤子。毒虫不螫，猛兽不据，攫鸟不搏。骨弱筋柔而握固。未知牝牡之合而朘作，精之至也。终日号而不哑，和之至也。知和曰常，知常曰明，益生曰祥，心使气曰强。物壮则老，谓之不道，不道早已。

在老子论德的文字中，此处是意义较显豁的一处。它具体指出了德的实存基础是什么东西。那就是"精"与"和"，究其实乃是一种"气"（"心使气曰强"中的气）。《老子》第四十二章曾提到"和"，该章说：

> 道生一，一生二，二生三，三生万物，万物负阴而抱阳，冲气以为和。

"和"即气的一种存在状态。从其他地方来看，这种存在状态表现出来便是柔弱，如第十章所说："专气致柔，能婴儿乎？"而柔弱也正是生命的象征。从第四十二章来看，老子是认为和气来源于道。与此类似，"精"也可以在道那里找到根源，第二十一章说：

> 孔德之容，惟道是从。道之为物，惟恍惟惚。惚兮恍兮，其中有象；恍兮惚兮。其中有物。窈兮冥兮，其中有精。其精甚真，其中有信。

首句讲德之于道的从属关系，后面则讲道中有精且甚真，这所谓"精"与第五十五章所说赤子"精之至也"之精在本质上显然是一个东西。因此，通过"精"与"和"，亦即德之实存的方面，即把人与道联系了起来。

德除了具有其实存的方面外，也还有其品性的方面，也可以说是德之社会属性，它们是一个社会能和谐存在与发展的必要因素。这些方面包括忠信、孝慈、无欲、素朴等。第十九章说：

> 绝圣弃智，民利百倍；绝仁弃义，民复孝慈；绝巧弃利，盗贼无有。此三者以为文，不足，故令有所属。见素抱朴，少私寡欲，绝学无忧。

第三十八章说：

> 夫礼者，忠信之薄而乱之首。

通过上述文句，可以看出老子在对圣智、仁义、礼等的否定中显示出他对忠信、孝慈等德性的肯定。依老子之义，这些品性显然都是人生来即具有的。圣人的任务便是使百姓保持住此种品性不受破坏，第四十九章说：

> 圣人在天下，歙歙焉，为天下浑其心，百姓皆注其耳目，圣人皆孩之。

即，使百姓保其婴儿（赤子）之心。第三章说：

> 是以圣人之治，虚其心，实其腹；弱其志，强其骨。常使民无知无欲。使夫智者不敢为也。

这是针对现实的情形而对侯王提出的要求。无知无欲即心之虚静状态正是人源于道的本真状态，也是朴德、常德的表现。若侯王使百姓此德不离，自然生活，则可达致"甘其食，美其服，安其居，乐其俗。邻国相望，鸡犬之声相闻，民至老死不相往来"的理想社会状态。老子认为，圣人、侯王无为，因任百姓之自然，即可达到此状态。

思想史视野中的《老子》文本变迁

　　随着出土简帛资料的大量发现和整理，以及传统和域外文献学研究方法的综合使用，过去几十年里关于中国古代文献的研究取得了丰硕的成果。就单一的文本而言，由于《老子》在马王堆帛书、郭店楚简和北大汉简的反复出现，有关该文本的研究一直得到学术界的关注。如何理解不同传本之间的关系，如何理解《老子》文本的演变，不可避免地成为大家讨论的问题。北大汉简《老子》的发现，给这种讨论增加了新的素材和契机。从整体上来说，对于文献学的研究而言，20世纪占据主流地位的辨伪学态度正在收缩，解释学和思想史的视野越来越得到重视。

　　辨伪学的态度基本建立在非此即彼的方法之上，其目的是给某一个文本提供一个简单而明确的"真—伪"判断。[1] 比较起来，思想史的视野更多地是基于思想解释和分化的逻辑给文本一个合理的解释和安顿。它把文献置于思想之流中，把文本的全部要素都理

---

[1] 郑良树：《古籍辨伪学》，台北：学生书局，1986年，"自序"第1页。

解为思想构造的结果。这个视野更愿意把文本视为有生命的活动之物，更关注不同文本背后的思想者，从而更强调和突出这种变迁的"故意"性质。在这个理解之下，文本自身就成为思想史的一个重要组成部分，并在很大程度上摆脱了完全"被动"的角色。以大家熟知的例子来说，如朱熹和王阳明关于《大学》文本的不同理解，实际上关联着两个不同的思想系统。就《老子》而言，《想尔注》中的某些明显不同于其他文本的变化也不能简单地归之于偶然的原因，而更应该被理解为刻意向某一方面进行解释和思考的需要。如通行本第十六章"公乃王，王乃天，天乃道"句，《想尔注》本作"容能公，公能生，生能天，天能道"，以"王"为"生"，显然是适应从政治哲学到神仙长生之道的需要。第七章"非以其无私邪？故能成其私"句，两"私"字并作"尸"，更容易发挥长生之道。[1] 凡此种种，都可以在思想史的视野中获得合理的解释。本文结合汉简、帛书和通行诸本的两处差别，略做讨论。

一 理解老子思想的不同范式

就老子而言，如果我们相信从先秦到西汉有关其生平的粗线条描述，其经历主要是由史官和隐士两个阶段构成。史官的身份使老子对世界的理解更多地是以政治为中心展开，所以其思想在很大程

---

[1] 参见饶宗颐：《老子想尔注校证》，上海：上海古籍出版社，1991年，第10页。

度上具有政治哲学的向度；隐士的角色则维护了某种超然的态度，并开拓出政治世界之外的生命空间。这使得《老子》文本内部既保持了政治和生命之间的思想张力，同时也给了其后的解释者向着不同方向发展的可能性。单纯从文本的角度来看，庄子和韩非显然代表了先秦时期老子解释的两个完全不同的方向。庄子把老子超然的态度转化为隐士的生命，立足于生命的根基思考世界；[1] 韩非则偏重发挥其政治哲学的理念，并进一步将其落实在现实的世界。[2]

这种分化直接导致了汉代理解老子思想的不同范式的形成。《老子》在汉初的经典地位是公认的事实，《汉书·艺文志》记载有《老子邻氏经传》《老子傅氏经说》和《老子徐氏经说》，就是这个事实的反映。这种经典地位无疑是建立在其政治哲学和汉初统治需要的契合之上。因此，解释老子的一个重要范式无疑是政治哲学的。司马谈和班固对道家的叙述便是基于这个范式，《论六家要旨》以为六家皆"务为治者也"，其论道家云：

> 道家无为，又曰无不为，其实易行，其辞难知。其术以虚无为本，以因循为用。无成埶，无常形，故能究万物之情。不

---

[1] 《天下》篇用"以本为精，以物为粗，以有积为不足，澹然独与神明居"来概括老子的思想，明显带有这种超然的态度，并淡化了老子思想与政治世界的关系。
[2] 如果不局限于文本，那么黄老的主张当然主要是政治哲学的，并且成为韩非思想的重要背景，以及汉初政治思想的主流。

为物先，不为物后，故能为万物主。有法无法，因时为业；有度无度，因物与合。故曰"圣人不朽，时变是守。虚者道之常也，因者君之纲"也。群臣并至，使各自明也。其实中其声者谓之端，实不中其声者谓之窾。窾言不听，奸乃不生，贤不肖自分，白黑乃形。在所欲用耳，何事不成。乃合大道，混混冥冥，光耀天下，复反无名。凡人所生者神也，所托者形也。神大用则竭，形大劳则敝，形神离则死。死者不可复生，离者不可复反，故圣人重之。由是观之，神者生之本也，形者生之具也。不先定其神〔形〕，而曰"我有以治天下"，何由哉？

很显然，这种以治道为中心的"道家"叙述，是以老子和黄老的传统为主的，其中绝无庄子思想的影子。班固的叙述同样以政治哲学为主：

道家者流，盖出于史官。历记成败存亡祸福古今之道，然后知秉要执本，清虚以自守，卑弱以自持，此君人南面之术也，合于尧之克让，易之谦谦，一谦而四益，此其所长也。及放者为之，则欲绝去礼学，兼弃仁义，曰独任清虚，可以为治。

比较起来，司马迁关于老子的叙述就有重点的不同，《史记·老子传》云：

老子修道德，其学以自隐无名为务。居周久之，见周之衰，乃遂去。至关，关令尹喜曰："子将隐矣，强为我著书。"于是老子乃著书上下篇，言道德之意五千余言而去，莫知其所终。

后文还有"盖老子百有六十余岁，或言二百余岁，以其修道而养寿也""老子，隐君子也""李耳，无为自化，清净自正"的说法。可以看出，无论刻意与否，司马迁突出了老子与"隐"和生命之间的关系，从而更容易发展出政治哲学之外超然的向度。其论庄子，以为"其学无所不窥，然其要本归于老子之言"，也包含着同样的理解和用心。司马迁崇尚儒学和孔子，深知"世之学老子者则绌儒学，儒学亦绌老子"，考虑到当时两种思想之间的竞争，司马迁给老子的这种定位似乎包含着深刻的用意。如果比较一下《史记》关于孔子的叙述中对孔子和帝王之间关系的强调，[1] 司马迁的老子观就会变得更加清晰。

汉代好老子学者甚多，注释者亦不少。除上述数种外，刘向、严遵、安丘望之、张鲁等都有注本。严遵《老子指归》和张鲁《老子想尔注》尚有残本传世。大体而言，严遵的解释偏重在政治哲学，而张鲁偏重在神仙长生之说，基本不离政治和生命两个向度。

---

[1] 《孔子世家》："孔子冢大一顷……高皇帝过鲁，以太牢祠焉。诸侯卿相至，常先谒然后从政。""自天子王侯，中国言六艺者折中于夫子，可谓至圣矣！"

类似的分际也存在于汉代好老子学者的倾向之上。[1] 基于此，我们也许可以说，汉代的老子理解和解释大体存在着两种范式：一种偏重在政治哲学，司马谈、班固及严遵等可以作为代表；另一种偏重在隐士和生命关怀，司马迁、张鲁等可以作为代表。这种不同的范式对于《老子》文本的变迁是否会发生影响呢？

二　道殷无名和道隐无名

由于战国到西汉多种《老子》文本的新发现，我们可以有机会讨论该文本的变迁，从整体的结构到局部的细节。整体的结构又包括上下篇的次序、章节的划分等，局部的细节牵涉的内容则更为复杂。本节并不准备对此进行详细的分析，只是想通过几个细节来研究文本变迁和思想范式之间的关系。这种研究基于文本之间的既成区别，尝试对造成这种区别的原因给出解释。

以北大汉简《老子》第三章（王弼本第四十一章）为例，其文字如下：

> 上士闻道，堇能行。中士闻道，若存若亡。下士闻道，大笑之，弗笑，不足以为道。是以建言有之曰：明道如昧，进道

---

[1] 杨树达《老子古义》，附有《汉代老学者考》一文，得五十余人。或依之治国，或依之讨论治道，或依之修身养生。

如退，夷道如类；上德如谷，大白如辱，广德如不足，建德如偷，柽真如输，大方无隅，大器勉成，大音希声，天象无形，道殷无名。夫唯道，善贷且成。

如果我们把出土诸本和通行诸本之间做一个对照的话，至少有几个地方的区别是明显的。郭店本、帛书乙本（甲本缺）、北大汉简本"天象无形"，通行诸本都作"大象无形"；而通行诸本的"道隐无名"，帛书乙本作"道襃无名"，北大汉简本作"道殷无名"；另外，通行诸本的"大器晚成"，郭店本作"大器曼成"，帛书乙本作"大器免成"，北大汉简本作"大器勉成"。

我想重点讨论"道殷无名"句，该句郭店竹简残缺，帛书"殷"作"襃"，整理小组云：

> 襃义为大为盛，严遵《道德指归》释此句云："是知道盛无号，德丰无谥"，盖其经文作襃，与乙本同，经后人改作隐。隐，蔽也。"道隐"犹言道小，与上文"大方无隅"四句意正相反，疑是误字。

整理者指出"襃"和"隐"的差别并引严遵的解释为证是完全正确的。但现在看来，有两点仍然值得进一步思考。一是严遵本的经文是否一定和帛书乙本同，还是如汉简本作"殷"；二是以"道隐"为误字，不容易说明为什么通行诸本皆"误"，且忽略了这种改动背后的思想史意义。

李零先生认为"褒"和"隐"同义：

> "褒"，掩藏，今本作"隐"，是通俗化。第32、37章有"道恒无名"，意思差不多。[1]

汉简整理者韩巍先生云：

> "殷"，郭简残，帛乙作"褒"，传世本作"隐"。"褒"、"殷"皆有盛大之义，故可通用，"隐"乃"殷"之同音假借。[2]

如果考虑到汉简本的话，李零先生的解释就值得商榷。如韩巍指出的，"褒""殷"皆有盛大之义，"隐"却没有，甚至意思正好相反。"道殷无名"或者"道褒无名"，说的是道因为盛大故无名或不可名；"道隐无名"，则强调了道由于"隐藏"而无名，如王弼所说："物以之成，而不见其形，故隐而无名也。"王弼的注释同时也证明其注本已经是"道隐无名"了。

"道殷无名"和"道隐无名"显然体现了两种不同的逻辑。这两种逻辑在老子那里都可以找到根据，因此都不能够简单地被排

---

[1] 李零：《人往低处走：〈老子〉天下第一》，北京：生活·读书·新知三联书店，2008年，第140页。
[2] 北京大学出土文献研究所：《北京大学藏西汉竹书》（贰），上海：上海古籍出版社，2012年，第125页。

除。先说"道殷无名"的逻辑，其实质是道、大和无名之间的关系。道当然是"大"，所以才有"大道""大象"等说法，最典型者莫过于第二十五章：

> 有物混成，先天地生。寂兮寥兮，独立而不改，周行而不殆。可以为天下母。吾不知其名，字之曰道，强为之名曰大。大曰逝，逝曰远，远曰反。故道大、天大、地大、王亦大。域中有四大，而王居其一焉。人法地，地法天，天法道，道法自然。

大乃是勉强加给道的名称，用来形容其作为先天地生的"天下母"的地位。同样可以称之为大的还有天、地和王，显然都是在万物或百姓之上的角色。但在老子看来，仅仅"天下母"的地位并非道"大"的保障，更重要的是"以其终不自为大，故能成其大"，第三十四章云：

> 大道泛兮，其可左右。万物恃之而生而不辞，功成不名有，衣养万物而不为主。常无欲，可名于小；万物归焉而不为主，可名为大。以其终不自为大，故能成其大。

刘笑敢先生据此讨论"道之'大'与道之'小'"，认为"本章'万物恃之而生'、'功成'、'衣养万物'、'万物归焉'都是讲道有重要作用的一面，是道之'大'。'不始'、'不名有'、'不为主'都是讲道的自然无心的一面，是道之'小'"。[1]

的确，道之小是说其无欲、无名的一面，如本章及第三十二章"道常无名，朴虽小"，虽大而不自以为大，谓之小。但正因为其以小自居，反能成其大，收"万物归焉"之效果。此处大和小的关系略显复杂，首先是大，指"万物恃之而生""衣养万物"，然后是小，不名有、不为主等，最后还是大，特指"万物归焉"而言。简言之，即大而不自以为大，故能成其大。这种逻辑，《老子》中常见，如第三十九章："故贵以贱为本，高以下为基。是以候王自谓孤、寡、不穀。此非以贱为本邪？非乎？"或者如第七章："天长地久，天地所以能长且久者，以其不自生，故能长生。是以圣人后其身，而身先；外其身，而身存。非以其无私耶？故能成其私。"此种逻辑，汤一介先生曾经称之为"否定肯定法"，即通过否定达到肯定的方法。这种方法也就是第四十章说的"反者道之动，弱者道之用。天下万物生于有，有生于无"，重在突出反对的两面之间的辩证统一关系，故寻求以柔弱的姿态面对世界。

如果仔细分析第四十一章的话，其中确实体现"大正若反的智慧"[2]。明昧、进退、夷类、白辱、广不足、建偷、真输、方隅等相反而相成，体现着相对事物之间的互相依存和创造。从这个意义上来说，"道殷无名"体现着大和无名之间的辩证关系，与其他的

---

[1] 刘笑敢：《老子古今：五种对勘与析评引论》，北京：中国社会科学出版社，2006年，第355页。
[2] 刘笑敢：《老子古今》，第433页。

句法是一致的。《老子》充满了对世界的这种理解，其最直接的描述是第二章的"有无相生"。

比较起来，"道隐无名"的逻辑更直接一些，这个说法淡化了大和小之间的张力，突出了隐的面向。这个面向在《老子》中当然存在，如第九章"功遂身退，天之道"，所谓身退，便是"隐"之义。抽象地说，"隐"表现的是老子一直强调的"无"的态度，包含无名、无欲等，表现为退让、处下、不争、守柔等。但这种态度一直和有的态度形成一种辩证的关系。值得注意的是，"隐"字在《老子》其他章节中一次也没有出现，《庄子》中倒是有大量的使用，并明确地以之为一种生活方式的象征，《缮性》云：

> 由是观之，世丧道矣，道丧世矣，世与道交相丧也。道之人何由兴乎世，世亦何由兴乎道哉！道无以兴乎世，世无以兴乎道，虽圣人不在山林之中，其德隐矣。隐，故不自隐。古之所谓隐士者，非伏其身而弗见也，非闭其言而不出也，非藏其知而不发也，时命大谬也。当时命而大行乎天下，则反一无迹；不当时命而大穷乎天下，则深根宁极而待；此存身之道也。

在传说中，隐士可以追溯到尧舜时代的许由、务光，《史记》有伯夷叔齐的列传，提及其"义不食周粟，隐于首阳山"。《论语》中也记载了一些隐者，只有到了庄子，隐士的哲学才得以确立。世与道交相丧,这种"不当时命"的现实是隐士生命选择的根本基础。从《后汉书》开始,史家开始设置"隐逸传"。但正如研究者指出的,《汉书·王贡两龚鲍传》就是一部隐逸传。隐逸传的设置,当然是对隐逸群体存在之现实的回应。

至少从目前所掌握的《老子》文本情况来看,王弼本始见"道隐无名"的说法。西汉中后期的汉简本和严遵本都作"道殷无名"。从"殷"到"隐"的转变,最有可能发生在东汉。这种转变,如韩巍所说,有其声音上相近的依据,但更重要的,这是否意味着解释重心的某种转移,或者至少是转移的可能性。随着儒家经学在现实世界取得政治、社会和伦理上的主导地位,以及随之而来的士人分化并各自寻找自身的理论根据,《老子》的解释者们似乎越来越有意识地朝生命与隐退的方向去努力。杨树达先生所统计的东汉时期好《老子》学者,多数皆清净寡欲,不求进宦。如安丘望之"少持《老子》经,恬净不求进宦",杜房"读《老子》书,言'老子用恬淡养性致寿数百岁'",甄宇"清静少欲,常称老氏知足之分",高恢"少好《老子》,隐于华阴山中",任隗"少好黄老,清静寡欲",郑均"好黄老,淡泊无欲,清静自守,不慕游宦",樊融"好黄老,不肯为吏",周鳃"常隐处穷身,慕老聃清净,杜绝人事",矫慎"少学黄老,隐遁山谷,因穴为室,仰慕松、乔道引之术"等。这种情形至少能够说明时人对于《老子》的一种重要理解,此理解反过来对于《老子》文本或许会产生一些影响,如"道隐无名"取代"道殷无名",成为《老子》文本的新常态。

三 有欲者与有道者

北大汉简相当于今本第二十四章和第三十一章的内容里,都有"有欲者弗居"句,第二十四章云:

> 炊者不立,自见者不明,自视者不章,自发者无功,矜者不长。其在道也,斜食叕行,物或恶之,故有欲者弗居。

第三十一章云:

> 夫佳美,不祥之器也,物或恶之,故有欲者弗居也。

帛书本与此略同,两处皆作"故有欲者弗居",整理小组云:"居,储蓄。此言恶物为人所弃,虽有贪欲之人亦不贮积。"以"欲"为贪欲。韩巍认同帛书整理小组的意见,认为其说可从。

这两个句子中的"有欲者",通行诸本都作"有道者",其间的差别是巨大的。高明先生对此曾经有如下的解释:

> 按"欲"字在此当假为"裕",《方言》卷三:"裕,道也。东齐曰'裕',或曰'猷'。"《广雅》卷四:"裕,道也。"王引之《经义述闻》卷四云:"《周书·康诰》'远乃猷裕',即远乃道也。《君奭》曰'告君乃猷裕',与此同。"准此诸例,足证甲乙本"欲"字当读作"裕","故有裕者

不居"，犹今本所言"故有道者不处"也。[1]

陈鼓应等先生从其说。[2] 高明先生喜用假借来疏通文义，但《老子》中"道"和"欲"字常见，此处以假借疏通两者的巨大差别颇显勉强。

刘殿爵则提供了另外的一个思路：

> "有欲者"和"有道者"截然不同，所以不居的原因也不一样。"有欲者"的"欲"即梁惠王所谓"将以求吾所大欲也"的"欲"，也就是"辟土地，朝秦楚，莅中国而抚四夷"，用现代语言说，就是有统治天下的野心；所以不居物之所恶是因为这样做会妨碍实现统治天下的目的。今本所提出的是站在"道"与"不道"的区别上，而帛书本所提出的却是站在能否达成大欲的利害原则上。从这或可窥见《老子》从早期的现实思想逐渐衍变为抽象哲理的痕迹。[3]

刘笑敢认为上述说法有启发性。的确，刘殿爵的解释最大的启发是正视"有欲者"和"有道者"的区别，同时给予恰当的解释和安顿。这正是解释学和思想史视野的思路。需要进一步去讨论和辨析

---

[1] 高明：《帛书老子校注》，北京：中华书局，1996 年，第 338 页。

[2] 陈鼓应：《老子今注今译》，北京：商务印书馆，2003 年。

[3] 刘殿爵：《马王堆汉墓帛书老子初探》，《明报月刊》1982 年 8 月号、9 月号，转引自刘笑敢《老子古今》，第 281 页。

的是老子对于"欲"的态度,这个问题应该是研究者们面对的最大困扰之一。

学者们一直强调老子对欲的否定和对无欲的肯定,这在《老子》文本中有很多的证据,如"不见可欲,使民心不乱""恒使民无知无欲""见素抱朴,少私寡欲""则恒无欲,可名于小""咎莫大于欲得"等,除了这些直接带有"欲"字的段落外,类似意义的文字也随处可见。以第十二章为例:

> 五色令人目盲,五音令人耳聋,五味令人口爽,驰骋畋猎令人心发狂,难得之货令人行妨。是以圣人为腹不为目,故去彼取此。

老子既反对统治者对耳目口心之欲的追逐,也反对以刺激百姓欲望的方式来治理国家。但是,老子有没有肯定另一种"欲"呢?我们先引梁启超先生《自由书》中间论"无欲与多欲"的一段话:

> 孔子不云乎:我欲仁,斯仁至矣。今试问孔子有欲乎?曰:孔子,天下之多欲而大欲者也。故曰:知之者不如好之者,好之者不如乐之者。孔子之于救天下利生民也,视之如流俗人之好饮食好男女好金钱好名誉。[1]

---

[1] 梁启超:《饮冰室合集》专集第二册,北京:中华书局,2015年,第74页。

孔子之所欲在仁，非饮食男女金钱名誉。老子之所欲呢？或者说老子认为的圣人或侯王之所欲呢？我们来看第二十九章：

> 将欲取天下而为之，吾见其不得已。天下神器，不可为也。为者败之，执者失之。

"取天下"的说法也见于他处，如第四十八章"取天下常以无事，及其有事，不足以取天下"，这显然是老子主张的圣人或者侯王之"欲"的内容。又如第六十六章：

> 是以圣人欲上民，必以言下之；欲先民，必以身后之。是以圣人处上而民不重，处前而民不害。是以天下乐推而不厌。以其不争，故天下莫能与之争。

此句汉简本作"是〔以圣〕人之欲高民也，必以其言下之；其欲先民也，必以其身后之。是以居上〔而〕民弗重，居前而民弗害也。是以天下乐推而弗厌也。不以其无争邪？故天下莫能与之争"。上民和先民皆是君之所欲，但为了实现此所欲，就必须要抑制权力的傲慢，以言下民、以身后民。

第三十六章更以非常直接的方式呈现圣人或侯王之所欲：

> 将欲翕之，必固张之；将欲弱之，必固强之；将欲废之，必固兴之；将欲夺之，必固与之，是谓微明。柔弱胜刚强。鱼

不可脱于渊，国之利器不可以示人。

凡此皆能证明老子对"欲"不是简单地否定或肯定，而是非常辩证地思考了欲和不欲、有欲和无欲的关系。在对老子的理解中，我们很难把无欲和有欲简单地对立或者割裂。它们更应该被看作贯通的和相生的。正如第一章所说：

> 故恒无欲也，以观其眇；恒有欲也，以观其所噭。

这里依据了帛书本的文字，"欲"后面的"也"字可以帮助解决句读的问题。即便如此，仍然有一些学者坚持宋代以后才出现的以"无"和"有"断句的态度。其中很重要的理由就是"欲"的问题。如陈鼓应先生说：

> 王弼以"无欲""有欲"作解，后人多依从，然本章讲形而上之"道"体，而在人生哲学中老子认为"有欲"妨碍认识，则"常有欲"自然不能观照"道"的边际。所以这里应承上文以"无""有"为读。再则，《庄子·天下篇》说："老聃闻其风而悦之，建之以常无有。"庄子所说的"常无有"就是本章的"常无""常有"。[1]

---

[1] 陈鼓应：《老子今注今译》，第76页。

陈先生还引用多家的说法来支持这一断句和理解。如王樵《老子解》云："旧注'有名'、'无名'，犹无关文义；'无欲'、'有欲'，恐有碍宗旨。老子言'无欲'，'有欲'则所未闻。"该说法颇具代表性，认为老子只主张无欲，完全排斥有欲。但是如果我们接受前述老子对于"欲"之肯定性的理解，这个说法就失去了部分的基础。

但是还有另外的基础需要去进一步分析。如陈鼓应先生所说，这两个句子是描述道的，恒无欲和恒有欲对于道来说意味着什么呢？很多学者都注意到，第三十四章论述道的时候也使用了"恒无欲"的说法，以为"恒无欲矣，可名于小"。所谓"恒无欲"，是指"万物作而生弗辞，成功而弗名有，爱利万物而弗为主"（汉简本），即道成就万物但拒绝控制、占有及主宰万物的态度。一般地说，即体现在道中的柔弱之德，所谓"生而不有，为而不恃，长而不宰"。但这种拒绝的态度带来"万物归焉"的结果，且虽然万物归焉却不为主，故可名于大，成就了"万物之宗""天下母"的地位，这就是"恒有欲"。恒无欲说的是起点，恒有欲说的是归终。老子首章说"恒无欲也，以观其眇；恒有欲也，以观其所噭"，眇即是小、起点，所噭就是大、归终。再举第八十一章来说，"圣人不积，既以为人，己愈有；既以予人，己愈多"，所谓不积、既以为人、既以予人就是"恒无欲也，以观其眇"，己愈有、己愈多就是"恒有欲也，以观其所噭"。类似的说法，散见于《老子》文中。

在老子这里，道更像是一条有无之间的路，更进一步地说，是有无相生的路，包括恒无欲和恒有欲相生的路。圣人或者侯王不是没有欲的人，但其所欲和一般人不同，乃是取天下。更重要的是，圣人了解"有无相生"之理，所以以"无欲"成就其欲。如果执着于有欲，结果会适得其反。所以文中有"欲不欲"的说法。正因为此，读者从字面上更多看到的是老子对于无的一面的强调，但其落脚点却是有的一面，由无以成其有，是谓"有生于无"，或"故有之以为利，无之以为用"。

根据以上的论述，帛书和汉简中出现的"有欲者弗居"的说法就很好理解，体现着《老子》以君人南面之术为主的特点。有欲者要实现其"欲"，则须寻找到恰当的路径，不是"佳美"式的自贵，或者自见、自视、自伐、自矜，而是"受国之诟""受国不祥"的承担和包容。但随着人们对"欲"的理解越来越负面，以及隐士化理解《老子》倾向的增强，"有欲者"的说法遇到更多解释上的障碍。严遵的《老子指归》反复强调"无知无欲"，至少从《老子想尔注》开始，"有道者"已经取代了"有欲者"。"有道者"的说法在帛书和汉简中已见于相当于今本第七十七章的文字内，其他章节中则有"从事于道者""保此道者""同于道者"等提法。

与《老子》文本相关的文字变迁当然远不止于此，本文的目的不在于对每一个例子提供解释，而是提出一种解释的态度和方法，从而更多地观照文本变迁背后的"用心"。刘笑敢把版本歧变划分为无意识歧变和有意识歧变两种，这里显然讨论的是后者。其关于有意识歧变，又区分为独断性和改善性两类，[1]我们上面讨论的情

---

[1] 刘笑敢：《老子古今》，第7页。

形，似乎不大好归入这两类中，或许可以增加一类，称之为解释性歧变。应该强调的是，有意识歧变广泛地存在于很多文献的流传过程中，具有重要的解释学意义和研究价值，值得学术界给予更多的重视。

《太一生水》研究

《太一生水》是否为独立于《老子》丙本的一篇，目前还存在着争议。二者的形制完全相同，所以有些学者主张它们应该是同一篇。但形制的相同并不是同属一篇的充分条件，内容的因素也起着至关重要的作用。所以像区分《鲁穆公问子思》和《穷达以时》，或者《成之闻之》《性自命出》《尊德义》和《六德》一样，把《太一生水》和《老子》丙本分为两篇，也是包括《郭店楚墓竹简》的作者在内的很多学者的共同想法。我同意把《太一生水》独立出来的做法，一方面是因为与通行本《老子》有关的考虑，即《老子》丙本和甲乙两本一样，都可以和通行本《老子》相对应；而命名为《太一生水》的部分则是全新的文献；另一方面，《太一生水》有相对独立的主题，并且在一些地方与老子有着明显的差异。这两种考虑使得独立地处理《太一生水》变成更合理的做法。

一 《太一生水》的主题：天道贵弱

由于是全新的文献，再加上内容的独特和重要，《太一生水》引起了学者的普遍兴趣。但通常这兴趣是集中在以"太一"和"水"为中心的所谓"宇宙论"的方面，即认为它提出了一个从太一开始，经过水、天地、阴阳、神明、四时、寒热、燥湿等环节的宇宙生成论，一个和我们已经熟悉的气论不同的注重水的宇宙生成论。这个宇宙论也被大部分人看作是这一篇的主题。但是，仔细地考虑，所谓"宇宙生成论"的说法固然有问题，即就《太一生水》的主题来说，应该只是对天道问题的说明，并由天道推演出人事的法则。在这个中间，"名"的问题也值得仔细考虑。我们先从被视为宇宙生成论的部分开始：

> 太一生水，水反辅太一，是以成天。天反辅太一，是以成地。天地□□□也，是以成神明。神明复相辅也，是以成阴阳。阴阳复相辅也，是以成四时。四时复相辅也，是以成沧热。沧热复相辅也，是以成湿燥。湿燥复相辅也，成岁而止。故岁者，湿燥之所生也。湿燥者，沧热之所生也。沧热者，四时者，阴阳之所生。阴阳者，神明之所生也。神明者，天地之所生也。天地者，太一之所生也。是故太一藏于水，行于时。○而或□，□□□万物母；一缺一盈，以忌为万物经。此天之所不能杀，地之所不能埋，阴阳之所不能成。君子知此之谓……

大量的"生"和"成"字表明这确实是一个生成论，但这个从太一生水开始的生成系列，最值得注意的是，它是到"成岁而止"的。换言之，它的终点不是万物，而是岁。[1] 因此这个系列倒过来说，也可以看作是对"岁"的形成原因的解释。《尔雅·释天》"载，岁也。夏曰岁，商曰祀，周曰年，唐虞曰载"，所谓的"岁"，其实就是"年"的别称。它固然是一个历法的概念，由于其基础是日月星辰的运行法则，所以毫无疑问，也是一个和天道有关的概念。《论语·尧曰》篇记载尧舜禹相传的话是：

> 天之历数在尔躬，允执其中。四海困穷，天禄永终。

所谓的"历数"，《尚书·洪范》篇以之为"五纪"之一：

> 五纪：一曰岁，二曰月，三曰日，四曰星辰，五曰历数。

这里的"岁"，似是就岁星而言，历数是指岁日月星辰运行的法则，以及依据这种法则制定的历法。《尧典》所说的"乃命羲和，钦若昊天，历象日月星辰，敬授民时"，就包含了这两层意思，似乎也是《论语·尧曰》篇之所本。

《论语·尧曰》中所谓"历数"的意义，应该与《洪范》所说

---

[1] 虽然这并不排斥太一同时也是"万物母"，但其强调的重点确实不同。

相同。古人认为，天道和历数作为天的意志的体现，以及指导人们生活的法则，是君主必须掌握的东西。《尧典》和《尧曰》都表明了这一点，马王堆帛书《十大经·立命》也体现出类似的想法，它依托黄帝说：

> 唯余一人，□乃配天，乃立王三公。立国，置君、三卿。数日、历月、计岁，以当日月之行。

古帝王以配天自居，而配天的重要标志就是对天之历数的把握，即所谓"数日、历月、计岁，以当日月之行"。这里计岁的"岁"，与《太一生水》所说的"岁"是一样的。

以岁为目标的生成系列，与《老子》或其他文献中讨论一个以"万物"为生成目标的生成系列当然不同。我们看《老子》中的说法：

> 道生一，一生二，二生三，三生万物。万物负阴而抱阳，冲气以为和。（第四十二章）
> 天下万物生于有，有生于无。（第四十章）

这都是从道或者无开始，到万物结束的。它的重点在解释万物的来历，把这称作宇宙生成论，也许是可以接受的。但《太一生水》不同，"岁"的内涵当然不同于万物，虽然它与万物有关。但这种关系的性质是："岁"是万物变化的一个尺度，是万物生存其中的一个框架,如人们常说的"春生、夏长、秋收、冬藏"。用更明白的话来说,"岁"不是一个物,而是一个与天道有关的东西。所以,《太一生水》从太一到岁的这个系列,不是对万物形成的解释,而是对天道的说明。

这种倾向,颇类似于马王堆帛书《经法》和《十大经》。《十大经·观》中,曾经讨论到秩序的来源,它借黄帝臣子力黑之口,提出如下的问题:

> 天地已成而民生,逆顺无纪,德虐无刑,静作无时,先后无名。今吾欲得逆顺之纪,□□□□,□□□□,以为天下正。静作之时,因而勒之,为之若何?

所谓的"纪""刑""时""名",都是就秩序而言。秩序从哪里来呢?黄帝说:

> 群群□□□□□□为一囷,无晦无明,未有阴阳。阴阳未定,吾未有以名。今始判为两,分为阴阳,离为○四时□□□□□□□□□因以为常,其明者以为法,而微道是行,行法循□□□牝牡,牝牡相求,会刚与柔。柔刚相成,牝牡若形……春夏为德,秋冬为刑,先德后刑以养生。

这里从"群群□□"开始的系列,当然也不是严格意义上的宇宙生成论。从一个没有分化的混沌到阴阳、四时等,其目的是说明天道，从而为人间的秩序提供原型。《太一生水》与此是类似的，在上引那段话的最后，提到"君子知此之谓……"，虽然有缺文，但它把落脚点放在君子和人事的上面，却是明白无疑的。

这样的话，我们再看《太一生水》中另外论天道的一段话，才不觉得突兀。它正是接续着天道的主题而来的，并特别突出天道贵弱的内容。按照裘锡圭先生的重新拼接，这段话的顺序应该是这样的：

> 下，土也，而谓之地。上，气也，而谓之天。道亦其字也。青昏其名。以道从事者，必托其名，故事成而身长。圣人之从事也，亦托其名，故功成而身不伤。天地名字并立，故过其方，不思相尚。□□于西北，其下高以强；地不足于东南，其上□□□□□□天道贵弱，削成者以益生者，伐于强，责于□□□□□［不足于上］者，有余于下；不足于下者，有余于上。

这是把第九简置于第十三和十四简之间，读起来确实比较顺畅，应该是正确的。该段话中很注意名字的问题，我们后面会专门讨论。其中提到了"道"和"天道"的字眼，正是该篇主题的反映。它明确地说"天道贵弱"，从文义来看，所谓的"弱"主要是强调相对事物之间的平衡，而不是一方完全压倒另一方，譬如天和地就是如此。从这个角度来看，在那个生成系列中的对子都体现着这个原则。

二 太 一

学者们对太一这个称呼其实并不陌生,它活跃在不同的领域。在神话学的范围,《九歌》中的"东皇太一"一直吸引着人们的兴趣,大部分人虽承认它是至上的神,但对于其神格,则有十多种不同的看法。在古代宗教的研究中,学界当然也不会忽视汉代王朝祀典中最尊贵的太一神。据说祭祀太一的主意是亳地一个叫谬忌的人提出的,他认为"天神贵者太一,太一佐曰五帝",结果得到了武帝的采纳。天文学中的太一当然也是太一系列中的一个重要部分,它被认为是天空中最重要的星,有时是北极星。当然,还有哲学意义上的太一,见于诸子的著作之中,譬如说《庄子》《吕氏春秋》和《礼记》等,在这时,它被看作是事物或秩序的根本。

这些不同领域的太一之间有没有联系?面对那些几乎同时代出现的材料,要想否认它们的联系确实是一件困难的事情。但如果要你指出它们之间究竟存在着何种联系,或许是一件更困难的事情。在研究《太一生水》中的"太一"概念时,我们发现了学者们从上述各个领域讨论的努力。但是考虑到问题的复杂性,本文的讨论将主要限制在诸子学的范围内,但并不和其他领域的研究完全隔绝开来。这种限制同时也是基于对该文献性质的估计,即它和同墓出土的其他文献一样,都属于诸子学的领域。

在现存诸子类的文献中,太一的概念最早见于《庄子》。《天下》篇在叙述关尹和老聃的学说时,使用了"建之以常无有,主之以太一"的字眼,可知太一是被关尹老聃一派学者推崇的。但是这概念是他们本人所提出,还是其后学的发明,还需要认真地考虑。《老子》中出现了"大"和"一"的字眼,但二者并没有结合成"太一"一词。关尹的著作没有传世,如果我们相信司马迁所说关尹和老子同时的话,由他本人提出太一概念的可能性也很小。从逻辑上来说,"太一"的提法应该是在"一"的基础之上发展起来的。"一"在《老子》中多次出现,其中从"道生一"的说法来看,一被认为是道最初生出的东西。但有时候"一"和道之间看不出有什么分别。马王堆帛书《道原》中提到"一"是道之号,意味着一就是道。"太一"应该是在"一"前面加上"太"字的结果。战国时期,冠之以"太"(或"大")字的词陆续出现,如太虚、太极、太清等,到汉代则更加突出。"太一"一词似乎也应该放在这样的背景中来考察,从这个意义上讲,我不赞成在春秋时期就已经出现"太一"一词的说法,无论是作为神或者星辰的称呼,还是作为祭祀的对象。

从这个意义上说,对"太一"的研究,不能忽视"一"的问题,因为它是"太一"产生的直接前提。在道家系统中,"一"确实是一个重要的概念。老子虽然认为它是道的派生物,但与万物比较,它首先是一个没有分化的东西。《老子》第十四章说:

> 视之不见名曰夷,听之不闻名曰希,搏之不得名曰微。此三者不可致诘,故混而为一。一者,其上不徼,其下不昧。绳绳兮不可名,复归于无物。

"一"是混的东西，所以没有徼昧的区别，也没有其他的区别，因此也不可名。这是老子对于"一"的认识。可是，"一"只是开始，它并不永远停留在这种状态中，它是要分化的，如老子所说：

> 道生一，一生二，二生三，三生万物。（第四十二章）

无论"二"或者"三"指什么东西，这个过程最后是落实到"万物"的。从"一"到"万"，这就是分化。没有分化，就没有天地万物。

老子是不反对分化的，在另一个地方，他说：

> 朴散则为器。（第二十八章）

"朴"可以说就是"一"，"散"就是"分化"，"器"就是"万物"。朴是无名的，万物当然是有名的，问题在于：分化要有一个限度。

> 始制有名。名亦既有，夫亦将知止。知止所以不殆。（第三十二章）

有名的万物出现之后，重要的是"知止"，要有一个限度。这实际上是要求秩序。老子认为回到"一"是万物有序的保证。这种"回到"不是对万物的否定，恰恰相反，正是对万物存在和发展的肯定。在这个意义上，作为"混"的"一"又成了秩序的根源和保证，如《老子》第三十九章所说：

> 昔之得一者，天得一以清，地得一以宁，神得一以灵，谷得一以盈，万物得一以生，侯王得一以为天下正。

天清、地宁等当然都是指其有序的状态，但这都是以"得一"为前提的。

帛书《十大经》也有与《老子》类似的看法。"一"也被认为是秩序的根源，《成法》两次指出"循名复一，民无乱纪"，并论述说：

> 一者，道其本也……一之解，察于天地；一之理，施于四海。

"道其本"的"道"，不是一般所说的哲学概念，而是称述、言说的意思。这是以"一"为"成法"即秩序的根本。回归到"一"，值得注意的是，"一"是必须要分的，这样才可以面对天地和四海。所谓的"解"当然有"分解"的意思，"理"也是和具体的物不可分的，是指万物不失道的状态。

三 水

在日常生活中，水的重要性是无须讨论的。因此从很早的时候起，它就成为古代思想史上的课题。譬如，洪水神话是一个世界性的主题，在古代中国，它是以大禹治水为中心来完成叙述的。在被奉为经典的《尚书》中,《尧典》和《禹贡》详细记载了发生在尧舜禹时期的那场大洪水,以及鲧和禹治水的成功和失败。在这里,神话当然是被历史化了。从思想史的角度来看,洪水神话涉及秩序的破坏和恢复的问题,或者说得更明白一些,就是"道"的问题。洪水的泛滥表现在它不遵循其固有的道路,而治水成功与失败的关键则在于能否让水重新回到其道路中去。水有水之道,让水在其道中行走,这是禹成功的原因。反之,鲧堵塞水道导致其治水的失败。从这个意义上讲,虽然大禹治水看起来是一个具体的事件,却具有普遍的价值。因为它涉及古代思想中重要的"道"的主题。这当然与后来诸子所说的"道"不同,但也不是完全没有关系。我们应该注意,诸子时代的思想家们经常提起这个事件,并赋予其不同的意义。在《孟子》中,禹之治水,被认为是行其无事也。郭店楚墓竹简的《尊德义》中,则把这表述为遵循"水之道"的结果。

水成为古代中国思想史关注的一个概念,一般认为是从"五行"的范畴开始的。所谓"五行",是指水、火、木、金和土,水是位居第一位的。根据《洪范》的记载,"五行"作为"九畴"之一,它的提出与大禹治水也有密切的联系,其基础当然是这五种材料对于民生日用的重要性。古代有专门负责这五行管理的官员,称为"五行之官",其官长叫作"正"。如火正为祝融,金正为蓐收,水正为玄冥等。值得注意的是"玄冥"这个名字,玄表示幽远,冥则是昏暗不明的意思,这大概正是古人对于水的特性的认识吧。在稍后子书中流行的对"道"的描述中,有些用词与此是接近的。

这里，我们也许就已经接触到"水"之所以会在一个生成系列中居于显赫地位的部分原因。按照人们对于生成的一般理解，所谓的生成过程是一个由没有分化的混沌状态开始，而一步步分化的过程。仅仅从名字上来看，太一就是一个未分化的东西。在这一点上，它显然比"道"的称呼更形象和直接。从位次上来讲，"水"和"一"是相当的，事实上，它也具有和"一"类似的一些特点，譬如"混而不分"和"无形"等。但是，用"水"来取代"一"，也许会被批评为智慧的退化，因为看起来"水"是比"一"更具体而感性之物。可是，事情还有另外一个方面，如果我们考虑"气"的话，它同样也比"一"更具体而感性，却成为后来居于主流地位的传统。这使我们注意到，解释需要的是清楚而明确。在这方面，无论是水还是气，显然比"一"更具有优势。

当然，事情并不是这样简单。有时候，文化传统和价值取向会在其中发挥关键的作用。在《左传》的记载中，春秋时期的陈国是一个和"水"有密切关系的国家。"陈，水属也；火，水妃也，而楚所相也"，楚为火正祝融之后，所以火为楚之所相。陈属于颛顼和玄冥之族，是水正的后代。所以在这个国家的文化中，"水"成为一个非常重要的符号。看看身为陈国人的老子对水的赞美，你一定会感受到这个传统的力量。在《老子》中，读者很容易发现称述"水"的文句：

> 天下莫柔弱于水，而攻坚强者莫之能先，以其无以易之也。（第七十八章）

> 上善若水。水善利万物而不争，居众人之所恶，故几于道。（第八章）

老子对"水"的认识，主要是集中在"柔弱"上面的。根据"弱者道之用"的认识，柔弱被认为是道的性质，所以在这一点上，水"几于道"。这里包含着的一个认知是：在世间的万物中，水是最接近于道的东西。在我看来，这种认识已经为《太一生水》把"水"置于突出的位置奠定了基础。而同时，水的柔弱的性质也合乎该篇"天道贵弱"的主题。

归结起来说，我们来考虑《太一生水》强调"水"的理由，大概有如下三点：第一，如上所述，该篇的主题是"天道贵弱"，而水至少在《老子》中已经被突出为最具柔弱性质的东西。把水置于太一之后、天地之前，并不意味着天地等是由水构成的，其目的主要是说明天道贵弱的现象。第二，古人对于万物本原的了解，都认为是无形无名的东西，而万物则是有形有名者，水的玄冥的性质，很适合成为连接无形无名的本原和有形有名的万物之间的桥梁。第三，特殊的文化背景也可能是强调"水"的作用的原因。如我在其他地方讨论到的，这批文献与陈国有着密切的联系。

四　天与地

作为人类生存的一个框架，天与地的重要性是毋庸置疑的。诸子中的很多人都喜欢从天地中寻找人类价值和行为的依据，儒家和道家在其中也许是最为突出的。在《太一生水》描述的生成系列中，天与地位居水之后，成为最初的分化物。作为众多对子中的一个，天地在生成的序列上并不完全是平衡的。该篇似乎有意在强调天的优先性，所以天被规定为先于地形成之物，并且地的形成有待于天的作用。在后来的文献中，《淮南子·天文训》"天先成而地后定"的说法，与此有类似之处，但是，在《淮南子》的时代，随着气论的发达，天与地都被看作是由气构成，只不过气有清浊之分而已。而《太一生水》不同，我们看它对天和地的认识：

下，土也，而谓之地；上，气也，而谓之天。

按照这里的理解，天是气，而地是土。它们是由不同的材料构成的。这让我们想起《列子》中"杞人忧天"的故事，其中提到"天，积气耳，亡处亡气……地，积块耳，充塞四虚，亡处亡块"，与此处的说法倒是一致的。进一步来说，这种看法与春秋时期的"天有六气，地有五行"之说似乎也有着继承的关系。六气固然是气，当然气比六气要抽象一些，而五行，原本也是以土为中心的。这种对天地的理解，并没有像后来一样把它们看作是同类的东西，譬如气的产物，似乎还代表着较初期的形态。而天先地后的安排，仍然是在遵循着同样的由无形到有形的生成原则。与土比起来，气当然是更偏向于无形的东西。

作为分化序列中最初的对子，《太一生水》的作者是不会放过用它们来说明"贵弱"主题的机会的。很显然，"弱"只有在比较中、在相对的情境中才可以发现,其表现就是相对事物之间的平衡,而不是一方完全压过另一方。在这里,天文和地理现象恰巧可以用来说明这种平衡:

[天不足]于西北,其下高以强;地不足于东南,其上□□□□□□□天道贵弱,削成者以益生者,伐于强,责于□□□□□[不足于上]者,有余于下;不足于下者,有余于上。

天是高高在上者,但它也有低的地方;地是平平在下者,也有高的地方。而且天高的地方,地就低;反之亦然。这种情况,表现着天地之间的互相谦让,而不是互相的争夺,这正是"天道贵弱"的最好例子。

五　神与明

在《太一生水》的生成序列中,位居天地之后出现的"神明",引起了学者们很大的兴趣。这个词至少在春秋时期就已经使用,其主要的意义似乎是指神祇而言。但和许多其他的词汇一样,进入诸子时代以后,随着思想图式的更新,其意义都发生了或多或少的变化。一般来说,学者们了解的"神明"的用法可以归结为如下的几种:

第一,残存的"神祇"的意义;

第二，神秘莫测的变化现象；

第三，超常的认识能力。

"神明"也见于近些年出土的文献之中，譬如帛书《黄帝四经》和郭店楚简《太一生水》。这些地方"神明"的用法，似乎很难归到上面概括的几种意义之中，这无疑可以帮助我们重新思考和确定它的内涵。

就《太一生水》而言，"神明"在宇宙论中的出现是非常值得注意的。因为从现存文献反映的情形来看，先秦时期的宇宙论中并无"神明"的位置。一直到西汉末期，严遵在《老子指归》中，才把"神明"视为宇宙生成中的一个环节。[1] 但是在《太一生水》中，"神明"很清楚地作为天地和阴阳之间的一个环节出现，这自然引起了学者们极大的兴趣。特别是在从太一到岁的序列之中，每个环节的意义都比较清楚，唯独"神明"的意思不大显豁。因此给人们留下了很大的讨论空间。从目前的情形来看，对该处"神明"意义的解释，约有如下的数种[2]：

---

[1] 《老子指归》称："天地所由，物类所以，道为之元，德为之始，神明为宗，太和为祖。""一者，道之子，神明之母，太和之宗，天地之祖。"神明位居道和一之后、太和和天地之前。

[2] 参见熊铁基《对"神明"的历史考察——兼论〈太一生水的道家性质〉》，彭浩《一种新的宇宙生成理论——读〈太一生水〉》，均出自《郭店楚简国际学术研讨会论文集》，武汉：湖北人民出版社，2000年。

道或者天地间神妙的作用。

光或者光之精华。

日月。

其中"神明"为"日月"的说法是我在1998年美国达慕思大学举办的"郭店老子讨论会上"提出的。当时的考虑主要是根据如下的几点：

1. 从"天地"到"燥湿"这个系列，其结构很明显是两两相对式的，即天和地、阴和阳、春夏和秋冬（四时）、寒和热，以及燥和湿，所以文中称"相辅"，是两个东西互相辅助的意思。神与明当然也不能例外。它们应该是表示两个相对之物。

2. 在从"天地"到"燥湿"这个系列中，除了"神明"之外，每个对子的意义都是很清楚的，也很具体。"神明"的意思也不应是模糊的。我觉得把它解释成天地之间神妙的作用，就太模糊了。

3. 将"神明"解释为日月，本是古已有之的看法。也就是说，古人本来就在这种意义上使用过"神明"一词。我当时举出了两个例子，一是《说卦传》中有一句话"幽赞于神明而生蓍"，东汉经师荀爽注曰："神者在天，明者在地。神以夜光，明以昼照。"这很明显是将"神明"分解来读，以神为月，以明为日。[1]另一处是《庄子·天下》篇的文字"神何由降，明何由出？圣有所生，王有

---

[1] 参见朱伯崑：《易学哲学史》第一卷，北京：华夏出版社，1996年，第76页。

所成,皆原于一"。以升降来形容神明,好比后世小说中经常讲的"金乌西坠,月兔东升"。如果不用日月来解释,很难通顺。

4. 把日月放在天地和阴阳之间,位置上也很恰当。日月居于天地之后,当然无疑。阴阳的意思,本就是根据日光向背而来,所以正应置于日月之后。故《系辞传》中也有"阴阳之义配日月"的说法。

5. 还有一个不能忽视的问题是,《太一生水》所描述的这个系列,如果我们称之为宇宙生成论的话,也是一种特殊的宇宙生成论。因为它的重点显然不是放在天地万物的出现,而是岁的形成。也就是说,它的目的不在于解释万物是如何出现,而是说明岁的构成。这与我们在《老子》中见到的最后落实到"万物"的宇宙生成论是完全不同的。岁是一个时间的或者历法的概念,在古代中国,要说明岁而不涉及日月,是很难想象的。如《十六经》的篇首即云"数日、历月、计岁,以当日月之行"。

现在再思考起来,仍然觉得将"神明"解释为日月是可以继续坚持的看法。古代哲学中的很多概念,原本都脱胎于较早的宗教或祭祀的传统。就"神明"而言,本来乃是属于原始宗教和祭祀的范畴,如《左传·襄公十四年》所说"敬之如神明"等。而在这个传统之中,神明就有日月的意义。《史记·封禅书》云:"或曰东北神明之舍,西方神明之墓也。"《集解》云:"神明,日也。"其实未必单单指日,也应包括月在内。《山海经》中经常言及日月所出入之山,出之山在东,入之山在西,正是《封禅书》之义。在春秋战国时期剧烈的思想变动之中,神明被赋予了多种含义。但这些含义仍然与其初义有关。譬如，神明经常用来形容人的智慧，可以观照万物，如《管子·内业》"神明之极，照乎知万物"，"照"字还保持着和日月的直接联系，而从意义上来讲，日月于物无所不照，正是人的大智慧的最好象征。所以，神明一词便移花接木，转而具有大智慧的意思。

可以作为参考的是在马王堆帛书《经法·名理》中的"神明"概念。其文曰：

> 道者，神明之原也。神明者，处于度之内而见于度之外者也。处于度之内者，不言而信；见于度之外者，言而不可易也。处于度之内者，静而不可移也；见于度之外者，动而不可化也。静而不移，动而不化，故曰神。神明者，见知之稽也。

这里的"神明"一词，通常的解释是把它看作道的神妙作用，恐失之笼统。这段话，我们可以把它剖成四个意思：

1. "道者，神明之原也。"此是说神明的根源在道，是道的产物。

2. "神明者，处于度之内而见于度之外者也。"这是给神明下一个定义。从这句话来看，神明和度的关系是非常密切的。"见"字应读为出现的"现"，神明居于度之内，但它可以表现在度之外。

3. "静而不移，动而不化，故曰神。"这是说神明的性质不移不化，是恒定的。

4. "神明者，见知之稽也。"见知即认识，它的意义我们会另外讨论。"稽"字《经法》常用，主要是根据的意思。这句话是说神明为认识的根据。

从这些分析之中,我们可以得到的一个印象就是:神明是个客观的东西。它与度有关,有其恒定的性质。它不应是个神妙莫测的东西,因为它是认识的依据。这个东西是什么?实际上就是天道。

我们可以从"度"入手讨论。在《经法》中,它有时单独使用,有时与"法"组成"法度"一词。二者其实属于同义词,所以可以连称。《黄帝四经》中经常说"执度",即"以法度治"的意思。"度之内"是什么意思呢?就是度的实质、度的依据。"度之外"就是度的具体表现,如法度。《经法·论》曾经提到度的依据,它说:

> 天执一以明三,日信出信入,南北有极,度之稽也。月信生信死,进退有常,数之稽也。列星有数,而不失其行,信之稽也。

所谓的"度""数""信",意思都是类似的。这里谈到它们的依据,就是日月星辰的规律性的运行,就是日月星辰运行的轨道,这不就是天道吗?这同时也就是神明,因为神明也是作为度的依据存在的。如果这样来看,这里的"信出信入,南北有极""信生信死,进退有常"不正是《名理》所说的"不言而信"的意思吗?而根据天道生出的法度,即所谓"见于度之外者",正是属于"言而不可易"的东西。

这样的理解,正与我们前面把"神明"解释为日月的看法一致。因为有日月的意义,所以引申而具有日月之道即天道的意思。这是文献中关于"神明"的一种新的用法,值得注意。有了这样的前提,再来看前引《名理》的那段话,就容易读通。

日月对于计岁的意义,我们从《尧典》的记载中可以体会"乃命羲和,钦若昊天,历象日月星辰,敬授民时",先民们正是通过对日月等的观察,来确定四时和岁的。从这个意义上讲,代表日月的"神明"出现在这个以"岁"为终点的生成系列中,不是合宜的安排吗?

六 阴阳与四时

与稍后以气论为中心的生成论相比,《太一生水》中"阴阳"的出现似乎嫌晚了一些。它不仅在天地之后,而且还在日月的后面。但如果从阴阳的原初意义来分析,这个位置对于它们来说确是非常适当的。阴阳最初的含义,是和日光的向背联系在一起的。所以承受日光的山之南、水之北为阳,而背对日光的山之北、水之南为阴。[1] 也因此,《系辞传》才有"阴阳之义配日月"的说法。从这里来看,先有日月后有阴阳正是一个合理的次序。

阴阳从很早的时候起就和气发生了联系。西周初的史官伯阳父在解释地震的时候,提到天地之气,就是指阴和阳而言。春秋时

---

[1] 《说文解字》:"阴,暗也。水之南、山之北也","阳,高,明也"。

期"天有六气"的说法（见《左传·昭公元年》）阴阳是居其二的。从本篇的主题而言，阴阳的角色似乎主要是在说明其后"四时"的出现，即四时是由阴阳二气的推移而造成的。在战国时期的文献中，这一点似乎已经成为常识，春夏为阳，是阳气占主导地位；秋冬为阴，是阴气占主导地位。这种想法，在春秋的时候已经露出端倪。《国语·周语上》说：

> 先时九日，太史告稷曰：自今至于初吉，阳气俱蒸，土膏其动。弗震弗渝，脉其满眚，谷乃不殖。

从"阳气俱蒸，土膏其动"来看，这是以春天为阳气开始转盛的时节。因此虽然我们没有发现系统的阴阳四时学说，但由此推测在此时已经出现了类似的想法，应该是合理的。

阴阳和四时同时也是当时天道观的主要内容。《管子·四时》篇说："是故阴阳者，天地之大理也；四时者，阴阳之大经也。"马王堆帛书《经法》等篇虽然没有这样明确的说法，但也渗透着类似的观念，如《论约》所说的"始于文而卒于武，天地之道也；四时有度，天地之理也"。但无论是在《管子》还是在《经法》等中，阴阳和四时的学说在和天道联结的同时，也总是和刑德等联系在一起，具有很强的政治哲学色彩。这是我们在《太一生水》中无法发现的。比较起来，《太一生水》的阴阳四时学说似乎要更纯粹一些。它基本上是在自然知识的范围内展开，而不涉及太多的社会和政治内容。但这话也不能说得太绝对，因为如前面提到的，天道贵弱的主题与人事是无法脱离联系的。

附带提到的还应该有寒热和燥湿。在一个以万物为终点的宇宙生成论中，寒热和燥湿是永远不会有什么位置的。但是对于"岁"而言，就有不同。一岁之中，寒热和燥湿是非常重要的现象，是"时"的重要表征。中国古代的节气，很多都是以它们来命名的，如"雨水""谷雨""小暑""大暑""寒露""霜降""小雪""大雪""小寒""大寒"等。由此，它们也就成为天道理论中的组成部分。在马王堆帛书中，《十大经·姓争》提到"夫天地之道，寒热燥湿，不能并立；刚柔阴阳，固不两行。两相养，时相成"，很明确地用"寒热燥湿"来说明天道。其中"两相养，时相成"的说法，足可以与《太一生水》这里的描述相比照。

七　太一的存在方式

作为一个生成模式中最初的东西，太一在生出水和天地等之后是如何存在，或者如何表现自己的？《太一生水》意识到了这个问题。如下的文字似乎可以看作是对这个问题的解答：

> 是故太一藏于水，行于时。

"藏"和"行"这两个字的意思是相对的，所以经常一同出现，如"君子用之则行，舍之则藏"之类。"藏"是指静，而"行"指动。

太一所藏的地方是水，所行的地方是时，[1]这里的"时"应该是就"岁"来说的。一个水，一个岁，正是这个生成系列的起点和终点。提到这两个因素是有象征意义的，它包含的意思实际上是说，太一在生成从水到岁的系列之后，就存在于这个系列的每一个环节之中。水是静的，它就藏；时是动的，它就行。水中有太一，天地中有太一，一直到岁，都体现着太一。"行于时"后面的文字也继续表达这样的想法：

　　○而或□，□□□万物母；一缺一盈，以忌为万物经。此天之所不能杀，地之所不能埋，阴阳之所不能成。君子知此之谓……

文中的"一缺一盈"，已经有学者注意到可能和月亮有关，[2]但最可能的是对天地性质的表述。"缺"是指后文讲的"不足"，"盈"则是"有余"。这种盈缺既体现了天道贵弱的主题，同时也是太一的精神，所以说是"万物经"。这样来看，后面紧接着就提到天地，正是对此的呼应。天地的法则是天地本身也不能决定的，因为这是太一赋予的。所以说是"此天之所不能杀，地之所不能埋"。根据

---

[1] 这里的表述总会让人想起古代神话中的太阳，夜晚在海水中沐浴休息，白天则由他的母亲带行于天空。这种类似性并不必然表示二者之间有着直接的联系，但考虑到很多学者强调的太一的神话和宗教性格，也可以留意这种类似性。

[2] 如姚治华《太一生水初探》已指出这一点，见国际儒联"简帛研究"网站。

类似的句法，该段话中的缺文似可补作"〔阴〕而或〔阳〕，〔以纪为〕万物母"，是说阴阳是万物的母亲，这正合乎老子"万物负阴而抱阳"的意思，而且与后面"阴阳之所不能成"呼应。

我们可以把这样的想法与道家系统中类似的主张进行比较。《庄子·知北游》中曾经讨论过"所谓道，恶乎在"的问题，庄子给出的答案是"无所不在"。《管子·内业》篇也有"道满天下，普在民所"的说法。《天下》篇所记彭蒙、田骈和慎到的主张，其中也有"块不失道"的话。看来《太一生水》的主张与上述说法是类似的。

八 "名字"章的问题

2000年7月在芝加哥大学主办的以战国考古文献为主题的工作会议上，裘锡圭先生曾经发表了一个题为"《太一生水》'名字'章解释"的报告。裘先生主张《太一生水》似乎可以分作三章，第一章包括1—8简，可以称为"太一生水"章；第二章是指10—13简，可以称为"名字"章；第三章是9和14两只简，可以叫作"天道贵弱"章。如其名字所表示的，该报告主要讨论"名字"章的问题。裘先生说：

> 我认为本章所要表达的，主要是道超越万物而天地则属于物的范畴的思想。……物是有形的，所以也就有名。天名"气"，地名"土"，就说明它们都是物。物与物不免彼此相

> 争,而且由于有形有名,都有被胜的可能。道无形无名,生天地万物,它当然是超于万物,制物而不为物所制的。……所以"名字"章认为以无名之道从事者,能事功成而身长久、身不伤;而有名之物,即使是天地那样高级的物,也不免要相争相胜,以致形成了天地之间的不平衡状态。[1]

裘先生"名字"章的提法突出了"名字"是该篇的一个重要问题,[2] 我个人正是通过这个报告才重视本篇中的这个问题。但是裘先生的具体说法,以及关于该篇的名字理论,还有很大的讨论余地。

确如裘锡圭先生所说,道家基本上是主张道无形无名而万物有形有名的。也正由于此,有形有名就构成了万物的本质特征,但这并不构成万物之间一定冲突或者争胜的前提。事实上,在战国时期的形名学中,道家占有一个非常重要的位置。《管子·心术上》所说"物固有形,形固有名,名当谓之圣人",以及马王堆帛书《经法》所说"秋毫成之,必有刑名",都表达了这样的想法。刑名本身并不构成一种缺陷,只要能做到名形相应。《心术上》说:

---

[1] 裘锡圭:《〈太一生水〉"名字"章解释》,芝加哥大学战国考古学工作会议论文,第16—17页。

[2] 美国达慕思大学的艾兰也注意到这一点,她说《太一生水》"有两个紧密关联的基本主题:宇宙论与命名"。见其《太一·水·郭店〈老子〉》一文,收入《郭店楚简国际学术研讨会论文集》,武汉:湖北人民出版社,2000年,第527页。

> 物固有形，形固有名，此言不得过实，实不得延名。姑形以形，以形务名。督言正名，故曰圣人。……无为之道，因也。因也者，无益无损也。以其形，因为之名，此因之术也。名者，圣人所以纪万物也。

对于万物而言，因为形名是不可逃的东西，所以重要的是名和形相"当"。名的意义不完全是否定性的或者消极的，相反，它是圣人纪纲万物的方法。马王堆帛书《经法》也有类似的看法，《称》说：

> 有物将来，其形先之。建以其形，名以其名。

物的名完全是根据其形来决定的，所以也可以说是事物自己给自己命名。《经法·道法》说：

> 凡事无小大，物自为舍；逆顺死生，物自为名；名形已定，物自为正。

《论》也说：

> 物自正也，名自命也，事自定也。

这个"名"也就是事物的本质属性，不可或缺的东西。因为"名"的重要，所以《经法》中有一章题为"名理"，专门讨论"循名究理"的问题。值得注意的是,这一章的"神明"概念,与《太一生水》也有密切的关系,参见前面第五节的讨论。

对有名的重视和对无名的强调并不是冲突的。在帛书《经法》和《道原》等篇中,都一再提到道本无名的问题。在道家看来,无名正是获得关于事物名理的正确知识的保证。《道原》说:

> 故唯圣人能察无形,能听无声,知虚之实,后能大虚。乃通天地之精,通同而无间,周袭而不盈。服此道者,是谓能精。……分之以其分,而万民不争;授之以其名,而万物自定。

圣人因为无形无名,达到大虚,所以才可以不带任何的偏见去认识万物,根据万物的形而给其适当的名。在这个前提下,"名"虽然不是道的属性,但它本身却构成了天道的一部分。《十大经·正乱》提到"天地立名",其具体的意义,我们可以通过该篇《果童》章的文字来了解:

> 夫天有恒干,地有恒常,合□□常,是以有晦有明,有阴有阳。夫地有山有泽,有黑有白,有美有恶。地俗德以静,而天正名以作。静作相养,德虐相成。两者有名,相与则成。阴阳备物,化变乃生。

天地是所谓的"两者",其名则是晦明、阴阳、山泽、黑白、美恶等。而天地之道就在这些"名"中得到体现,反过来说,名也是天地之道表达的唯一途径。

在这样的背景下看《太一生水》的"名字"章,我们也许会读出与裘锡圭先生不同的理解。首先,天地固然属于物的范畴,但在这里,天地的形象恰恰是用来说明"道"或者"天道"的,而不是表现互相的争斗。我们看它的说法:

> 天地名字并立,故过其方,不思相尚。□□□于西北,其下高以强;地不足于东南,其上□□□□□□天道贵弱,削成者以益生者,伐于强,责于□□□□□〔不足于上〕者,有余于下;不足于下者,有余于上。

对于"天地名字并立"这句话的理解,有一个问题是应该注意但却没有引起充分注意的,就是其中的"并立"究竟是指名和字来说的,还是就天和地来说的,或者二者兼而有之。目前的学者大多以为是指名字而说的,其实从后文来看,我以为主要应该是针对天地的。天有名和字,地也有名和字,这可以见前面的论述。关键是天地是并立的,当然它们的名字也是并立的。并立是强调二者具有类似的或者相当的地位,而不是其中一方压过另一方,所以才引出紧接着的"故过其方,不思相尚"。"过"或者读作"讹",是错的意思。"方"在这里应该作"方向"或者"处所"来理解。"尚"就是"上"。这是说由于天地的名字是并立的,所以其方向或处所是相错的,并不互相争胜。其具体的表现就是在天高的地方,地就低;地高的地方，天就低；所谓"不足于上者，有余于下；不足于下者，有余于上"。这不但不是天地之间的互相争胜，恰恰相反，正是天道贵弱的体现。

天地虽然属于物的范畴，但是如同物中的水可以"几于道"一样，天地在很多时候都可以作为体现"道"的工具。即便在《老子》中也是如此。如第五章说"天地不仁，以万物为刍狗；圣人不仁，以百姓为刍狗"，以及第七章"天长地久。天地所以能长且久者，以其不自生，故能长生"等，都是把天地看作是体现了道的精神。所以有时候也会对天道和道不加严格的分别，像"天之道，损有余而补不足"，其实和"道"是一致的。所以不能认为一旦坠入物的范畴，就好像处处都和道对立了起来。这样来看"名字"章的意义，也许更准确一些。

《恒先》与《老子》

《上海博物馆藏战国楚竹书》第三卷中，有李零先生整理的《恒先》一篇，作为"一篇首尾完具的道家著作"[1]，加之佚失已久，因此公布后即引起了学界的广泛关注。在一年多的时间里，已经出现了各种讨论文章二十余篇。[2] 从内容上来看，这些文章主要是对《恒先》文字的释读和义理分析，对于我们通读该篇的文字，以及了解该篇的义理结构，提供了极大的便利。但是由此引出的思想史问题，还未及充分地讨论。本文以"恒"和"复"两个观念为基本的线索，通过《恒先》与《老子》等的比较，探讨道家哲学的一般特点以及其在先秦时期的思想深化过程。

---

[1] 马承源主编：《上海博物馆藏战国楚竹书》（叁），上海：上海古籍出版社，2003年，第287页。
[2] 主要见于武汉大学主办之简帛网（www.bamboosilk.org）以及部分学术期刊，如《中国哲学史》2004年第3期。

一 恒

道家作品中往往都有宇宙生成论方面的内容，现存文献如《老子》《庄子》《淮南子》是如此，近些年来的出土文献《黄帝四经》[1]《太一生水》《恒先》等也不例外。关于万物本原之名，现存文献中以"道"最为典型，这一点是学者都熟悉的，不必举证。但是出土文献却也提供了新的东西，最明显的当然是《太一生水》中的"太一"。该名也曾见于《庄子·天下》篇和《吕氏春秋·大乐》等，却未受到充分的注意。有赖于《太一生水》的发现，才让我们更清楚地认识到其作为万物本原的意义。在《恒先》中，也出现了一个"新"的概念，这就是"恒"。该篇开始就说：

> 恒先无有，朴、静、虚。朴，大朴；静，大静；虚，大虚。

李零、李学勤等先生都把"恒先"连读，[2] 其依据是马王堆帛书《道原》的首句"恒先之初"。但帛书该句中的"先"字，原释文

---

[1] 即马王堆汉墓出土的《老子》乙本卷前古佚书四篇，唐兰认为就是《汉书·艺文志》道家类中著录的《黄帝四经》四篇，得到了很多学者的赞同。唐说见其所著《〈黄帝四经〉初探》，《文物》1974年第10期，第48—52页，以及《马王堆出土〈老子〉乙本卷前古佚书的研究》，《考古学报》1975年第1期，第7—27页。

[2] 李零说见《上海博物馆藏战国楚竹书》(叁)，第288页。李学勤说见《楚简〈恒先〉首章释义》，《中国哲学史》2004年第3期，第80页。

作"无"字,李学勤先生前些年提出"无"当为"先",[1] 但从文意上来说,作"无"显然是更好一些。[2] 如果作"恒先之初"读,其中的"先"和"初"两字语意重复,未免有拖泥带水的感觉,所以《道原》未必能成为将"恒先"视为一个成词的理由。从《恒先》后文来看,"恒"明显是该篇的一个重要概念,[3] 如:

恒莫生气,气是自生自作。

恒、气之生,不独,有与也。

可以看出"恒"是一个和"气"一样,而且比"气"更为重要的概念。如果进一步考虑到该篇中再也没有出现过"恒先"的提法,那么把"恒先"分读为恒和先,应该是更合理的理解。不难发现,这是一篇以"恒"为主的叙述,所以开始就把它提了出来。但"先"字也并不是没有着落,它应该看作是对"恒"意义上的补充。廖名春认为:"'恒先'并非'恒'之'先',而是'恒'与'先','恒'即'先','先'即'恒'。'恒'、'先'并为'道'之同义词。"[4] 这种理解大致是不错的,但应该区别"恒"是一个专门表达本原的概念,而"先"只是对此本原的形容,因为作为本原的"恒"出现

---

[1] 李学勤:《帛书〈道原〉研究》,《古文献论丛》,上海:上海远东出版社,1996年。
[2] 参见丁四新《帛书〈道原〉集释》,《楚地简帛文献思想研究(二)》,武汉:湖北教育出版社,2004年,第314—356页。
[3] 上引丁文已经指出这一点。
[4] 廖名春:《上博藏楚竹书〈恒先〉新释》,《中国哲学史》2004年第3期,第83页。

在任何的存在物之先。我们不妨暂时回到《老子》[1]，那里就有用"先"来描述"道"的例子：

> 吾不知其谁之子也，象帝之先。（第四章）
> 有物混成，先天地生。（第二十五章）

"先"的说法强化的是"道"的本原地位，但我们显然不能把"道"和"先"的意义等同起来。换言之，"先"只是从某一方面对"道"进行的描述，即道在时序上位于万物之先，并不足以表达"道"的丰富内涵。"恒"和"先"的关系也应该作如是观。

在《恒先》看来，恒的最基本的规定性是"无有"。这个在《庄子》中常用的词汇，表现的是某种一无所有的状态，被庄子诗意地称为"无何有之乡"。[2] 恒的状态就是"无"，不掺杂任何的"有"的内容，所以能够用"朴、静、虚"来进一步地描述。这种"朴、静、虚"并非针对具体事物而言，不是某一物之朴、静、虚，所以加之以"大"字作为限制，成为"大朴、大静、大虚"。在道家的文献中，"大"字既经常使用，[3] 又被赋予特殊的意义。《老子》第二十五章"强字之曰道，强为之名曰大"，以"大"为

---

[1] 本文引用《老子》文字基本以帛书本为主，参见高明《帛书老子校注》，北京：中华书局，1996年。

[2] 《庄子·逍遥游》。

[3] 典型者如《老子》第二十五、四十一、四十五章等。

"道"之名,所以道可以称为"大象"。[1]这里的"大虚"一词,也见于《道原》:

> 恒无之初,洞同大虚。虚同为一,恒一而止。

从该篇后文"一者其号也,虚其舍也,无为其素也,和其用也"来看,"大虚"显然是对恒和道的描述。如果将《道原》与《恒先》对观,两者的相似性是显而易见的。我们甚至也可以把《道原》提到的"恒"同样看作是表达万物本原的概念,而不是一个普通的修饰词语。不难发现,这里提到的"无""虚""同""一"等字眼,在《恒先》中都有使用:

> 自厌不自忍,或作。有或焉有气,有气焉有有,有有焉有始,有始焉有往者。未有天地,未有作行,出生虚静,为一若寂,梦梦静同,而未或明,未或滋生。

这是《恒先》描述的一个从"恒"开始的生成论模式。在完全自然的状态中,"或"出现了。廖名春读"或"为"域",大体是不错的;但说它指"空间"[2],意义不明。从后文来看,它指的应该是

---

[1] 《老子》第三十五章"执大象,天下往。往而不害,安平太",所谓大象,即是道的别称。

[2] 廖名春:《上博藏楚竹书〈恒先〉新释》,《中国哲学史》2004年第3期,第84页。

"上下未形"[1]的混同状态。或之后是气,气之后是有,有之后是始,始之后是具体的生成物。接下来的诸句又回过头来描写"恒先无有"和"域"的状态,与《道原》非常类似。《恒先》继续说:

> 气是自生,恒莫生气,气是自生自作。恒、气之生,不独有与也。或、恒焉生。或者同焉,昏昏不宁,求其所生:异生异,畏生畏,韦生非,非生韦,依生依。求欲自复,复生之生行。浊气生地,清气生天。气信神哉!云云相生,信盈天地,同出而异生,因生其所欲。

如果与《太一生水》相比的话,对气的强调无疑是《恒先》的一个重要特点,并与那里对水的强调形成鲜明的对比。[2] 气当然出现在恒之后,但是《恒先》突出气是自生,而非恒之所生。这一点在先秦道家的生成论中是很特别的表述,我在稍后会有讨论。《恒先》似乎是认为,以"无有"为基本规定性的"恒"是没有"生"的功能的,因此为了解释万物的发生,就需要另外的因素作为动力,这就是气。气与恒相配合,一起产生了万物,这就是"恒、气之生,不独有与也"的含义。"不独"是说非恒或者气所独生,"有与"指

---

[1] 语出屈原《天问》,指天地未分化之前的状态。
[2] 在关于《太一生水》的讨论中,许抗生曾经指出道家宇宙论中存在着"尚水"与"尚气"两种不同的模式。许说见《初读〈太一生水〉》,收入陈鼓应主编《道家文化研究》第十七辑,北京:生活·读书·新知三联书店,1999年,第306—315页。

二者的互相配合。下面的一句，一般都如整理者一样读作"或、恒焉，生或者同焉"，但我觉得在"生"字下断句似乎更合理也更好理解一些。一方面，"或"并不能等同于"恒"；另一方面，也没有一个"生或者"。"或、恒焉生"，仍然是在重复"不独有与"之说，"或者同焉"既指出了"或"的性质是"同"，又引出了万物之"异"。在"同"之中，由于"气"的作用，出现了不同的欲求及趋向，随之也就出现了不同的事物。在不同事物生成的过程中，出现了两种模式：一种是类生，[1] 即"异生异，畏生畏"之属，如"浊气生地，清气生天"；另一种是相生，即"韦生非，非生韦"之属，如"云云相生，信盈天地"。万物虽然都出于"同"，但是在气的作用之下，各自的性却不相同，因此呈现出一个丰富多彩的世界。

如果与《老子》进行比较的话，《恒先》的一个突出特征是提出了"恒"的观念，并有关于"生"的新理解。很显然，"恒"的角色与老子的"道"非常接近，它们都处在这个世界的开端处，充当着万物的本原。我们也可以看到《恒先》对于"恒"的描述和老子对"道"的描述之间有很多相似性。但是对"道"字的回避，以及提出另一个概念本身就显示出该文献想要把自己与《老子》区别开来的努力。讨论这种相似和差别对于我们理解道家思想的深化和发展是大有裨益的。

我们先从联系的方面说起。如果追溯"恒"的概念提出的背

---

[1] 见陈丽桂：《〈恒先〉的义理结构》，简帛网，http://www.jianbo.sdu.edu.cn/info/1011/1615.htm（访问日期2024年7月20日）。

景,《老子》无论如何是不能被忽略的。《庄子·天下》篇叙述关尹、老聃的思想是"建之以常无有,主之以太一",李学勤已经指出"恒"与"常"通,[1] 证之以帛书《老子》,[2] 这应该是很合乎逻辑的推断,由此可知"恒"在老子思想中的重要地位。的确,为了把自己新提出的"道"和一般所谓的"道"区别开来,《老子》第一章很正式地命名他自己所谓的道为"恒道":

> 道可道,非恒道也。名可名,非恒名也。无名,万物之始也;有名,万物之母也。故恒无欲也,以观其妙;恒有欲也,以观其所徼。两者同出,异名同谓。玄之又玄,众妙之门。

老子也讲道和名,但不是一般的道和名,而是恒道和恒名。因此,恒也就构成了老子之道最核心的标志。道总是与"恒"联系着,如本章的"恒无欲"与"恒有欲",以及他章中的很多说法,如:

> 道恒无名,朴,虽小,而天下弗敢臣。(第三十二章)
> 道恒无名,侯王若能守之,万物将自化。(第三十七章)

---

[1] 李学勤:《楚简〈恒先〉首章释义》,《中国哲学史》2004年第3期,第80页。
[2] 通行本《老子》中的很多"常"字,在帛书本中作"恒"。"恒"应该是本字,后世因避汉文帝刘恒之讳,易"恒"为"常"。

与此类似的，与恒道相通的德也被冠以"恒德"之名。（《老子》第二十八章）这种对"恒"的强调显然为进一步地把"恒"视为本原提供了基础。

另一方面，《恒先》对于"恒"之性质的描述，即"朴、静、虚"，在《老子》中都可以找到源头。如"朴"字，《老子》中多见，如：

> 见素抱朴，少私寡欲。（第十九章）
> 沌呵其若朴。（乙本第十五章）
> 恒德乃足，复归于朴……朴散则为器，圣人用之则为官长。（第二十八章）
> 道恒无名，朴，虽小，而天下弗敢臣。（第三十二章）
> 化而欲作，吾将镇之以无名之朴。镇之以无名之朴，夫将不欲。不欲以静，天地将自正。（第三十七章）

静、虚等也是如此。由此可知"恒"之观念与《老子》的密切联系。

当然，无论如何突出"恒"的意义，面对《老子》时，我们都要承认"道"是毋庸置疑的主角，"恒"只是对于道的界定。这使得问题变得更加有意义，是什么因素让《恒先》的作者用"恒"来取代"道"？换言之，"恒"与"道"的区别究竟何在？

在目前的研究中，我们看到的基本上是忽略或者漠视它们之间区别的态度。"恒"被方便地当作"道"，或者"道"的别名，研究者有意无意地回避了《恒先》中一次也没有提及"道"的事实。[1]但是在我看来,"道"的缺席是必须引起重视的。

如前所述,按照《恒先》的理解,作为本原的"恒",其存在状态是"无有"。对"无有"一词的理解,既可以是"什么都不存在的虚无状态",如《庄子》经常使用该词时的意义,也可以是简单地"没有有",即对"有"的否定。两种理解下的意义当然可以统一起来,譬如它们都指向"恒"所具有的"无"的特点,如《道原》"恒无"一词所显示的。以"无有"来描述"恒",突出了世界本原的"无"性。任何形式的"有"都是从此"无"中发生的。《恒先》说:

> 自厌不自忍,或作。有或焉有气,有气焉有有,有有焉有始,有始焉有往者。

在无有之中,或出现了,然后是气、有、始和往者,构成了一个清晰的生成系列。这些词很显然都与老子有关。特别要提到的是《老子》第二十五章:

> 有物混成,先天地生。寂兮寥兮,独立而不改,可以为天地母。吾不知其名,强字之曰道,强为之名曰大。大曰逝,逝曰远,远曰反。故道大,天大,地大,王亦大。域中有四大,王居其一焉。人法地,地法天,天法道,道法自然。

---

[1] "天道"的说法在《恒先》中出现过一次,但天道与道不同,它并不具有本原的意义。

《恒先》中的"或"字，廖名春、李学勤等读为"域"，并举《老子》此章为证，学者多从之，应该是正确的。"往者"让人联想到这里的"逝""远"等词，指道所产生的万物。[1] 至于"始"字，《老子》中经常可以看到，其意义多与"道"相关。如：

> 无名，万物之始。（第一章）
> 天下有始，以为天下母。（第五十二章）

但是在《恒先》中，老子意义下的"始"几乎已经失去了"始"的意义。可以看出，在"始"之前，还存在着若干的环节。也许在它看来，"始"总暗含着与万物的关系，如"万物之始"，或者"有始焉有往者"，因此已经是某种形式的"有"了。这离本原的"虚无"要求显然是太远了。《庄子·齐物论》中也有对于"始"的反思：

> 有始也者，有未始有始也者，有未始有夫未始有始也者。

这里有明显地否定"始"的意味，与《恒先》有类似之处，显示出道家对于本原问题思考的深化。大体说来，从老子到黄老学派和庄

---

[1] 学者大都依照李学勤先生的意见，把"往"解释为"归"。但从文义上来看，并结合《老子》第二十五章的内容，"往"应该指的是从本原到万物的生成过程。陈静对此有明确的讨论，见氏著《自由与秩序的困惑——〈淮南子〉研究》，昆明：云南大学出版社，2004年，第238页。

子，对于道的理解一直都呈现出"虚无"化的趋势。[1] 如果说在老子那里，"道"和"有"的关系还纠缠不清的话，那么，在后来的发展中，"有"已经被彻底地从"道"中排除了出去。在《恒先》中，"有"被安放在"气"之后，这里所体现的精神和黄老学派以及庄子是一致的。不知道是不是出于这些考虑，《恒先》才拒绝使用带有老子痕迹的因此也容易引起误解的"道"字，并提出一个新的本原概念——"恒"。

在老子那里，我们当然能够看到明确地把"道"和"无"联系在一起的努力，譬如第十四章的如下描述：

> 视之而弗见，名之曰微；听之而弗闻，名之曰希；搏之而弗得，名之曰夷。三者不可致诘，故混而为一。一者，其上不皦，其下不昧，绳绳不可名也，复归于无物。是谓无状之状，无物之象，是谓忽恍。随而不见其后，迎而不见其首。

弗见、弗闻、弗得以及无物、无状等都指向了"无"，但是即便在此章中，"无状之状，无物之象"的说法也似乎暗示着无中之有。如果我们阅读第二十一章的话，这种暗示就变成明白的叙述了：

---

[1] 《黄帝四经》和《庄子》一再用"虚无形""大虚""虚"或者"无有"等来规定道，与老子相比，"有"的因素基本被排除了，道彻底地变成了"无何有之乡"。

> 道之为物，唯恍唯惚。惚兮恍兮，其中有象。恍兮惚兮，其中有物。窈兮冥兮，其中有精。其精甚真，其中有信。

在这个关于道的叙述中，连续出现的几个"有"字是引人注目的。如果再结合第一章的论述，老子的道基本上可以看作是有和无的统一体，并在它们的相互转化中呈现其法则的意义。[1] 这样理解的"道"，显然和《恒先》所规定的"恒"的"无有""大虚"的性质相距甚远。

与此相关的是《恒先》和老子对于"生"的不同态度。老子经常用"生"来描述道和万物之间的关系，以显示道的本原地位。如第四十章所说：

> 天下之物生于有，有生于无。

以及第四十二章：

> 道生一，一生二，二生三，三生万物。

或者第五十一章：

---

[1] 关于道和有、无关系的讨论，请参见拙文《老子哲学中"道"和"有"、"无"的关系试探》，《哲学研究》1991年第8期。

> 道生之，德畜之，物形之，而器成之。

《恒先》中虽然也有"生"的说法，但更值得注意的是"自生"的说法，以及对于"生"的否定。在谈到恒和气关系的时候，《恒先》说：

> 恒莫生气，气是自生自作。

在《老子》的注释史上，很多注释者都用气论来解释第四十二章的内容。如把"二"解释为阴阳二气，"三"解释为二气的结合，如果这种说法可以接受的话，那么很显然我们就得承认《老子》中有"道生气"的主张，而"恒莫生气"的说法可以直接看作是对此主张的否定。

问题在于，《恒先》为什么要否定"恒"具有"生"的功能，进而强调"气是自生自作"呢？对这个问题的思考当然有助于进一步理解恒与道的差别。第一，也许我们可以注意这样的事实，与"生"的说法相关，老子经常使用母子的比喻来描述道和万物的关系。这个比喻一方面肯定了道的优先性，但同时也暗示了道的"有"性。母虽然和子不同，但它仍然是一种"有"，一个特殊的"有"。事实上，老子"有物混成"（第二十五章）的说法也具有类似的意义。尽管清楚地意识到道和万物的不同，但道仍然被当成一个"物"（虽然是大物）来理解。正是由于对此不满，《庄子》学派才会特别强调"物物者非物"（《庄子·知北游》）。同时很明显地，《老子》中非常突出的"生"的说法在《庄子》那里被淡化了。[1] 可以认为,《恒先》对此也有反思,因此在主张恒为大虚的同时,也必然导致对"生"的观念的否定。第二,从分析的立场来看,生可以是"偶生",也可以是"故生",而后者就意味着某种意念("意")的存在。在《恒先》的生成系列中,"意"的出现已经是很晚的事情,并且和某种消极的东西相联系。而自生的说法排除了"他生"的可能性,因此也排除了"恒"之中存在"意"的可能性,从而保证了其"大虚"的特征。第三,尽管老子一再通过"生而不有,为而不恃,长而不宰"(第五十一章)等说法来削弱道的主宰性,但相对于万物而言的"生"的角色仍然给这种主宰性保留着某种可能性。并且,"生而不有,为而不恃,长而不宰"的说法暗示着道处在一种自我克制的状态中。这种自我克制在《老子》那里通过不同的语言表现出来,如"隐""自胜""不敢为天下先""后其身"等,在《老子》中,它还是一种基本的政治和生存技巧,来保证自己目标的实现。[2] 但是这种自我克制本身暗示着欲望或者意念主体的存在,自我克制者不是一个完全虚无、安静或者朴素者,所以它不应该成为本原的特征。在《恒先》中,我们明显看到针对这种自我克制提出的否定性说法,这就是"自厌不自忍"。自忍就是自胜,自

---

[1] 与"生"相比,庄子及其学派似乎更注重"变"和"化"的观念。《至乐》记载了庄周妻死的寓言,其中有"察其始,而本无生。非徒无生也,而本无形。非徒无形也,而本无气。杂乎芒忽之间,变而有气。气变而有形,形变而有生"之说,很具代表性。变化不同于自生和他生,但对它们都保持着意义的开放性。

[2] 如"后其身"是为了"身先","不敢为天下先"是为了"成器长"等。

我克制。[1] 恒是不自忍的，因此从它之中流出了域和气。它们非恒所生，虽然从时间上来说域和气都在恒之后出现。

总结来说，可以这样认为，《恒先》关于"恒"的论述是在《老子》"恒道"说法的基础上发展起来的。它不满意于老子道论中的某些内容，因此有意识地使用了"恒"的概念，以取代老子之"道"，以显示其对于本原的新理解。这种新理解与《黄帝四经》和《庄子》对老子思想的发展有某种相似之处，但后者显然承继了"道"的传统，并在保持"道"的名义之下完成了对于老子之道的改造。

二 复

天与人是道家哲学思考的两极，言天必下及于人，言人必上本于天。一个宇宙生成论的体系也是要延续到人的世界才算完整，如《老子》第二十五章从道开始，必论到包含着人的"四大"，才算是告一段落。但如果我们仔细地观察，就会发现这个宇宙生成论并不是一个单向的过程，毋宁说它是可逆的或者循环的。在第二十五章中，这个循环表现为"大曰逝，逝曰远，远曰反"，以及"人法地，地法天，天法道，道法自然"的描述。这种循环被认为是道的根本运动法则，即"反者道之动"。老子有时候也用"复"这个字眼来描述"反"，如第十六章所说：

---

[1] 关于"自忍"的意义，有不同的说法。李学勤以为是自满，陈丽桂以为是不勉强，后者意思更佳。

> 至虚极也，守静笃也。万物并作，吾以观其复也。夫物云云，各复归于其根。归根曰静，静，是谓复命；复命常也，知常明也；不知常妄；妄作，凶。

万物之作，虽然纷繁复杂，若把握其要，其实只是一个"复"的过程，即各自向本根的复归。老子把归根称之为"静"，以与"作"相应；把复命称之为"常"，视其为普遍的法则，这与"反者道之动"是一致的。知此法则而效法之，则为"明"，否则就是"妄"。因此老子始终要求人向着本根的复归，典型者如第二十八章：

> 知其雄，守其雌，为天下溪。为天下溪，恒德不离。恒德不离，复归于婴儿。知其荣，守其辱，为天下谷。为天下谷，恒德乃足。恒德乃足，复归于朴。知其白，守其黑，为天下式。为天下式，恒德不忒。恒德不忒，复归于无极。朴散则为器，圣人用之则为官长，夫大制无割。

知雄守雌等讲的是方法，循着这些方法，人们可以复归于婴儿、复归于朴、复归于无极，从而可以保持与本原之间的联系，也就是保持自己得自本原的本性——恒德。这里所说的也就是前面提到的"归根""复命"之义。

一个可以思考的问题是，老子为什么如此强调复归的观念，并把"反"看作是世界的普遍法则？复归很显然包含着两个不同的环节，一个是"生生者"，即"道"；另一个是被生者，即"物"，特别是人。由一般的分析就可以了解的是,复归的观念至少包含着如下三个前提:其一是生成,有生成才有复归的问题;其二是知止,在知止的基础之上,复归才有可能;其三是偏离,即万物在被生成之后并不能够保持其与本原的同一关系。后一项尤其重要,在道家关心的天人(或者道物)两极中,他们对于天或者道总是充满着敬意,但对于人就带着些蔑视,以为一切的偏离和混乱都是由于人造成的。我们且看《老子》第七十七章的说法:

> 天之道,犹张弓也。高者抑之,下者举之;有余者损之,不足者补之。故天之道,损有余而益不足。人之道则不然,损不足而奉有余。孰能有余而有以取奉于天者乎?唯有道者乎!是以圣人为而弗有,成功而弗居也,若此其不欲见贤也。

在天人对举之中,文字中抑扬之意表现得一览无余。人与天或者道是背离的,所以老子才要求"人法地,地法天,天法道,道法自然",希望人可以通过对本原的效法完成复归的过程,圣人就是复归的模范。

在老子那里,为了解释生成过程中人对于道的背离,引进了"欲"和"名"的观念。[1] 万物的生成过程同时被老子描绘成一个欲和名发生的过程,在它们的作用之下,混乱和失序出现了。因此

---

[1] 这两个观念的重要性似乎还没有得到学者的充分注意或承认,事实上,《老子》第一章中就把名、欲与道放在一起讨论,足见老子对于它们的重视。

所谓的"复"也就是从欲和名复归到无欲和无名的过程。第三十七章说：

> 道恒无名，侯王若能守之，万物将自化。化而欲作，吾将镇之以无名之朴。镇之以无名之朴，夫将不欲。不欲以静，天地将自正。

从无名无欲开始了万物的自化，在这个过程中，"欲"出现了。这是背离或者偏离，应对它的方式乃是"镇之以无名之朴"，即重新确立其与本原的关系，如此则欲归于不欲，作复归于静，天地万物重新处在秩序之中。第三十二章有类似的说法：

> 道恒无名，朴虽小，而天下弗敢臣。侯王若能守之，万物将自宾。天地相合，以雨甘露，民莫之令而自均焉。始制有名，名亦既有，夫亦将知止，知止所以不殆。

道是无名之朴，在生成的过程中，名出现了。老子主张的态度是知止，也就是复归，使有名复归于无名。

与《老子》一样，在《恒先》中，我们也发现"复"的观念具有重要的地位。[1] "复"被看作是天道的基本内容，因此应该是人

---

[1] 学者对此问题已有注意，如吴根友《上博楚简〈恒先〉篇哲学思想探析》等，吴文见《楚地简帛文献思想研究（二）》，第64—74页。

所遵循的方向。《恒先》的宇宙论当然也落到了人的上面。不过，人出现的那一刻并不被认为是美妙的瞬间，相反，它是不善和混乱的开始。《恒先》如此说道：

> 先者有善，有治无乱。有人焉有不善，乱出于人。

世界在最初的时候是善，有治而无乱。换言之，是合秩序的。只是在有人之后，不善才出现了，人是导致混乱的根源。那么人的特殊性是什么，或者说是什么导致了人的不善？《恒先》同样注意到了"欲"和"求"。我们发现，在这篇竹简文献中，一方面是强调气的自生自作，另一方面则突出物的各求其所生。前者是自然的，后者显然是故意的，或者说是出于"意"的。气的状态是混同自然，但从中产生的物则各各不同，而且伴随着欲的存在：

> 同出而异生，因生其所欲。察察天地，纷纷而多采物……先有中，焉有外。先有小，焉有大。先有柔，焉有刚。先有圆，焉有方。先有晦，焉有明。先有短，焉有长。天道既载，唯一以犹一，唯复以犹复。恒、气之生，因复其所欲。明明天行，唯复以不废。

在前面的文字中，我们曾经讨论过"域者同焉"，这是对万物出现之前状态的描述。从"同"之中就生出差别的万物。这个由同而异的过程也就是从一到多的过程，或者从中到外、从小到大、从柔到刚、从圆到方、从晦到明、从短到长的过程。这就是"因生其所欲",《恒先》当然不会认为"欲"就是恶的,因为它的出现是一个自然的结果,并和"性"有关:

> 有出于或,生出于有,音出于生,言出于音,名出于言,事出于名。或非或,无谓或。有非有,无谓有。性非性,无谓性。音非音,无谓音。言非言,无谓言。名非名,无谓名。事非事,无谓事。详宜、利主、采物出于作,作焉有事,不作无事。举天之事,自作为事,庸以不可更也。

季旭升先生指出这里的"音"字应读为"意",并举《管子·内业》"音以先言"句为证,[1] 应该是正确的。《恒先》的生成论的确是分成两层,"有或焉有气,有气焉有有,有有焉有始,有始焉有往者",这是一层,没有明确地提到人。此处的"有出于或"以下是另一层,由或而有,具体地引出人事。"生"就是"性",性出于有,有出于或,或本于恒,这就把"性"和"恒"联系了起来。而意是生于性的,有了"意"才有言、名和事。值得提醒的是,言、名和事并非一般的语言、名称或者事情,它们都和统治技术有关。[2]

---

[1] 季旭升:《上博三〈恒先〉"意出于生,言出于意"说》,简帛网,http://www.jianbo.sdu.edu.cn/info/1011/1542.htm(访问日期2024年7月20日)。

[2] 如老子的"不言之教""无名之朴""事无事",或者"处无为之事,行不言之教"。孔子也有"名不正则言不顺,言不顺则事不成"之说。

这个链条中的"意",我以为就和"欲"相当。有意欲,也就有了造作,人的不幸也就在于此。帛书《经法》有如下的说法:

> 虚无形,其裻冥冥,万物之所从生。生有害,曰欲,曰不知足。生必动,动有害,曰不时,曰时而□。动有事,事有害,曰逆,曰不称,不知所为用。

欲是与生俱来者,而且也是对人有害者,这是人的宿命。欲会引发动、事,会发生不时、逆的结果,这与《恒先》的想法是一致的。"作焉有事,不作无事",人既然有意欲,当然是要"作"的,是有事的。但是天呢?天是不作的,天的不作也就是万物的自作。"举天之事,自作为事"句,学者或以为"天"字下缺了个"下"字,[1] 我以为是不必的。这就是关于天的描述,以与人的作为进行对比,并构成人之榜样。《恒先》还说道:

> 举天下之作,强者果天下之大作,其䌛尨不自若作,庸有果与不果,两者不废。

关于这段话的断句,也有不同的方法。譬如中间的一行文字,一般是断在"若"字下,我觉得不如断在"作"字下适当。"不自若

---

[1] 庞朴最早提出了这个看法,廖名春等从之。见庞朴《〈恒先〉试读》,《中国思想史研究通讯》第二辑,2005年,第21—23页。

作"该读为"若不自作",强者似乎认为是自己完成了天下之作,殊不知乃是天下之自作,哪里有什么果和不果的问题?如果联系后面一句,就更清楚了:

举天下之为也,无舍也,无与也,而能自为也。

天下之为其实和人的"舍"同"与"无干,乃是自为。这实际上是对"为"的否定,因为自为也就是无为。对于"名",《恒先》也有类似的态度,"举天下之名虚树","举天下之名无有",都强调名其实是本于无名的,因此并不是根本之物。如果了解了这一点,我们就不会执着于作、名等,复归就成为自然的要求了。

和《老子》一样,《恒先》似乎也是把"复"视为物化的法则。"举天下之生同也,其事无不复。天下之作也,无许恒,无非其所。举天下之作也,无不得其恒而果遂","生"如本字读,万物生成之后,就必然有一个复归的过程。天下万物之作是有法则的,这法则就是"复"。"得其恒"也是"复",即复归到最本原处。于是我们看到,世界在绕了一个大圈子之后,又回到了起点。生成和复归走的是一条路,或者说,生成正是为复归提供一个前提,就是为了复归。前面有"因生其所欲",后面就有"因复其所欲"。欲是人性之所生,却非这个世界的根本。作为本原的"恒"是"朴、静、虚"的,因此人也要回到这种状态,不能让自己陷入到名言的世界。名言当然不是虚妄的,但我们也要知道它不是最根本的。"域非域,无谓域"一段话,存在着差别很大的解读,廖名春说:

"此段是说'无'是'域'、'有'、'生'、'意'、'言'、'名'、'事'的本质,而'域'、'有'、'生'、'言'、'名'、'事'的区别只是表象。"[1]大体是可以接受的。这种说法正是为向本原的复归所做的准备。既然它们是表象,我们为什么还要执着呢?所以"唯一以犹一,唯复以犹复",作要归于静,名要归于无名之朴,意欲要归于虚。当然,静不是绝对的安静,而是自作。朴不是没有任何的分别,而是物之自名。虚也不是让人变成无知之物,而是物各如其所是的呈现。在这里,我们看到了和《老子》那里类似的内容,"为无为,事无事",尽管没有无为的字眼,但无为的精神是充斥在其中了。

《老子》和《恒先》中对"复"的强调,[2]让我们可以思考宇宙生成论中所包含的一个基本模式,就是生成和复归的模式。先是本原(道或者恒或者太一)生成万物,然后是万物向本原的复归。对生成过程的描述其实是给复归准备的道路。在这里,本原不仅仅充当本原的角色,更重要的,它是万物所效法者。因此,对于本原性质的描述,寄托的是作者的政治和生命理想。譬如《恒先》这里提到的"朴、静、虚",包含的是对巧文、造作、有为的批评和否定。在本原的确立中,宇宙生成论者也确立了自己的终极价值和追求。

---

[1] 廖名春:《上博藏楚竹书〈恒先〉新释》,《中国哲学史》2004年第3期,第88页。
[2] 对"复"的强调当然不限于道家的传统,《周易·象传》解释"复"卦的"复,其见天地之心乎"之说,也包含着视"复"为天之法则的想法。

庄子与《庄子》内七篇关系新证
——从张岱年先生的有关研究说起

在现代的庄子研究中，庄子和《庄子》的关系是学者们普遍关注的一个问题，并存在着多种不同的看法。一般而言，学者们承认应该在人和书之间进行区分，但具体到庄子主要和《庄子》书的哪一部分有关，却是意见纷纭。20世纪80年代中期，刘笑敢在其博士论文[1]中指出："内篇中只有道、德、命、精、神等概念，没有道德、性命、精神这样的复合概念，而在外篇与杂篇中，这三个复合概念已出现三十多次，这说明《庄子》内篇早于外篇和杂篇。"[2] 除此之外，他还通过比较《庄子》与《吕氏春秋》等书以及内外杂篇之间的其他差异，来证明内篇的早出，以及它和庄子之间的直接关联。这个工作，把庄子和《庄子》关系的研究向前推进了一大步。刘笑敢的博士导师张岱年先生在为该书写的序中

---

[1] 该博士论文后来以《庄子哲学及其演变》之名出版，北京：中国社会科学出版社，1988年。
[2] 同上书，第1页。

评价说：

> 他（指刘笑敢——引者注）首先考察了内外杂篇的先后问题，揭示出内篇之中只有道、德、命、精、神等概念，而没有道德、性命、精神等复合词；外杂篇中道德、性命、精神等复合词就屡见不鲜了。参照《左传》《论语》《老子》《孟子》以及《荀子》《韩非子》《吕氏春秋》等书中用词情况，足证复合词的出现确实较晚，于是《庄子》书中内外杂篇的先后早晚便得到无可争辩的证明。[1]

其实就张先生本人的观点来说，一直都是认为内篇早于外杂篇，因此最能代表庄子本人的思想，所以对刘笑敢先生的研究表示了极大的欣喜。本文想从张岱年先生的有关研究说起，[2] 比较他与其他诸家的不同，最后归结到庄子和《庄子》内七篇的关系上来。

一　内、外、杂篇的区分

研究诸子哲学，文献问题显然是不能回避的，这是哲学史研究

---

[1] 刘笑敢：《庄子哲学及其演变》，"序"第1页。
[2] 张岱年先生从早年起即对庄子有很大的兴趣，曾经说过《老子》《庄子》是他的哲学入门书。1933年发表《庄子与斯宾诺莎》一文，1982年发表《论庄子》。在各种关于中国哲学的通论性著作中，都有关于庄子文献和思想方面的讨论。关于张先生的庄子研究，笔者拟另文讨论，此不详述。

的重要基础。学者们一般认为，中国古代的子书，多非一人一时之作，应该看作是某一学派的著述汇编。如冯友兰先生所说："现在所有多数题为战国以前某某子之书，当视为某某子一派之书，不当视为某某子一人之书。如现在题曰《墨子》《庄子》之书，当视为墨学丛书及庄学丛书，不当视为一人之著作。"[1]因此，对于《庄子》的研究者来说，首先要做的就是对此书进行辨析，以确定哪些文字可以成为研究庄子本人思想的素材，哪些属于庄子后学的作品。在这个问题上，《庄子》书原有的结构区分引起了学者的特别关注。众所周知，历史上曾经出现过很多不同的《庄子》注释本，仅陆德明《庄子音义》所称引，就有数家。《经典释文·序录》说：

> 崔譔《注》十卷二十七篇（清河人，晋议郎。《内篇》七，《外篇》二十）。向秀《注》二十卷二十六篇（一作二十七篇，一作二十八篇，亦无《杂篇》，为《音》三卷）。司马彪《注》二十一卷五十二篇（字绍统，河内人，晋秘书监。《内篇》七，《外篇》二十八，《杂篇》十四，《解说》三，为《音》三卷）。郭象《注》三十三卷三十三篇（字子玄，河内人，晋太傅主簿。《内篇》七，《外篇》十五，《杂篇》十一，为《音》三卷）。李颐《集解》三十卷三十篇（字景真，颍川襄城人，晋丞相参军，自号玄道子。一作三十五篇，为《音》一卷）。

---

[1] 冯友兰：《中国哲学史》上册，《三松堂全集》第二卷，郑州：河南人民出版社，2001年，第272页。

孟氏《注》十八卷五十二篇（不详何人）。王叔之《义疏》三卷（字穆□，琅邪人，宋处士。亦作《注》）。李轨《音》一卷。徐邈《音》三卷。

可以看出，各家的《庄子》注释本基本上都把该书分为内、外两部分或者内、外、杂（不包括"解说"）三部分，其中三分的结构应该更接近《庄子》书的原貌。司马迁说庄子"著书十余万言"（《史记·老子韩非列传第三》），应该就是《汉书·艺文志》道家类著录的《庄子》五十二篇，陆德明在《序录》中说即司马彪和孟氏所注本。崔譔、向秀、郭象等注本都应该是在这个基础之上删削而成，除郭象本保持了内、外、杂篇的分别之外，崔、向二本都只有内篇和外篇的区分，而无杂篇。不难发现，各本虽然不同，但有两点是共同的，第一，内篇的数目相同，都是七篇；第二，都对《庄子》书进行了区分，或是内、外、杂三类，或是内、外二类。各本在《庄子》结构问题上所表现出来的不同以及相同，对于历史研究来说能够显示出什么样的意义呢？

各本中内篇数目的相同是引人注目的，这也许可以揭示出内篇的特殊性。因此在各家对《庄子》书的删削和重新编纂中，它既没有被砍掉，也没有被打乱。一般的看法认为，在宋代以前，并没有明确地把庄子和《庄子》内七篇联系起来的意见，注释者们似乎把整个的《庄子》都看作是庄子的作品。但是如果我们透过内篇在各本中呈现出的稳定性以及诸家对外杂篇的任意删削的现象，也许可以得出另外的结论。在注释者的内心中，似乎有一个秘而不宣的信念，那就是内篇和庄子之间的必然关联，而外杂篇与庄子的关联则缺少这样的必然性。宋代以后的学者不过是把这种信念说出来而已，并进一步把外杂篇明确为庄子的后学所为。与此认识有关，宋以后的学者表现出明显地重视内七篇的倾向。[1] 现代学者对于此种看法，支持者有之，反对者也不少。反对者可以冯友兰和任继愈先生等为代表，譬如冯先生就认为，内外杂篇的区分并没有根据，所以研究庄子应该打破内外杂篇的界限，以《逍遥游》和《齐物论》为主要线索，参考其他各篇，以期对庄子哲学有全面的了解。他在1962年写作的《中国哲学史新编试稿》中说：

> 现在存在的《庄子》这部书共三十三篇，其中分为内篇、外篇、杂篇。有一种传统的说法，认为内篇是庄子所自著，其余是门弟子后学所著。这只是一种揣测，没有什么根据。[2]

张先生的看法明显与此不同，针对冯先生的无根据说，他提出《庄子》内外杂篇的区分是有根据的：

> 《庄子》书内、外、杂的区分，应是刘向编校《庄子》书

---

[1] 如陆西星《南华真经副墨》、沈一贯《庄子通》、焦竑《庄子翼》、王夫之《庄子解》、屈复《南华通》等，皆然。而包括憨山在内的一些学者甚至只注释内篇，而忽略外杂篇。

[2] 冯友兰：《中国哲学史新编试稿》，《三松堂全集》第七卷，郑州：河南人民出版社，1989年，第382—383页。

时确定的。当时刘向如此区分，一定有其依据。[1]

既然有根据，当然就不能轻易打破。这个说法，初看起来有些武断，但若结合刘向所校其他书籍的情形，就知道是有充分的理据。譬如一般的子书，即便卷帙浩繁，刘向也并不就对之进行分类。但是对包括《庄子》在内的某些书籍，如《管子》《孟子》等，则区分出不同的类别。除了《庄子》的内外杂篇外，《管子》八十五篇被分为经言、外言、内言、短语、区言、杂篇、管子解、管子轻重等不同的类别。《孟子》十一篇也分成内书和外书。这种区分显然是前有所承，非出自个人的臆断。冯先生还说：

> 唐朝的陆德明谈到各家的《庄子》的本子的时候，说："内篇各家并同，其余或有外无杂"（《经典释文》叙录——原注）。他的意思是说，内外篇之分是各家都有的。但是有些家没有外篇、杂篇的分别。他并不是说，无论在哪一家的本子中，内篇都是郭象本的那几篇。事实是各家的本子虽都有内、外篇的分别，但是哪些篇在内篇，哪些篇在外篇，各家并不一致。[2]

---

[1] 张岱年：《中国哲学史史料学》，《张岱年全集》第四卷，石家庄：河北人民出版社，1996年，第331页。
[2] 冯友兰：《中国哲学史新编试稿》，《三松堂全集》第七卷，第385页。

基于打破内外杂篇区分的主张，冯先生把"内篇各家并同"理解为各家都有内篇的意思，并不是说各家内篇的内容是相同的。张先生对此也有不同的看法，他认为：

> 郭象本的内篇与司马彪本的内篇，应是大同小异，所以陆德明说"内篇众家并同"，即是认为各本的内篇基本上是一致的。可能有若干章节不同，被陆德明忽视了；但他为什么能够忽视呢，当是因为其间出入不大。[1]

冯先生又说：

> 隋朝的和尚吉藏《百论疏》卷上之上说："庄子外篇庖丁十二年不见全牛"，现有的郭象本，这个故事见于内篇《养生主》。唐朝的和尚湛然《止观辅行传弘决》卷十之二说："《庄子》内篇，自然为本，如云：雨为云乎，云为雨乎，孰降施是，皆其自然。"现有的郭象本，这一段的大意，见于外篇《天运》。湛然接着说："又内篇中玄极之义皆明有无。如云：夫无形故无不形，无物故无不物；不物者能物物，不形者能形形。……又云：有情有信，无为无形。"现有的郭象本，"有情有信"二句见内篇《大宗师》，"无物""无形"等大意，见外

---

[1] 张岱年：《中国哲学史史料学》，《张岱年全集》第四卷，第331页。

篇《知北游》。[1]

张先生对此也进行了反驳：

> 今本《养生主》无"十二年不见全牛"句，《天运》无"皆其自然"句。吉藏与湛然所引"外篇"、"内篇"云云，可能是误忆，也可能是司马彪本内外篇有重出的文句，恐不能据以证明司马彪本"皆与郭本异"。[2]

可以看出，张先生关于《庄子》的一个基本态度是肯定内外杂篇的区分是有根据，因此也是有意义的。

二 《天下篇》的提示

张先生对内外杂篇区分的坚持其实隐藏着一个基本的信念，这就是庄子和《庄子》内七篇之间的内在关联。在《中国哲学史史料学》中，张先生引用了焦竑和王夫之等人的看法。焦竑说：

> 《内篇》断非庄生不能作，《外篇》《杂篇》则后人窜入者多。之哙让国在孟子时，而《庄》文曰"昔者"……《胠箧》

---

[1] 冯友兰：《中国哲学史新编试稿》，《三松堂全集》第七卷，第384—385页。
[2] 张岱年：《中国哲学史史料学》，《张岱年全集》第四卷，第331页。

曰："陈成子弑其君，子孙享国十二世"，即此推之，则秦末汉初之言也。

王夫之说：

> 《外篇》非庄子之书，盖为庄子之学者，欲引而申之，而见之弗逮，求肖不能也。以《内篇》参观之，则灼然辨矣。……《内篇》虽与老子相近，而别为一宗……《外篇》则但为老子作训诂，而不能操化理于玄微。……《杂篇》言虽不纯，而微至之语，较能发明《内篇》未发之旨。

二者都认为内七篇为庄子本人所作，张先生引以为同调，他尤其认为王夫之从思想内容来考察内外杂篇的异同，甚有见地。但对此说法，现当代有些学者是反对的。典型者如任继愈先生，在发表于1961年《哲学研究》的《庄子探源》一文中提出，《庄子》内篇并不代表庄子的思想。以时代而论，《庄子》内篇应该出现得最晚，外杂篇则比较早。所以说起来外杂篇该代表了庄子本人的观点，内篇则出自庄子的后学。任先生的一个证据是司马迁在说到庄子的时候提到的几个篇名《渔父》《盗跖》《胠箧》等都出自外杂篇，张先生反驳说：

> 司马迁说庄子"著书十余万言"，"作《渔父》、《盗跖》、《胠箧》以诋訾孔子之徒"。从司马迁所谓"十余万言"来看，

他是认为《庄子》全部都是庄周的作品,所谓"作《渔父》、《盗跖》、《胠箧》",不过举例而已。我们不能认为司马迁只肯定这三篇是庄周的著作。[1]

这个理解显然是更准确而合理的。张先生进一步提出:"《庄子》书中哪些篇代表庄周的思想?用什么标准来解决这个问题?"在他看来,"现在试图确定哪几篇是庄周著作,可以从两方面来考虑:一是从思想来看,二是从文风来看。《庄子·天下》篇评述庄子的一段,是关于庄子思想文风的最早的评述,我认为确实有重要的价值"。由此,张先生确定了从《天下》篇入手,论证庄子和《庄子》内七篇关系的思路。《天下》篇述庄子学说云:

> 芴漠无形,变化无常,死与?生与?天地并与?神明往与?芒乎何之?忽乎何适?万物毕罗,莫足以归。古之道术有在于是者,庄周闻其风而悦之。以谬悠之说,荒唐之言,无端崖之辞,时恣纵而不傥,不以觭见之也。以天下为沉浊,不可与庄语。以卮言为曼衍,以重言为真,以寓言为广。独与天地精神往来,而不敖倪于万物。不谴是非,以与世俗处。其书虽瑰玮,而连犿无伤也。其辞虽参差,而諔诡可观。彼其充实,不可以已。上与造物者游,而下与外死生、无终始者为友。其

---

[1] 张岱年:《中国哲学史史科学》,《张岱年全集》第四卷,第332页。

于本也，弘大而辟，深闳而肆；其于宗也，可谓稠适而上遂矣。虽然，其应于化而解于物也，其理不竭，其来不蜕，芒乎昧乎，未之尽者。

张先生说：

这是说，庄周思想的特点是"死与生与，天地并与"，"上与造物者游，而下与外死生无终始者为友"；庄周文风的特点是"谬悠"、"恣纵"、"瑰玮"、"諔诡"。这些特点，正是《庄子·内篇》所表现的特点。《逍遥游》所谓"乘天地之正"，《齐物论》所谓"天地与我并生"，《大宗师》所谓"孰知死生存亡之一体者，吾与之友矣"和"与造物者为人"，更是在字句上与《天下》篇所说有相合处。所以我认为，从《天下》篇关于庄周的评述来看，传统的说法以为《内篇》为庄子自著，还是有一定根据的。[1]

这是肯定传统的看法，以内七篇为庄子自著。从张先生自己的庄子研究来看，他从早年就持这种看法。譬如《中国哲学大纲》序论中就说到"庄子所著书为《庄子·内篇》"[2]，当时看来只是接受了

---

[1] 张岱年：《中国哲学史史科学》，《张岱年全集》第四卷，第332—333页。
[2] 张岱年：《中国哲学史大纲》，《张岱年全集》第二卷，石家庄：河北人民出版社，1996年，第15页。

传统的说法，并没有提供什么新的论证，这里则是根据《天下》篇来重新证成此主张。我认为，从《天下》篇入手来讨论庄子和《庄子》的关系，应该是最方便也最可靠的途径。因为《天下》篇纵非庄子所作，但至少也是出自对庄子非常了解的庄子后学，其关于庄子思想的描述应该是比较准确的。张先生指出该篇描述庄子思想的字句与内篇有相合处，沿着此种思路进一步观察，会发现《天下》篇所述正是依照内七篇的次序来概括庄子的思想。拙著《庄子哲学》提道：

> 《天下篇》对各家思想的评述显然都是依据着它们的著作的，对于更加熟悉的庄子自然也不例外。最前面的一部分是一个大略的概括，然后是对庄子文字风格的描述。我们感兴趣因此也想特别指出的是，后面的几个句子似乎都对应着内七篇的某一篇，而且是按照我们现在所看到的顺序。"独与天地精神往来，而不敖倪于万物"，明显是说《逍遥游》的，篇中不是有"乘天地之正，而御六气之辨，以游无穷"和"乘云气，御飞龙，而游乎四海之外"的文字吗？"不谴是非，以与世俗处"，说的正是齐是非、通物我的《齐物论》，并在某种程度上关联着《养生主》和《人间世》。"彼其充实，不可以已"，很容易让读者想起《德充符》。"上与造物者游，而下与外死生、无终始者为友。其于本也，弘大而辟，深闳而肆；其于宗也，可谓稠适而上遂矣"，更是对《大宗师》的准确写照。这里不仅出现了"大"和"宗"两个字，而"与造物者游"和"与外死生、

无终始者为友"等说法更是直接本于篇内的文字。"其应于化而解于物也,其理不竭,其来不蜕,芒乎昧乎,未之尽者","应"字直接呼应着篇名《应帝王》,芒昧的说法又让人想起混沌。《天下篇》所述和内七篇的对应,该不是简单的巧合吧?

如果我们根据这个事实来进行推论的话,那么内七篇为庄子自著的说法显然就更有了说服力。而且,在《天下篇》写作的时候,内七篇作为一本书的规模以及它们的篇名就应该是确定的了。这当然不妨碍后来的人会继续增加此书的规模,像我们在其他书中也经常看到的一样。[1]

当时写这段话的时候,我并没有想起张先生这里的提示。现在回过头来读张先生的书,觉得这个思路其实已经被提出了,我所做的只是扩充而已。

三 混沌寓言的意义

除了《天下》篇,我们在《庄子》尤其是内篇中还能不能发现一些证明庄子和《庄子》内七篇关系(或者证明内七篇自成一体)的线索呢?王夫之在《庄子解》中曾经提到庄子可能是针对

---

[1] 王博:《庄子哲学》,北京:北京大学出版社,2004 年,第 143—144 页。

惠施而作内篇的看法，[1] 除了《天下》篇最后述及庄子和惠施的学说之外，还或许是有见于内篇中多次记载了庄子和惠施的对话。[2] 刘笑敢通过对某些语词使用情形的分析，得出"内七篇相互联系的材料明显多于外杂篇中任何一类文章内部相互联系的材料。这说明内篇的七篇文章在《庄子》书中不仅自成一类，而且是相互联系最为密切、思想内容最为集中的，因而应该肯定内篇大体上是一个整体"[3]。这些都属于该方面的思考和探索。这里，我想特别提到和分析的是位居内篇最后的浑沌寓言。

古人著书或者编书，对于起结即开始和结束是非常在意的。如《论语》从《学而》开始，终之以《尧曰》，《荀子》从《劝学》开始，终之以《尧问》，显然都体现着儒家从学开始达致圣人（下学上达）的修养之路。《庄子》内七篇，从《逍遥游》开始到《应帝王》结束，前人也有认为是体现了由内圣而外王的思想线索。不过，我关注的并不是这个方面。阅读《庄子》内七篇的时候，觉得无论从形式到内容，都像是一个完美的艺术品。譬如《逍遥游》以北冥和南冥亮相，《应帝王》则以南海和北海收场，从北到南，从南到北，呈现着一种奇妙的对应。如果说这完全是巧合，我想一般

---

[1] 《庄子解》于《天下》篇篇首云："至其篇末举惠施以终之，则庄子之在当时，心知诸子之短长，而未与之辨，唯游梁而遇惠子，与相辨论，故惠子之死，有'臣质已死'之叹，则或因惠子而有内七篇之作，因末述之以见其言之所由兴。"北京：中华书局，1985年，第277页。

[2] 内篇的《逍遥游》《齐物论》和《德充符》都提到了庄子和惠施的争论。

[3] 刘笑敢：《庄子哲学及其演变》，第23页。

的读者也不会相信,至少是不愿意相信。如果是这样的话,浑沌寓言放在内七篇的最后,就更是一件有特殊意义的事情。我们先来看一下这个寓言:

> 南海之帝为儵,北海之帝为忽,中央之帝为浑沌。儵与忽时相遇于浑沌之地,浑沌待之甚善。儵与忽谋报浑沌之德,曰:人皆有七窍,以视听食息,此独无有。尝试凿之,日凿一窍,七日而浑沌死。

对于这个著名的寓言,当然可以进行多角度的解读,如神话的或者思想的。除了这些角度之外,还有没有其他的寓意,诸如文献方面的?读者当然可以注意到,寓言中提到的七窍与内篇的数目是吻合的,这种吻合意味着什么呢,它是不是一种有意识的设计?如果是一种有意识的设计,这本身是否可以构成一个支持庄子创作内七篇的证据呢?

如寓言所说,浑沌是没有七窍的,人却有。人要以人的方式——无论是创作的还是阅读的和理解的方式——来表现浑沌,所以需要工具性地给它安上七窍,像是《庄子》的七篇。可是不要忘记,七窍并不是浑沌固有之物,只是某些时候需要的权宜手法,原本没有,所以也不要当真。七篇的区分也该是如此。如果读者固执地以为七篇就是七篇,那他就是太执着于名相的东西了。这七篇文章是不能当作七篇来看的,七篇其实是一篇,因为它们原本就是庄子一心的展现。就好比庖丁面对着的牛,它是个全牛,又不是个全牛。知道这个道理,分、合,成、毁都是一样的。其分也成也,其成也毁也。凡物无成与毁,复通为一。《列子》中曾经有一段话,说的是一变为七,七变为九,九复变为一。放在这里是很合适的。[1]

但是,数字七似乎也不是偶然的。为什么不是六或者八,而是七?我们还可以想到《孟子》,那里同样是七篇。古人对数字是很敏感的,数字代表着一种秩序。譬如一年为什么分成十二个月,而不是十一个?每个月为什么是三十天,而不是二十?这都有它的理由在。这理由的来源不完全是人的,而是天的。也许,七的确和七窍有关。有了七窍,我们才可以辨别他是一个什么样的人。有了七篇,我们也才有办法了解庄子的思想,他究竟想要说什么,以及如何说。也许,这样理解的话,我们才能参透浑沌寓言的全部意义。这不过是庄子在写完了他要写的文字之后,留给读者的一个混混沌沌的提示吧。

---

[1] 《列子·天瑞》:"易变而为一,一变而为七,七变而为九。九变者,究也,乃复变而为一。"

论三晋的道家之学

我国古代文化，若以地域论，依蒙文通等先生之说，大体可分东方、南方、北方三系。此三系文化各有特点，蒙文通先生说：

> 自邓析、李悝、吴起、商鞅、申不害、韩非之徒，并是北人，太史公曰："三晋多权变之士，夫言从衡强秦者，大抵皆三晋之人也"，则纵横、法家固三晋北方之学也。道家如老庄、辞赋家如屈、宋，并是南人，则辞赋、道家固南方之学也。六经、儒、墨者流，固东方邹鲁之学也。[1]

此以三晋为北方、楚宋为南方、邹鲁为东方，三方分别为其学术之本体。然此盖各地学术初兴时之状况。若论战国时整个三地之学术面貌，自不能以上说为限，如东方之学，主以邹鲁儒墨，而不及齐，齐学固战国中期以后东方学术之中心，儒、墨虽亦流传，却以道家、

---

[1] 蒙文通：《古学甄微》，《蒙文通文集》第一卷，成都：巴蜀书社，1987年，第32页。

法家、阴阳家为主。而三晋之学，除法家、纵横之外，名家亦颇兴盛，其学肇始于春秋末郑之邓析，至惠施、公孙龙而卓然成家。还有儒家，自孔子弟子子夏居西河教授，为魏文侯师，魏国遂成为战国早期儒学活动的一个中心。不过，最值得注意的还是道家。盖道家之学盛于齐、楚，学者颇能言，至其影响三晋，则不能确知。本文即就三晋的道家之学略作说明。

一 《汉书·艺文志》道家类

先秦及两汉之大部分著作，均见载于《汉书·艺文志》。其"诸子略"第二种为道家，共有文献三十七种，计九百九十三篇。这些文献的作者，若着眼于地域的角度，则以齐、楚、三晋为主。其中可确定为三晋人作品者，有如下三种十三篇：

（一）《列子》八篇

案列子名御寇，战国早期郑国人，与郑缪公同时。郑为晋邻，战国时灭于韩，故其学后流行于韩，可归入三晋之学。

（二）《公子牟》四篇

案公子牟，又称中山公子牟、魏牟。魏之公子，与公孙龙同时，属杨朱后学。

（三）《郑长者》一篇

郑长者，不详何人。班固自注："六国时，先韩子，韩子称之。"班固所说韩子称之，见《韩非子·外储说》：

> 田子方问唐易鞠曰："弋者何慎？"对曰："鸟以数百目视子，子以二目御之，子谨周子廪。"田子方曰："善，子加之弋，我加之国。"郑长者闻之曰："田子方知欲为廪，而未得所以为廪。夫虚无无见者，廪也。"

案，田子方与魏文侯同时，郑长者当亦与之同时。其说主虚无无见，岂列子贵虚之旨乎？

又《汉书·艺文志》道家类中可推断为三晋人作品的有一种，即《辛甲》二十九篇。此书显系依托之作。案，辛甲，班固注云："纣臣，七十五谏而去，周封之。"据《左传》，"辛甲为太史，命百官箴王阙"，知辛甲乃周初太史。其后世为史官，平王时有辛有。《左传·昭公十五年》"辛有之二子董之晋，于是乎有董史"，此述晋国董史之来历。晋之董史，见于《左传》者有董狐、董叔等。战国时人著书，好依托，如《太公》《伊尹》《管子》《黄帝》之属皆然，而作者与被依托者之间往往有亲缘及地缘之关系，如《太公》《管子》均为齐人之作，《鹖子》当为楚人之作，依此例，《辛甲》应为其居于三晋之后人所作。

又，被怀疑出于三晋人之手的作品有三种二十二篇：

（一）《文子》九篇

案，文子，班固自注："老子弟子，与孔子并时，而称周平王问，似依托者也。"关于文子其人，后世说法不一。《史记集解·货殖列传》引《范子》曰："计然者，葵丘濮上人，姓辛氏，字文子，其先晋国之亡公子也。"宋人南谷子杜道坚《通玄真经缵义序》亦云："文子，晋之公孙，姓辛氏，名钘，字计然，文子其号。"魏启鹏肯定文子为晋之公孙，姓辛氏之说，以文子为辛甲、辛有之后，传晋学，为北方道家之巨子。[1]

（二）《关尹子》九篇

关尹，据班固说，"名喜，为关吏，老子过关，喜去吏而从之"。关尹所守之关，必处秦晋之间。且此关当属晋国，故云出关。则关尹或即晋人。其去官后活动地域亦当以三晋为中心，故诸子书中多言列子学于关尹事。如此，则三晋有关尹之学。

（三）《黄帝四经》四篇

案，此书佚失已久。1973年12月长沙马王堆三号汉墓发现大

---

[1] 魏启鹏：《文子学术探微》，《哲学与文化》1996年第9期。

批帛书，其中与《老子》乙本同抄于一卷且位居其前的有《经法》《十大经》《称》及《道原》四篇，唐兰等认为即《黄帝四经》，他并推断此书为郑国或韩国法家之作品。[1] 故申不害、慎到等皆受其影响。此说有一定道理。其实，《黄帝四经》与列子思想间颇多相合之处（详后），另外，《十大经》中依托的人物如太山稽、力黑等，亦见于《列子·黄帝》篇，而不见于先秦其他典籍。

除上述几类之外，《汉书·艺文志》道家类中尚有很多不明国籍的作品。其可能出于三晋人依托，但不能确定者有如下四种：

《黄帝铭》六篇；

《黄帝君臣》十篇；

《杂黄帝》五十八篇；

《力牧》二十二篇。

晋乃周成王弟叔虞初封之国，与黄帝同为姬姓，春秋时所记黄帝世系，以晋司空季子所述最详，谓黄帝之子二十五宗、十二姓等（《晋语》），又言黄帝战炎帝、蚩尤者，亦以晋人为最早，如《左传·僖公二十五年》记：

> 秦伯师于河上，将纳王……（晋侯）使卜偃卜之，曰："吉。遇黄帝战于阪泉之兆。"

---

[1] 唐兰：《马王堆出土〈老子〉乙本卷前古佚书的研究》，《考古学报》1975 年第 1 期。

又《国语·晋语四》司空季子言：

> 黄帝为姬，炎帝为姜，二帝用师以相济也。

后晋太康年间发汲冢而得之竹书，乃魏国史书，记事从黄帝始，盖本于晋之旧史。知黄帝之传说至少从春秋以来，即于晋广泛流传。则战国时其地人著书，依托黄帝，甚为自然。《汉书·艺文志》中著录"黄帝之书"共几十种，班固注明作者籍贯的只有一种，即阴阳家类中的《黄帝泰素》二十篇，称"六国时韩诸公子所作"，适为一证。

又诸子书明确称引《黄帝书》或"黄帝言"的，只有《列子》与《吕氏春秋》。《列子·天瑞》篇两次引《黄帝书》，一次引"黄帝曰"，《黄帝》篇又记黄帝故事，及其臣子天老、力牧、太山稽之名。《吕氏春秋》引"黄帝言"则见于《序意》《应同》《遇合》《去私》《圆道》《审时》诸篇。[1]《列子》固成于三晋，《吕氏春秋》亦多记载三晋学术（详后）。此种情形，亦可为黄帝之学流行于三晋之力证。

二 魏之杨朱学

道家之学，始于老子。老子本陈人，后居周王室为史官。王

---

[1] 参见王范之《吕氏春秋研究》，呼和浩特：内蒙古大学出版社，1993年，第61—62页。

室所居之地洛阳，毗邻晋国，故老子虽出关西去，其后人则定居于晋。《史记·老子韩非列传》称：

> 老子之子名宗，宗为魏将，封于段干。

可能正是由于老子后人居魏的缘故，老子之学于此乃有流传，至有杨朱之学产生。杨朱当生于战国早期，大致与墨子同时而稍晚。关于其国籍，史无明文，清儒于鬯推测其为魏人，其云：

> 自来言杨朱者，皆不言何国人。《杨朱篇》张注亦但言战国时人而已，鬯谓是梁国人也。故下文云："老聃西游于秦，邀于郊，至梁。"明杨朱是梁人。云杨朱南之沛，则其家在沛之北。又《杨朱篇》载杨朱见梁王，言治天下如运诸掌。梁王曰："先生有一妻一妾而不能治，三亩之园而不能芸。"惟其为梁人，故梁王熟知其为人也。不然，何以有此言。[1]

所说甚是。另《列子》谓杨朱之友有季梁，季梁亦魏人，其事亦见《战国策·魏策》，可为杨朱魏人的旁证。

杨朱之学，如《淮南子·修务训》所说，乃墨子学说之反动。[2]而从正面言之，其学受老子思想之重大影响。《列子》《庄子》

---

[1] 《香草续校书》，北京：中华书局，1963年，第408页。
[2] 《淮南子·修务训》称："兼爱、尚贤、右鬼、非命，墨子之所立也，而杨子非之。"

中多记载杨朱与老聃之故事，虽未必属实，然以杨朱之学出于老子，则信而有征。故《列子·杨朱》篇记墨子弟子禽子与杨朱弟子孟孙阳语云：

> 以子之言问老聃、关尹，则子言当矣；以吾言问大禹、墨翟，则吾言当矣。

这明显是以杨朱属于老子关尹一派。杨朱之学，主贵己重生，不以物累形。其代表性之说法是"拔一毛而利天下，不为也"。此种说法，源于老子。帛书《老子》第十三章云：

> 故贵为身于为天下，若可以托天下矣；爱以身为天下，如可以寄天下矣。

此是为身贵于为天下之义。又第四十四章云：

> 名与身孰亲，身与货孰多，得与亡孰病？

以身重于名、利，开了杨朱重生轻物之先河。老子与杨朱间，固有一脉相承者矣。近人有疑杨朱之学属于道家者，非也。《汉书·艺文志》道家类固无杨朱书传世，然其言行见于《列子》《庄子》者多矣。

杨朱之学，于战国中期影响甚大，故孟子称"杨朱墨翟之言盈天下，天下之言，不归杨，则归墨"（《孟子·滕文公下》），可见其盛。杨朱后学，其名字可考者，有詹何、子华子、魏牟等。詹何国籍不详，子华子、魏牟皆魏人。子华子发明全生之说，以全生为六欲皆得其宜（见《吕氏春秋·贵生》），又说韩昭侯身重于天下之言（事见《庄子·让王》与《吕氏春秋·审为》）。魏牟为魏之公子，又称中山公子牟，荀子曾批评他"纵情性，安恣睢，禽兽行"（《荀子·非十二子》），此承杨朱重生思想而又为之一变。

三　郑韩之列子学

战国时期郑韩地区的道家学术，以列子学为大宗。列子郑人，郑后为韩所灭，故列子之学于韩流传。《战国策·韩策二》云：

> 史疾为韩使楚，楚王问曰："客何方所循？"曰："治列子圉寇之言。"曰："何贵？"曰："贵正。"王曰："正亦可为国乎？"曰："可。"……曰："以正围盗，奈何？"顷间，有鹊止于屋上者，曰："请问楚人谓此鸟何？"王曰："谓之鹊。"曰："谓之乌，可乎？"曰："不可。"曰："今王之国有柱国、令尹、司马、典令，其任官置吏，必曰廉洁胜任。今盗贼公行，而弗能禁也，此乌不为乌，鹊不为鹊也。"

史疾自称"治列子圉寇之言"，乃列子后学无疑，其云"列子贵正"，上承老子"以正治国"而又有发展。老子"以正治国"，与

"以无事取天下"并列,"正"之内容即是无为,要求君主无为,至列子言"正"在君主无为之外,复言臣有为,故史疾特言王之国有柱国、令尹、司马、典令等诸臣,当廉洁胜任。其正乃正名之谓,故举鹊不能谓之乌以明之。列子之以正治国,即君主执名而责实,以求名正事治之效。

"贵正"一语见于帛书《黄帝四经·称》:"天贵正。"《经法·论》亦云:"明以正者,天之道也。""正"的主要意思也是"正名",故云"正名立而偃",并以正名与倚名相对。以后申不害(郑人,为韩相)亦论及此,其云:

> 名,自正也;事,自定也。是以有道者,自名而正之,随事而定之也……昔者尧之治天下也以名,其名正则天下治;桀之治天下也亦以名,其名倚而天下乱。是以圣人贵名之正也。[1]

可见"贵正"即"贵名之正"之义。

《黄帝四经》于贵正之外,亦贵虚。称虚者道之舍,万物之所从出。列子亦然。《吕氏春秋·不二》篇言"子列子贵虚",今《列子·天瑞》篇言:

---

[1] 《申子·大体》,《群书治要》卷三十六。

> 或谓子列子曰："子奚贵虚？"列子曰："虚者无贵也。"子列子曰："非其名也，莫如静，莫如虚。静也虚也，得其居矣；取也与也，失其所矣。事之破碼而后有舞仁义者，弗能复也。"

这也是列子贵虚之证。贵虚即处以虚静，去以好恶，故云"虚者无贵也"。

列子之贵虚，当本于老子、关尹。《庄》《列》《吕》诸书中多记关尹与列子问答之事。《吕氏春秋·不二》篇谓"关尹贵清"，《天下》篇述关尹语云：

> 在己无居，形物自著。其动若水，其静若镜，其应若响。芴乎若亡，寂乎若清，同焉者和，得焉者失，未尝先人而常随人。

"在己无居"即虚静之谓，"形物自著"即近于正名之说。或谓列子贵虚与贵正二说不能相合，实不了解道家之玄旨。实则《黄帝四经》与《管子·心术》诸篇皆有虚、正之说，至司马谈论道家云：

> 虚者道之常也，因者君之纲也。群臣并至，使各自明也。其实中其声者谓之端，实不中其声者谓之窾，窾言不听，奸乃不生，贤不肖自分，白黑乃形。

亦强调其虚无、正名之说。

四　赵之黄老学

黄老之学，兴于战国早中期。史籍中可见最早习黄老者为申不害、慎到、田骈等。《史记·老子韩非列传》：

> 申子之学本于黄老而主刑名，著书二篇，号曰《申子》。

又《史记·孟子荀卿列传》载：

> 慎到，赵人；田骈、接子，齐人；环渊，楚人。皆学黄老道德之术，因发明序其指意，故慎到著十二论，环渊著上下篇，而田骈、接子皆有所论焉。

其中申不害（约前385—前337），郑国人。慎到（约前395—前315），赵国人，著《十二论》。皆出于三晋之地。另有环渊为楚人，田骈、接子为齐人。这大概反映出战国时期道家之学流传的三个主要地域。黄老之学，自赵慎到之后，于此地颇有流穿，《史记·乐毅列传》记：

> 其后二十余年，高帝过赵，问："乐毅有后世乎？"对曰："有乐叔。"高帝封之乐卿，号曰华成君。华成君，乐毅之孙

也，而乐氏之族有乐瑕公、乐臣公，赵且为秦所灭，亡之齐高密，乐臣公善修黄帝、老子之言，显闻于齐，称贤师……乐臣公学黄帝、老子，其本师号曰河上丈人，不知其所出。河上丈人教安期生，安期生教毛翕公，毛翕公教乐瑕公，乐瑕公教乐臣公，乐臣公教盖公。盖公教于齐高密、胶西，为曹相国师。

乐毅先祖曰乐羊，为魏文侯将，伐取中山，封于灵寿。后赵武灵王灭中山，遂居赵。乐毅曾因赵乱去魏、燕等，然终归于赵。其后人乐瑕公、乐臣公学黄老之术或于赵地。[1] 则赵之黄老学自慎到起，或流传有绪。

五　三晋法家与道家之关系

三晋之学，法家为一大宗。盖自春秋末期郑、晋铸刑鼎，布刑法于国中，其流风所及，至战国早期，遂有变法运动之出现及法家学说之形成。早期的变法者，皆与三晋有关，如李悝，魏人，吴起、商鞅，卫人，但皆曾仕于魏。后来法家的代表人物，亦出于三晋，如重术的申不害，郑人，后郑为韩所灭，遂仕于韩，为相；重势的慎到，赵人，集法家学说大成的韩非乃韩国之公子。故战国的

---

[1] 余明光先生谓乐氏家族早具黄老倾向，见其所著《黄帝四经与黄老思想》，哈尔滨：黑龙江人民出版社，1989年，第155—156页。

法家，实始于三晋，而成于三晋。

三晋法家在其理论方面，与儒学多有冲突。春秋末晋铸刑鼎时，孔子就予以批评，其云：

> 晋其亡乎，失其度矣。夫晋国将守唐叔之所受法度，以经纬其民，卿大夫以序守之。民是以能尊其贵，贵是以能守其业。贵贱不愆，所谓度也。……今弃是度也，而为刑鼎，民在鼎矣，何以尊贵？贵何业之守？贵贱无序，何以为国？（《左传·昭公二十九年》）

后商鞅于秦国变法，亦曾与赵良论辩。（参见《史记·商君列传》）赵良称《诗》《书》，引孔子、虞舜之言，明显代表着儒学传统。因此，商鞅与赵良的争论，也可以说是法家与儒家之冲突。相反，三晋法家与道家，特别是黄老一系，则有密切的联系。盖黄老之学以探索治道为中心内容，主张以道、法治国，如《黄帝四经·经法》称："道生法，法者，引得失以绳，而明曲直者也。故执道者，生法而弗敢犯也，法立而弗敢废也。"反对释法术而任心治。这合于法家之精神，客观上为其提供了理论依据。故法家之学，多有取于黄老。司马迁谓：

> 申子之学本于黄老而主刑名。
>
> （韩非）喜刑名法术之学，而其归本于黄老。

合乎事实。从《申子》佚文看，多有受《黄帝四经》影响之处，而韩非则有《解老》《喻老》之作。

另外，三晋地区产生的纵横家，其著名者如苏秦，游说诸侯时亦尝据道家立论。如《战国策·赵策一》记载苏秦为赵合纵，说楚威王时云"臣闻治之其未乱，为之其未有也"，此引《老子》之言。

六 《吕氏春秋》与三晋道家

《汉书·艺文志》杂家类有《吕氏春秋》一书，《史记·吕不韦列传》称"吕不韦乃使其客，人人著所闻，集论以为八览六论十二纪，二十余万言"，道出了此书之由来。案此书中道家学说实居于主体地位，据王范之先生统计，道家之学见于《吕氏春秋》者有十一家，即老聃学、老聃后学、关尹学、杨朱学、杨朱后学、黄帝学、子华子学、庄周学、庄周门弟学、田骈学及詹何学。[1] 这十一家中，至少自老聃学至子华子学都与三晋有关，本文之述三晋道家，很多地方都依赖是书之记载。

《吕氏春秋》之能保存三晋道家之资料，当然与吕不韦个人的背景有关。吕氏本阳翟大贾，阳翟即今河南禹县，其地属韩，加之他又常活动于赵之邯郸，因此，吕不韦与三晋的联系非常密切。后

---

[1] 参见王范之《吕氏春秋研究》，呼和浩特：内蒙古大学出版社，1993年。

因他所支持的秦公子异人后来回国做了太子,并登王位(庄襄王),便做了秦的丞相,封为文信侯,食河南洛阳十万户。由上可知,吕不韦为秦相前即主要活动于三晋之地,其后之封地亦毗邻三晋,因此,他与三晋的渊源是颇深厚的。吕不韦的三千宾客,我们虽不能确知其来历,但推测相当一部分来自三晋,应是合理的。这应该就是《吕氏春秋》能保存大量三晋道家资料的主要原因。

论杨朱之学

有些在古代思想史上声名显赫、盛极一时的人物，由于史料的缺乏，其经历及思想常常会变得晦暗不清。譬如墨子，在先秦本是与孔子齐名的学者，但司马迁对他就已经语焉不详了。比较起来，杨朱的命运似乎更差，《史记》中甚至对他只字不提，《汉书·艺文志》中也没有关于其书的记载，后世竟有学者怀疑其人的存在，或者认为他就是庄周[1]。然而，孟子所说"杨朱墨翟之言盈天下，天下之言，不归杨，则归墨"（《孟子·滕文公下》）的情形毕竟很难否定。况且《庄子》《韩非子》《列子》《吕氏春秋》中都记载过他的行事或思想，《管子》《荀子》《韩非子》中也有评述其学派主张的文字。这一切都表明，杨朱及其学派在先秦的影响甚大，并一度形成与儒墨三分天下的局面。

杨朱，或称阳子居、阳生、杨氏等，大约生活在战国早期。从《淮南子·泛论训》中讲到他批评墨子的学说来看，杨朱大约是与

---

[1] 如严复、蔡元培等。此据王叔岷《先秦道法思想讲稿》，台北："中研院"中国文史研究所，1992年，第87页。

墨子同时而稍晚的人物。所以《列子·杨朱》篇中才会记载他与墨翟弟子禽滑釐的问答。《庄子》中说他与老聃交游之事，恐不可信，大概只是表明其思想倾向的寓言。他有一妻一妾，还有三亩田园，文见《杨朱》篇。另外，《列子》及《韩非子》中都说到他有一个弟弟叫杨布。关于杨朱是哪国人，前人曾有秦或宋的说法，证据不足。清代学者于鬯以为他是魏国人，其云：

> 自来言杨朱者，皆不言何国人。《杨朱篇》张注亦但言战国时人而已，鬯谓是梁国人也。故下文云："老聃西游于秦，邀于郊，至梁。"明杨朱是梁人。云杨朱南之沛，则其家在沛之北。又《杨朱篇》载杨朱见梁王，言治天下如运诸掌。梁王曰："先生有一妻一妾而不能治，三亩之园而不能芸。"惟其为梁人，故梁王熟知其为人也。不然，何以有此言。[1]

此说较有理，似可从。《庄子》《列子》中都说杨朱之友曰季梁，即魏人；另外，杨朱后学如魏牟、子华子皆魏人，可为于说之证。

关于杨朱个人的身份，前人多言其为隐士，其思想代表了隐士阶层的主张。但仔细想来，此说不妥。杨朱有弟子（如孟孙阳），也曾游说诸侯，如见梁王，言治天下如运诸掌等，倒很像一个积极入世，以求见用的游士。所以他的主张才会产生很大的影响。杨朱

---

[1] 《香草续校书》，北京：中华书局，1963年，第408页。

也关心治国的问题，不过他以为治国的根本在治身，而治身主要是认识到贵己贱物的道理。贵己并不是说他主张除了自己之外什么都不关心，而是说他以此为通向"君臣皆安，物我兼利"的手段，杨朱也仍然是想求得天下大治的局面。

一 研究杨朱及其学派的史料

杨朱本人无书传世，关于他的思想，我们只能透过当时或稍后一些文献的记载来把握。这些记载，大多对杨朱思想持批评态度，当然也有的是对其学说主旨的概括。它们主要是：

《孟子·滕文公下》："杨氏为我，是无君也。"

《孟子·尽心上》："杨子取为我，拔一毛而利天下，不为也。"

《管子·立政·九败》："全生之说胜，则廉耻不立；私议自贵之说胜，则上令不行。"

《管子·立政·九败解》："人君唯无好全生，则群臣皆全其生，而生又养生，养何也？曰：滋味也，声色也，然后为养生。然则从欲妄行，男女无别，反于禽兽。然则礼义廉耻不立，人君无以自守也，故曰：全生之说胜，则廉耻不立。人君唯无听私议自贵，则民退静隐伏，窟穴就山，非世闲上，轻爵禄而贱有司，然则令不行，禁不止，故曰：私议自贵之说胜，则上令不行。"

《韩非子·显学》："今有人于此，义不入危城，不处军旅，不以天下大利易其胫一毛，世主必从而礼之，贵其智而高其行，以为轻物重生之士也。"

《韩非子·六反》:"畏死远难,降北之民也,而世尊之曰'贵生之士'。"

《吕氏春秋·不二》:"阳生贵己。"

《淮南子·泛论训》:"兼爱、尚贤、右鬼、非命,墨子之所立也,而杨子非之。全性保真,不以物累形,杨子之所立也,而孟子非之。"

比较复杂的是《列子》中有关杨朱的记载特别是《杨朱》篇的史料价值。《列子》之书,近世学者多言其伪。虽有部分学者为其申冤[1],但多数人仍对此持怀疑的态度。我们应该感谢疑古学者及辨伪学者,他们对古书的质疑帮助我们认识到,古代一般称"某子"的作品,多非此人之作,而是此学派集体接力的结果。如《庄子》,便是庄子学派之作,其中容有庄子本人之篇章,似内七篇,但大部分皆属其后学。《列子》的情形似亦如此。它应该被看作是列子学派的资料汇编,而不完全是列子本人之作品。该书或形成于战国末期,《吕氏春秋》的作者们曾读过它。汉景帝时,《列子》一书颇行于世,所以刘向校书便包括它,《汉书·艺文志》道家类中也有记载。到魏晋时,虽经战乱,该书多有散乱,但张湛终能复其全貌,并为之作注。学者或言张湛伪作《列子》,不足为据。另据张湛之序,其保存之《列子》虽散佚,但《杨朱》《说符》尚存,所以这两篇应是相对更为可靠的资料。基于此,本

---

[1] 如严灵峰《列子辩诬及其中心思想》(台北:文史哲出版社,1994年)等。

文认为《列子》中有关杨朱的记载应是我们研究杨朱之学的重要依据[1]。

二　杨朱思想要旨

先秦诸子及《淮南子》所述杨朱思想，或言为我、贵生、贵己、轻物重生、全生自贵、全性保真、不以物累形等，均相当一致。这说明当时人对杨朱思想要旨的认识基本相同。这个要旨便是贵己贱物，或者说重生轻物。

"己"或"生"的含义，在杨朱那里，主要是指生命。若将生命区分为心与形，杨朱似乎主要强调的是形的一面。所以他在论述重生道理的时候，多举毫毛、肌肤、骨节等例。论及人之不贵己，则讲大禹之一体偏枯等。当然，"生"也包括心、性的方面，如《淮南子》所言之"全性"，或《杨朱》篇所说"从心而动""从性而游"。

与"己"或"生"相对的乃是"物"。普通说来，"物"可泛指"己"之外的一切东西，但在杨朱这里，他强调的主要是名利的方面。《杨朱》篇特别提及"四事"，其云：

>生民之不得休息，为四事故：一为寿，二为名，三为位，

---

[1] 疑古者如梁启超亦肯定《杨朱》篇之价值，见其所著《先秦政治思想史》，北京：东方出版社，1996年，第138页。

四为货。有此四者,畏鬼,畏人,畏威,畏刑,此谓之遁民也。可杀可活,制命在外。不逆命,何羡寿?不矜贵,何羡名?不要势,何羡位?不贪富,何羡货?此之谓顺民也。天下无对,制命在内。故语有之曰:人不婚宦,情欲失半;人不衣食,君臣道息。

这四事之中,名与货是老子便已提过的。《老子》第四十四章"名与身孰亲?身与货孰多?"即表现出贵身而贱名与货的态度。最值得注意的是寿,老子并不反对,而杨朱则以为是必须放弃的东西。杨朱以为,寿夭等乃命中注定,人力不可改变,所以有"不逆命,何羡寿"之说。因此,他所谓"重生""贵己"并不含有追求长生久视的意思。关于这个问题,《杨朱》篇曾有如下的一段记载:

> 孟孙阳问杨朱曰:"有人于此,贵生爱身,以蕲不死,可乎?"曰:"理无不死。""以蕲久生,可乎?"曰:"理无久生。生非贵之所能存,身非爱之所能厚。且久生奚为?五情好恶,古犹今也;四体安危,古犹今也;世事苦乐,古犹今也;变易治乱,古犹今也。既闻之矣,既见之矣,既更之矣,百年犹厌其多,况久生之苦也乎?"

此以长生不死为不可能之事,即便可能,亦非乐事。当然,这并不意味着可以采取一种舍生的姿态。故后文云:

孟孙阳曰："若然，速亡愈于久生；则践锋刃，入汤火，得所志矣。"杨子曰："不然。既生，则废而任之，究其所欲，以俟于死。将死，则废而任之，究其所之，以放于尽。无不废，无不任，何遽迟速于其间乎？"

生亦任之，死亦任之，表现出杨朱看待生死的达观态度。

贵生轻物或贵己贱物实际上是把己身与外物完全对立起来。杨朱用名和实来说明这个对立。他所谓名即物，所谓实即生。杨朱说：

名乃苦其身，焦其心……凡为名者必廉，廉斯贫；为名者必让，让斯贱。

实无名，名无实。名者，伪而已矣。

名者，固非实之所取也……实者，固非名之所与也。

鬻子曰："去名者无忧。"老子曰："名者实之宾。"

取名必丧实，务实必失名。《杨朱》篇中举出很多例来说明此理。如伯夷矜清之名而饿死，展季矜贞之名而寡宗。舜、禹、周、孔四圣"生无一日之欢，死有万世之名"，桀、纣二凶则"生有从欲之欢，死被愚暴之名"。名实之相反若此。所以，合理的态度乃是：

故从心而动，不违自然所好；当身之娱非所去也，故不为名所劝。从性而游，不逆万物所好；死后之名非所取也，故不为刑所及。名誉先后，年命多少，非所量也。

最能代表杨朱重生轻物主张的是孟子所说"拔一毛而利天下，不为也"这个命题。关于此命题之意义，《杨朱》篇曾予以解释（详后文所引）。盖一毛虽小，亦为生命之一部分。天下固大，不过身外之物。杨朱以此极端之辞，阐明身贵于天下之理。

此思路继续，便会导出对既有政治秩序的否定。《杨朱》篇谓：

> 忠不足以安君，适足以危身；义不足以利物，适足以害生。安上不由于忠，而忠名灭焉；利物不由于义，而义名绝焉。

最终则是"君臣之道息矣"。所以孟子说"杨氏为我，是无君也"，并非厚诬之辞。当然，依杨朱之说，君臣之道之息，不意味着天下大乱，却是"君臣皆安，物我兼利"，因为"善治外者，物未必治，而身交苦；善治内者，物未必乱，而性交逸……以我之治内，可推之于天下，君臣之道息矣"。此即前文"人人不损一毫，人人不利天下，天下治矣"之义。杨朱见梁王，言治天下如运诸掌，其理据亦在此。

三 杨朱对墨家思想的批评

欲把握杨朱之思想，最先注意者乃是其与墨家之关系。盖杨朱之学本针对墨子之术而发，正如墨子之术本针对孔子之学而发一样。《淮南子·泛论训》称：

> 夫弦歌鼓舞以为乐，盘旋揖让以修礼，厚葬久丧以送死，孔子之所立也，而墨子非之。兼爱、尚贤、右鬼、非命，墨子之所立也，而杨子非之。全性保真，不以物累形，杨子之所立也，而孟子非之。

《淮南子》虽为西汉初作品，然论孔、墨、杨、孟之关系甚精[1]。墨之于孔，其批评之迹昭然，如兼爱、尚贤、天志、明鬼、非命、非乐、节葬、节用等皆针对孔子学说而发。此观《墨子》书可知。孟之辟杨，更明见于《孟子》书。杨朱因无书传世，其如何非墨不得详见。然古文献中亦有痕迹可寻。如《列子·杨朱》篇谓：

> 杨朱曰："伯成子高不以一毫利物，舍国而隐耕。大禹不以一身自利，一体偏枯。古之人损一毫利天下不与也，悉天下奉一身不取也。人人不损一毫，人人不利天下，天下治矣。"禽子问杨朱曰："去子体之一毛以济一世，汝为之乎？"杨子曰："世固非一毛之所济。"禽子曰："假济，为之乎？"杨子弗应。禽子出语孟孙阳，孟孙阳曰："子不达夫子之心，吾请言之。有侵若肌肤获万金者，若为之乎？"曰："为之。"孟孙阳曰："有断若一节得一国，子为之乎？"禽子默然有间。孟孙阳曰："一毛微于肌肤，肌肤微于一节，省矣。然则积一毛以成

---

[1] 《孟子·尽心下》"逃墨必归于杨，逃杨必归于儒"已有此义。

肌肤，积肌肤以成一节。一毛固一体万分中之一物，奈何轻之乎？"禽子曰："吾不能所以答子。然则以子之言问老聃关尹，则子言当矣；以吾言问大禹墨翟，则吾言当矣。"

"鲧治水土，绩用不就，殛诸羽山。禹纂业事仇，惟荒土功，子产不字，过门不入。身体偏枯，手足胼胝。及受舜禅，卑宫室，美绂冕，戚戚然以至于死，此天人之忧苦者也。"墨家"背周道而用夏政"（《淮南子·要略》）于古圣王中盛称夏禹，奉为楷模，如《庄子·天下》篇所记：

墨子称道曰："昔禹之湮洪水，决江河而通四夷九州也，名山三百，支川三千，小者无数。禹亲自操橐耜而九杂天下之川；腓无胈，胫无毛，沐甚雨，栉疾风，置万国。禹大圣也，而形劳天下也如此。"使后世之墨者，多以裘褐为衣，以跂蹻为服，日夜不休，以自苦为极，曰："不能如此，非禹之道也，不足谓墨。"

故杨朱对大禹之讥讽、批评，其实便是对墨家的批评。禹"胫无毛""形劳天下"，正是杨朱"拔一毛而利天下，不为也"之说提出的背景。盖墨家"摩顶放踵以利天下"（孟子语），"其为人太多，其自为太少"（庄子语），于是才有杨朱贵己、重生思想的出现。

兹依《淮南子·泛论训》所列"兼爱、尚贤、右鬼、非命"诸条，略述杨墨学说之对立：

1. 墨主兼爱，以此为仁。其视人之国如己之国，视人之家如己之家，视人之身如己之身，以为天下大乱，即生于不能兼爱。《墨子·兼爱中》云："今诸侯独知爱其国……今家主独知爱其家……今人独知爱其身……凡天下祸篡怨恨，其所以起者，以不相爱生也。"唯其如此，故务以兴天下之利，除天下之害为己任。其备世之患，救世之急，虽赴火蹈刃，死不旋踵。杨朱则反此，以为兼爱劳形苦心，亦未必治，故倡重生贵己之说，而轻天下之利。义不入危城，不处军旅，不以天下大利易其胫之一毛。此杨墨之相反也。

2. 墨主尚贤，以此为"为政之本"。杨朱则主张齐贤愚，其云："万物所异者生也，所同者死也。生则有贤愚、贵贱，是所异也；死则有臭腐、消灭，是所同也。虽然，贤愚、贵贱非所能也，臭腐、消灭亦非所能也。故生非所生，死非所死；贤非所贤，愚非所愚；贵非所贵，贱非所贱，然而万物齐生齐死、齐贤齐愚，齐贵齐贱。"（《列子·杨朱》）此亦杨墨之相反也。

3. 墨主右鬼，以死人为有知、鬼神远明智于圣人，故可赏善罚恶。杨朱则以死人为"腐骨""枯骨"，无知无识。此亦杨墨之相反处也。

4. 墨主非命，故尚力，详见《墨子·非命》。杨朱则主顺命贱力，见《列子·力命》篇，其以"不知所以然而然"为命，认为寿夭、穷达、贵贱、贫富皆由命定，人力无可加。又《杨朱》篇云："任智而不恃力，故智之所贵，存我为贵；力之所贱，侵物为贱。"任智则顺命而存我，恃力则逆命而伤生。此亦杨墨之相反也。

因此，杨朱贵己重生之说，虽然上承老子，但其发挥至此，却主要受墨子学说之刺激。孟、庄等常以杨墨并称，二者确实关系密切。

四　后期墨家对杨朱之学的批评

杨朱之学以墨学批评者的身份出现，自然会引起墨学的反批评。杨朱之时，墨子弟子禽滑釐等即与杨朱及其弟子论辩，事见《列子·杨朱》篇。《墨子》书中亦保存有若干相关的资料。如侯外庐等主编的《中国思想通史》曾提到，《耕柱》篇里与墨子辩论的巫马子，其持论即近于杨朱一派。[1]的确，巫马子所说"我不爱天下""舍今之人而誉先王，是誉槁骨也"及以鬼神为不明智等，义皆同于杨朱。该篇中提及子禽子，恐出于墨子再传之手。又《贵义》篇首一段话亦与杨朱之学有关，其文曰：

> 子墨子曰："万事莫贵于义。今谓人曰：'予子冠履，而断子之手足，子为之乎？'必不为，何故？则冠履不若手足之贵也。又曰：'予子天下，而杀子之身，子为之乎？'必不为。何故？则天下不若身之贵也。争一言以相杀，是贵义于其身也。故曰：万事莫贵于义也。"

---

[1] 侯外庐、赵纪彬、杜国庠：《中国思想通史》第一卷，北京：人民出版社，1992年，第344—345页。

其论手足贵于冠履，身贵于天下，正合杨朱之说。而后文突下转语，以义贵于身，正体现出墨学与杨朱学之殊异处。

墨家所谓义，乃合利而言，其利又非利一己之私，而是利天下。《墨经》中说："义，利也。"《经说》云："志以天下为芬，而能能利之，不必用。""芬"即"分"字，本分之义。这是说要以天下事为己分内事，且能兼利之，方谓之义。此种想法，至于极端，损己可也。《墨经》云："任，士损己而益所为也。"《经说》云："任，为身之所恶，以成人之所急。"伤体杀身亦可也。《大取》篇说：

> 断指与断腕，利于天下相若，无择也，死生利若一，无择也。杀一人以存天下，非杀一人以利天下也。杀己以存天下，是杀己以利天下。

此言若伤体杀身，必须先己后人。杀己以存天下，方谓之利天下，杀别人则不得谓之利天下。

我们知道，杨朱学派所谓义，乃不入危城，不处军旅，轻物重生，其中亦含有"利"之因素。如杨朱后学所作之《吕氏春秋·重己》云："今吾生之为我有，而利我亦大矣。"但其所谓"利"非指"利天下"，只是"利我"。如《重己》篇所说，之所以重己，乃是因为己能利我，有大用，这应该是杨朱学派的一贯主张。《墨经》中对此亦有批评。《墨经》释仁为爱，《经说》云："爱己者非为用己也，不若爱马者若明。"这是说爱马是因为马可以为我所用，但爱己则非如此，其中不包含"用"之因素，推之于爱人亦如此。杨

朱学派主张爱己不爱人,不爱天下,但墨学认为,爱人即包含爱己在内,《大取》篇云:

> 爱人不外己,己在所爱之中,己在所爱,爱加于己,伦列之爱己,爱人也。

这应该是针对杨朱派以墨派只爱人不爱己之批评而发[1]。从外延上讲,人包括己在内,这是把人区别于"他人",而视作一个不分你我的整体。这样解释,则墨学更显全面。

---

[1] 谭戒甫《墨辩发微》说:"墨子兼爱,三篇言之详矣;然未若此节言之明显而直切者。盖墨徒言爱,只限于人,不从己出,以己亦人之一耳,故爱人即爱己,以己已在所爱之中,而爱加于己,人己不分,墨子时实未有此深至之说也。盖己未尝不可爱,惟平等之爱己,不涉于私,即与爱人同矣。按此说似颇受杨朱说之影响,而本节或驳之。"北京:中华书局,1996年,第360页。

论《十大经》中的"黄帝"形象[1]
——道家传统中的内圣外王理想

《十大经》中"黄帝"形象的出现是一件激动人心的事情,原因之一是我们借此可以更直接地了解作为道家传统中一个重要派别的"黄老"的意义。在此之前,学者们早就从司马迁的著作中熟悉了"黄老"的称呼,而且知道它是黄帝和老子的合称,[2]可遗憾的是,此前我们竟没有见过一部典型而完整地依托"黄帝"的道家作品。[3]毫无疑问,《十大经》的发现填补了这个空白。仅从这个角度来讲,研究一下该篇中"黄帝"的形象,就是非常有意义的。当然意义还不止于此,通过这篇塑造的黄帝形象,我们还可以深化对道家思想中内圣外王理想的认识。

---

[1] 1973年湖南长沙马王堆汉墓帛书中的一篇,或题为《十六经》《经》等。该篇抄写在《老子》乙本卷前,其前后尚有《经法》《称》和《道原》诸篇,学者一般认为这四篇即是《汉书·艺文志》道家类著录之《黄帝四经》,见本书第313页注2。
[2] 王充《论衡·自然篇》:"贤之纯者,黄老是也。黄者,黄帝也;老者,老子也。"
[3] 《庄子》外杂篇中曾经记载过一些黄帝的形象,但一来略显庞杂,很难说是道家思想的代言人;再者《庄子》中的这些作品也很难说是"黄老"文献。

和在其他文献中的情形一样,《十大经》中黄帝的形象显然是依托的。依托作为一种说话方式,或者文字表达方式,曾经广泛存在于古代中国的很多作品之中。它指的是这样一种情形:实际的"作者"假借他人(基本上是古人,大部分又是古圣王)之口来表达自己的看法。发生这种现象的原因可能有很多,譬如有些知识或看法确实有很古的来源,因此并不完全是"作者"(文本的作者)的独创。在这种情况下,"作者"不愿意贪天之功为己有,于是便抬出古人来显示自己的公心。[1] 但在更多的情况下,却可能是私心在作怪,即希望借这种方式,使自己的看法能够引起人们的注意。因为中国人一直是有"好古"和"尊古"的传统,所以如果是以"古已有之"的形式出现,流行的可能性无疑会增加。《淮南子·修务训》曾经说过如下一段话:"世俗之人多尊古而贱今,故为道者必托之于神农、黄帝,而后能入说。乱世暗主,高远其所从来,因而贵之。"这很形象地讲出了战国秦汉间人喜欢依托古人著书立说的现象,并认为依托的大量存在,是出于"为道者"有意利用世俗之人"尊古而贱今"的心理。

从现有的材料看,依托的现象在诸子学刚刚开始的时候就已略见端倪,其后则愈演愈烈。而且这个过程中还有一种明显的倾向,就是越后来的人或书,依托的对象便越早。如孔子言"三代"而归

---

[1] 如记载古代技术方面的书籍,往往都是把此前的口说形诸文字,其知识和思想都渊源有自。见李零《出土发现与古书年代的再认识》,《李零自选集》,桂林:广西师范大学出版社,1998年,第30页。

于周,继起的墨子则批评他"法周而未法夏"(《墨子·公孟》),不够古远,因此举起"夏禹"的旗号。[1]到孟子非墨,"言必称尧舜",较禹又在前。当然,这并不是严格的规律。譬如,与孟子同时或稍早,已有"为神农之言者"(《孟子·滕文公上》)许行,是所谓农家的鼻祖。他所依托的神农,较尧舜要早得多。至于依托黄帝者,在《孙子》和《墨子》中就有出现。战国时期,则甚为普遍。其原因,恐怕如《庄子·盗跖》篇"世之所高,莫若黄帝"一语所说,大概因为黄帝是最受推崇的人物,所以依托者也就最多。据《汉书·艺文志》所载,依托黄帝及其臣子的书籍共有二十六种,分属于十二类。但除《黄帝内经》外,大部分都已经失传。道家类中,与黄帝君臣有关的著作共五种,它们是:《黄帝四经》四篇,《黄帝铭》六篇,《黄帝君臣》十篇,《杂黄帝》五十八篇,《力牧》二十二篇。

这些著作均已佚失。幸运的是,《黄帝四经》在汉初的古墓中又被重新发现。[2]尤其是《十大经》,因真实地反映了依托黄帝君臣的情形,弥足珍贵。

如上所述,对黄帝的依托曾见于不同的学派。很显然,不同学派或门类的著作所塑造的黄帝形象一定是不同的。因为他们正想

---

[1] 《庄子·天下》篇述此最详,可以参考。
[2] 1973年长沙马王堆汉墓发现大批帛书,其中《老子》乙本卷前古佚书四种或四篇,学者以为即《黄帝四经》,说见唐兰《马王堆出土〈老子〉乙本卷前古佚书的研究》,《考古学报》1975年第1期。

通过这个形象来宣传自己的主张。从这个意义上讲，对不同文献中"黄帝"形象的考察，对于理解这个学派的主题是非常有益的。以下，我们来考察一下《十大经》中的黄帝形象，并讨论它作为"秩序"象征的意义。

一 黄帝的双重角色

古书中的依托，虽说只是为了立说的方便，却也不是胡乱抓一个圣王就算了事的。一般而言，作书者和被依托者之间大致存在着如下的关系：第一是先祖，譬如许行的依托神农，就属于此例。传说神农姓姜，其后分封，有齐、许、申、吕诸国。许国后为楚所灭，国人以国为姓。因此许行当为神农氏的后裔。其依托神农，应是借先祖立说。第二是宗师，如战国或汉初儒者的作品多借孔子之名，属于此例。第三是地缘，即同属一地，如战国时齐国稷下的学者，著述多喜依托管子，例多见于《管子》，当属此例。第四是职掌，即某人的知识领域或特长与自己所论略同，故依托之。如当时很多医书依托神农，当即因为神农是传说中的医药之祖。第五是情境，即其依托的情境与著述者所处之时代类同，令读者有设身处地的感觉。如《文子》约作于汉初高祖之时，其依托周平王和文子问答，盖以平王为东周的第一位天子，可与高祖比较，当属此例。

上述五例中，《十大经》依托黄帝，虽然不能说和第一例无关，但大致可以归入第五例。其集中的表现则是黄帝身兼天子和诸侯的双重角色。这种情形的设定正是为了要迎合战国时期各国诸侯们的普遍想法。

《十大经》共包括十五章,其中有九章与黄帝或其臣子有关。各章的顺序似乎是有意安排的,譬如第一章以"昔者黄宗质始好信"开始,好像是提醒读者它要开始叙述黄帝的故事,开篇的意味是很浓的。其后各章便都没有了"昔者"的字样,而直接讲述黄帝和其臣子的事迹。这里面,首先值得注意的就是黄帝的双重角色:有时候他是"为天下宗"的天子,有时候又是一国的诸侯。当然,这两个形象并不是矛盾的。事实上,《十大经》的作者正是想通过这两种形象的交叉叙述,来展现一个从诸侯国君到天子的变化过程,从而表现自己主张的魅力。

黄帝作为"为天下宗"的天子(这正是战国时期诸侯国君们梦寐以求的目标),在这篇文献的几处都可以见到。如《立命》称黄帝为"黄宗",并记载他的话说"唯余一人,□乃配天,乃立王、三公,立国、置君、三卿",《果童》和《成法》中的黄帝也自称"唯余一人,兼有天下"。"余一人"乃是天子之专称,非诸侯国君所得而用,兼有天下更表明了他的天下共主的身份。但他并非生来如此,在另外的一些论述中,我们可以发现作为诸侯国君的黄帝。如《五正》云:

> 黄帝曰:"吾既正既静,吾国家欲不定,若何?"对曰:"后中实而外正,何患不定?左执规,右执矩,何患天下?男女毕迵,何患于国?五正既布,以司五明。左右执规,以待逆兵。"

> 黄帝于是辞其国大夫，上于博望之山。

在古籍中"天下"和"国"的区别是很严格的。与天下对应的是天子，如上引黄帝为天子例均言天下；与国家对应的则是国君。上述对话中黄帝自称"吾国家"，阉冉称"何患于国"，后文又说"国大夫"，明显是以黄帝为一国之君。

黄帝的这个双重角色，当然可以从历史的进程中来获得理解。按照这种思路，黄帝在历史中经历了一个从诸侯国君到天子的过渡。所以，他一身二任就是很正常的事情。《史记·五帝本纪》叙述黄帝云：

> 黄帝者，少典之子，姓公孙，名曰轩辕……轩辕之时，神农氏世衰，诸侯相侵伐，暴虐百姓，而神农氏弗能征。于是轩辕乃习用干戈，以征不享，诸侯咸来宾从。而蚩尤最为暴，莫能伐……于是黄帝乃征师诸侯，与蚩尤战于涿鹿之野，遂禽杀蚩尤。而诸侯咸尊轩辕为天子，代神农氏，是为黄帝。

这里正包含着一个从诸侯国君到天子的过渡。我们当然不必相信这是真实的历史，这个时期本来就是传说的时代。但是，当这种传说和依托结合的时候，我们就该思考依托者利用这种双重角色的真实意图。身处"上无天子，诸侯力争"的战国时代，《十大经》的作者当然了解各国君主想要统一天下的政治野心。这种野心在战国中期齐秦的君主分别称"东帝"和"西帝"的事件中得到了最集中的表达。[1] 从这个视角看黄帝所承担的双重角色，就可以发现，作为国君的黄帝对应的正是现实的诸侯，而作为天子的黄帝则寄托着诸侯们欲成为天子的普遍理想。黄帝从诸侯到天子的转变，对于很多诸侯国君而言，当然是一个很大的诱惑。作者正是想凭借这种双重黄帝形象的诱惑力，希冀自己的学说能够获得世主的青睐。

二 黄帝与蚩尤——对待战争的态度

在《史记》的记载中，黄帝从诸侯到天子角色的转变，是依靠着战争（尤其是和蚩尤的战争）的方式实现的。《十大经》中也是如此。从材料来源的角度来看，它们可能都是根据当时普遍流传的具有史诗性质的黄帝和蚩尤的战争故事。这个故事见于同时代的很多文献，譬如《尚书·吕刑》曾提到"蚩尤惟始作乱"，《逸周书·尝麦解》则有如下的文字：

> 蚩尤乃逐帝，争于涿鹿之河，九隅无遗。赤帝大慑，乃说于黄帝，执蚩尤，杀之于中冀。

《山海经·大荒北经》也说：

---

[1] 见《史记·田敬仲完世家》，时在公元前 288 年。

> 蚩尤作兵，伐黄帝，黄帝乃令应龙攻之冀州之野。应龙蓄水，蚩尤请风伯、雨师纵大风雨。黄帝乃下天女曰魃，雨止，遂杀蚩尤。

在子书中，《孙子》虽然没有提到蚩尤，但有"黄帝胜四帝"的说法，银雀山汉墓竹简《孙子》具体地讲到黄帝"伐赤帝……伐青帝……伐黑帝……伐白帝"。这显然是以黄帝为中央之帝、天下共主，应该是较早的传说又糅合了五行观念的产物。在《墨子》中，则有帝杀"四龙"的说法，[1]与此类似。可以这样说，早期文献中"黄帝"的形象都充满了杀气。因此，才有后来《庄子·盗跖》篇如下的一段话：

> 黄帝不能致德，与蚩尤战于涿鹿之野，流血百里。……世之所高，莫若黄帝，黄帝尚不能全德，而战涿鹿之野，流血百里。

不过黄帝选择战争，按照各家的说法，都是不得已而为之。《十大经》中，就经常使用"不得已"的字眼。其罪魁祸首则是蚩尤。蚩尤似乎是个好兵者，当时也有"蚩尤作兵"的说法，把他当作战争的始作俑者。所以他可以说是古代的战神。从世系上来说，蚩尤与

---

[1] 《墨子·贵义》："帝以甲乙杀青龙于东方，以丙丁杀赤龙于南方，以庚辛杀白龙于西方，以壬癸杀黑龙于北方。"

炎帝同族，姜姓，[1] 所以姜姓的齐国也一直拿他作为兵主来祭祀。[2] 自称赤帝子的汉高祖得天下后，也曾经祭祀过他。[3]

《十大经》在《五正》和《正乱》中都提到黄帝和蚩尤的战争。两次提到这一点，是要表现作者的何种意图呢？看来主要是为了说明对战争的态度。依故事的叙述，黄帝是一个以暴去暴、以兵去兵的君主，通过黄帝与蚩尤的对手戏，战争作为一种行为方式被合理化了。在政治秩序的确立、维护和巩固方面，战争是不可或缺的角色。诚如《左传·襄公二十七年》所记宋大夫子罕之说：

天生五材，民并用之。废一不可，谁能去兵？

所谓五材，即是水火木金土五行。金是兵器的主要素材，所以代表了兵。从这个角度来看，黄帝是有资格与蚩尤一起做兵主的。我们看一下文献中与黄帝有关的记载，可以发现他和兵似乎是分不开的。如《左传·僖公二十五年》记载在卜筮时，曾经"遇黄帝战于阪泉之兆"，《国语·晋语》也说"二帝（指炎帝和黄帝）用师以相济也"。《战国策》中直接以黄帝与蚩尤的故事来说明战争的合理，《淮南子》也有类似的想法，并把战争的起源归于黄帝，《兵略训》称：

---

[1] 罗泌《路史·后纪四》："蚩尤，姜姓，炎帝之裔也。"

[2] 《史记·封禅书》："八神将自古而有之，或曰太公以来作之。齐所以为齐，以天齐也。其祀绝莫知起时。八神：一曰天主……二曰地主……三曰兵主，祠蚩尤。蚩尤在东平陆监乡，齐之西境也。"

[3] 《史记·封禅书》："后四岁，天下已定……令祝官立蚩尤之祠于长安。"

> 兵之所由来者远矣，黄帝尝与炎帝战矣！

在《商君书》中，也曾经提到"伏羲神农，教而不诛；黄帝尧舜，诛而不怒"，似乎也在暗示战争起于黄帝的时代。

其实，在依托黄帝的内容之外，《十大经》的其他部分也重点讨论了"兵"的问题，以与黄、蚩大战相呼应。尤其是《本伐》，谈到了三种兵道，可以看作是正面和系统阐述战争观的专论。这三种兵道分别是"为利者""为义者"和"行忿者"。文中推崇和肯定的是"为义者"，按照它的定义，义兵是这样的：

> 伐乱禁暴，起贤废不肖，所谓义也。

黄帝和蚩尤的战争，正是所谓的义兵。我们看黄帝剿灭蚩尤后的宣言是这样说的：

> 毋乏吾禁，毋留吾酦，毋乱吾民，毋绝吾道。止禁，留酦，乱民，绝道，反义逆时，非而行之，过极失当，擅制更爽，心欲是行。

这段话见于《正乱》。《五正》则记有黄帝战胜蚩尤之后的盟誓之辞：

> 反义逆时，其刑视蚩尤；反义倍宗，其法死亡以穷。

蚩尤对"义"的违背是屡次被强调的内容,这正可与作者主张的"义兵"相呼应。

古代中国至少从周初以来的传统,对"兵"都持较保留的态度。《国语·周语》所谓"先王耀德不观兵"的说法,是基本的信条。从诸子的方面来说,老子以兵为不祥之器,所以以道来辅佐人主的人,是不以兵强天下的。如果不得已要使用它,是"恬淡为上"(《老子》第三十一章)。墨子则主张"非攻",后来他的后学更发展出"偃兵"的说法。孟子也认为只有"不嗜杀人者"才可以统一天下。在《黄帝四经》中,对"兵"的基本态度,一是承认它的正当性,二是不能好之。这是《经法》和《十大经》的共同想法。比较而言,《十大经》似乎更突出了"兵"之不得已的性质。

《经法》很重视"兵"的问题。它屡次提及的"武",就是指"兵"而言的。"武"是天地之道的一部分,其合理性是不言而喻的。所以"地广人众兵强"成为其理想国家的一个标准。当然,武的使用是有条件限制的,它必须是"因天之杀",而不是任凭个人的私欲。《经法》没有像《十大经》中那样有"义"的提法,但它所说与上述"义兵"的定义是一致的。如《六分》所说:

> 霸主积甲士而征不服,诛禁当罪而不私其利,故令行天下而莫敢不听。

在《十大经》中,义兵是和为利、行忿相对的,这里也有类似的意思。

但是，如天地之道是"始于文，卒于武"的一样，人主也不应把"武"看作是最重要的东西。先文后武不仅包含着时间的次序，而且也有价值优先性的意味，即"文"在价值上是优先于"武"的。所以即便使用"武"之后，也应马上修之以"文"，如此才能保证最终的成功。因此，武作为必要的手段，却不应该成为人主的喜好。正是在这个意义上，《经法》把"好凶器"列为"三凶"之一。

《十大经》同样认为"先德后刑"是合乎天道的。正如阴和阳一样，刑和德是不可或缺的。而且，刑德的使用不是随意的，实有其固定的法则。所谓"赢阴布德""宿阳修刑"。赢阴和宿阳，其实相当于《易传》中的"老阴"和"老阳"，发展到了极端，是转向反面的时候了。赢阴要变阳，所以布德；宿阳要变阴，所以修刑。这样看来，阴阳、刑德似乎是同等的。其实又不然，如"先德后刑"所表示的，德和刑的次序是不能够改变的。我觉得，这种次序仍然包含着如文武一样的价值优先性在里面。

一个明显的事实是，从周初以来，作为一种统治方法，德的观念已经深入人心。其最基本的表现则是"礼"所代表的秩序。这种精神在诸子学兴起之时，又被孔子和墨子所继承。孔子很明确地把"道之以德，齐之以礼"和"道之以政，齐之以刑"（见《论语·为政》）对立起来，并坚决地主张前者。墨子虽然和孔子不同，但是其"兼爱"和"非攻"表现出的精神显然使之倾向于德的方面。所以，对于后期的想要在刑德或者文武之间找到平衡的人来说，重要的是以一种什么样的方式把"武"或者"刑"的内容容纳进来。这里的处理方式是天道，即由阴阳、四时和日月等表现出的相对性原则。

所以，就对战争的态度而言，从思想史的角度，我觉得《黄帝四经》主要是通过某种方式把它肯定下来，譬如天道或者黄帝的传说。这是主要的倾向。这样做是为了适应当时的环境。如《十大经》所说的"今天下大争"，那是一个大争的时代。在这个时代，要回避战争是不可能的事情。它说"作争者凶，不争亦无成功"。作争者是喜欢战争的人，这如《经法》说的"好凶器"，当然是凶的。但不争也无法成功。这个"争"就是"不得已"之事。如黄帝不得已和蚩尤的战争，其前提是蚩尤作争。而"由不得已，则无穷"。

三 黄帝与大臣们

《十大经》黄帝传说中另一个值得注意的内容是黄帝与其辅臣之间的关系。如果考虑到君臣关系的讨论在《经法》中具有的特殊重要地位，这种考察就更是必需的。《十大经》中提到的黄帝臣子有力黑（黑字或作牧、墨）、太山之稽、阉冉和果童。他们可能就是《果童》所谓的黄帝"四辅"。这些人物在较早的传说中都没有出现过（同时或较晚的类似记载见于《列子·黄帝》和《淮南子·览冥训》），这一点使得讨论更有意义。因为这些臣子们可能正是出于作者有意的构造，借以表达其某种主张。我们看力黑们与黄帝的关系，毫无疑问，他们首先是臣子，要接受黄帝的命令，如《观》"黄帝令力黑"语所显示的；但更重要的，他们又是黄帝的老师。臣子和老师的两位一体正是《十大经》同时也是《黄帝四经》有关君臣关系中的一个重要内容。

我们不妨来感受一下这种"君—臣"和"师—徒"错综复杂的关系。《五正》云：

黄帝问阉冉曰："吾欲布施五正，焉止焉始？"

对曰："始在于身，中有正度，后及外人。外内交接，乃正于事之所成。"

黄帝曰："吾既正既静，吾国家愈不定，若何？"

对曰："后中实而外正，何患不定？左执规，右执矩，何患天下？男女毕迵，何患于国？五正既布，以司五明。左右执规，以待逆兵。"

黄帝曰："吾身未自知，若何？"

对曰："后身未自知，乃深伏于渊，以求内刑。内刑已得，后□自知屈后身。"

黄帝曰："吾欲屈吾身，屈吾身若何？"

对曰："道同者其事同，道异者其事异。今天下大争，时至矣，后能慎勿争乎？"

黄帝曰："勿争若何？"

对曰："怒者血气也，争者外肌肤也。怒若不发，浸廪是为癰疽。后能去四者，枯骨何能争矣？"

黄帝于是辞其国大夫，上于博望之山，谈卧三年以自求也。战哉！阉冉乃上起黄帝曰："可矣！夫作争者凶，不争者亦无成功。何不可矣？"黄帝于是出其锵钺，奋其戎兵，身提鼓袍，以遇蚩尤，因而擒之。

在这个对话中，作为君主的黄帝一直是一个提问者，类似于学生，而臣子阉冉则充当了老师的角色。黄帝的成功，实际上是阉冉主导的。从资料来源的角度考虑，这一段的设计，当然会让人想起《国语·越语下》有关范蠡和越王勾践的记载。如果考虑到《越语下》与《十大经》的紧密联系，我们完全可以说，《越语下》就是《五正》构造的一个原型。[1] 比较而言，《越语下》实际上塑造了两个相反的情形。先是越王不听从范蠡之言遭遇失败，然后是遵循范蠡的教导而成功。这种对比更能显示出范蠡之于勾践的重要性。

黄帝是君主，但也像一个听话的学生。阉冉是臣子，也是一个智慧的老师。这种君问臣答似师似生的模式同样也出现在《观》《正乱》《姓争》《成法》和《顺道》等章中，成为《十大经》处理黄帝与其臣子关系的固定形式。它们给人的感觉恰似文献中（如《论语》）多见的老师和弟子的对话。这种处理模式并非偶然，它寄托着作者的一个很强烈的看法：只有凭借可以为师的臣子的辅助，诸侯国君们才可能成就霸王之业。

我们先看《称》的一段文字：

  帝者臣，名臣，其实师也；
  王者臣，名臣，其实友也；

---

[1] 参见李学勤《范蠡与黄帝书》、王博《论黄帝四经的年代和地域》，《道家文化研究》第三辑，上海：上海古籍出版社，1994年。

> 霸者臣，名臣也，其实宾也；
> 危者臣，名臣也，其实庸也；
> 亡者臣，名臣也，其实虏也。

君主与臣子的关系决定了他的命运，或为帝王，或临危亡。以臣为师正是对帝者的要求，王者也要与臣为友。从这来看《十大经》对黄帝君臣形象的描写，就更觉得是出自作者自觉的设计。也许这些作者们期望这样的黄帝形象会有助于世主给予士人更高的地位，从而使士人获得更多的行其道的机会。

当然，并不是对所有的臣子都该如此，受到尊重的臣子必须是有道者，因此是可以帮助君主王天下的人。如《经法·六分》所说：

> 王天下者，轻县国而重士，故国重而身安……贱身而贵有道，故身贵而令行。

对于欲王天下者而言，除了重士、师有道之外，并没有别的办法。得士者得天下，失士者则身亦不保。在这里，我们可以看到战国时期"士"阶层的自信和积极行道的愿望。他们想通过对黄帝的依托来游说当时的人主，于是一方面有正面的、积极的劝说，另一方面却也有反面的警告。如抄写在《十大经》之后的《称》篇所说：

> 不用辅佐之助，不听圣慧之虑，而恃其城郭之固，怙其勇力之御，是谓身薄。身薄则殆。以守不固，以战不克。

重士而师有道则国重而身安，如果是相反呢？"是谓身薄。身薄则殆"，将自己置于危险的境地。

四 得道者

黄帝能够战胜对手（蚩尤），由国君而为天子，从表面上来看，是因为对圣慧辅佐的尊重。但实质上，这是对于道的尊重。圣慧者正是由于道而圣慧，而黄帝也由于从道而王天下。这从前引《正乱》文可以看出。《十大经》的作者努力想把黄帝塑造成一个道的实践者，也就是《经法》一直说的执道者。这不仅体现在得天下的方面，也体现在治理天下方面。不过在治理天下方面，秩序的问题就突出起来，于是我们看到在黄帝和臣子的对话中，秩序和道成为无可争议的主题。我们可以从观察各章中黄帝（包括高阳）提出的问题入手，如《顺道》：

> 黄帝问力黑曰：大庭氏之有天下也，不辨阴阳，不数日月，不识四时，而天开以时，地成以财。其为之若何？

《成法》：

> 黄帝问力黑：唯余一人，兼有天下，猾民将生，佞辩用智，不可法组，吾恐或用之以乱天下。请问天下有成法，可以正民者？

《姓争》：

> 高阳问力黑：天地已成，黔首乃生。莫循天德，谋相覆倾。吾甚患之，为之若何？

《果童》：

> 黄帝问四辅曰：唯余一人，兼有天下，今余欲畜而正之，均而平之，为之若何？

这里的问题有一个共同的指向，就是治理天下该采取怎样的秩序。这种秩序在《成法》章中被称作"成法"，在《经法》中直接被称作"法"。如果我们把《黄帝四经》看作一个整体的话，很容易就会发现秩序乃是这部文献的核心关注。这种关注通过两个基本的概念来体现，一个是法，另一个是道。二者的关系当然以《经法·道法》"道生法"的说法表现得最为明显。《十大经》中对黄帝的依托当然也不能离开这个核心关注，在这一篇中，虽然没有"道生法"这般明快的说法，但黄帝的臣子们在回答问题时，总是把秩序和天地或者一联系起来。不妨举两个例子，《果童》章记果童回答黄帝的问题称：

> 观天于上，视地于下，而稽之男女。夫天有恒干，地有恒常，合□□常，是以有晦有明，有阴有阳。夫地有山有泽，有黑有白，有美有恶。地俗德以静，而天正名以作。静作相养，德虐相成。两若有名，相与则成。阴阳备物，化变乃生。

《成法》章亦云：

> 力黑曰：然，昔天地既成，正若有名，合若有形，□以守一名。上擒之天，下施之四海。吾闻天下成法，故曰不多，一言而止。循名复一，民无乱纪。

在《果童》中，天地成为秩序的原型。"地俗德以静，而天正名以作"，因此君主应该效法天地，"静作相养，德虐相成"。具体而言，就是德与刑并用。如果进一步追问天地之来源的话，我们当然可以发现道或者一，[1] 这同时也是秩序的终极依据。

因此，要真正地理解和掌握秩序，就要在自己和道之间建立起某种关系。在《十大经》塑造黄帝形象时，这是一个很重要的考虑。

---

[1] 在道家的文献中，"一"在很多时候就是道的别名。《道原》就有"一者，其（指道）号也"的说法。

黄帝和道之间关系的建立首先是通过力黑等作为媒介，但最终是把自己变成一个体道者。《五正》中关于黄帝"谈卧三年以自求也"的说法不是随意的，如《庄子·齐物论》"形若槁木，心如死灰"一语所揭示的，枯骨式的生命存在正是体道的重要标志。于是我们看到经过了类似于庄子说的"心斋"或者"坐忘"程序之后的得道的黄帝，这种形象明显地出现在《观》中。这一章一反见于他章的黄帝君臣之间关系的固定模式，黄帝成为一个完全的主导者。先是令力黑"布制建极"，然后是对之宣讲逆顺之纪、德虐之型：

> 黄帝曰：群群□□□□□□为一囷，无晦无明，未有阴阳。阴阳未定，吾未有以名。今始判为两，分为阴阳，离为四时……

这是作为道的代言人的黄帝。《十大经》已经不满于把黄帝仅仅当作一个提问者，至此，不仅在世俗的地位与权力上，同时也在智慧上，黄帝都达到了世界秩序的巅峰。由内圣而外王，其形象的塑造至此趋于完成。

五　道家的内圣外王理想

就目前所知文献中最早的使用而言，"内圣外王"一词出自《庄子·天下》篇。应该说，这不仅仅是字面的使用，更重要的，它代表着道家的圣王理想。《天下》篇说：

> 神何由降，明何由出？圣有所生，王有所成，皆原于一。

正如神和明不同，圣和王也是有别的。"以天为宗，以德为本，以道为门，兆于变化，谓之圣人"（《天下》），圣主要指的是某种和天或者道相关的德行和智慧，这是藏于内心的，所以称之为内圣。王则是在现实世界中建立功业，譬如统一天下，这是显现于外的，所以称之为外王。依据《天下》篇所说，内圣和外王虽然不同，但都本于"一"。这实际上也就是说，圣和王并不能完全分开，所以才有"内圣外王之道"的说法。

圣王的理想并不是《天下》篇独有的，如果我们把视野扩大到整个道家的传统中，会发现这是一个普遍的想法。在《黄帝四经》的《道原》篇中，不仅可以看到"圣王"一词，更重要的，它系统而明确地表达了由圣而王的展开次序：

> 上道高而不可察也，深而不可测也，显明弗能为名，广大弗能为形……故唯圣人能察无形，能听无声，知虚之实，后能大虚，乃通天地之精。通同而无间，周袭而不盈。服此道者，是谓能精。明者固能察极，知人之所不能知，人服人之所不能得，是谓察稽知极。圣王用此，天下服。

圣人或者圣的可贵，乃在于其对人所不知的道的把握，这是一种穿透有形事物从而可以进入无形也就是大虚状态的能力。在这种状态中，圣人由于对世界的深刻理解和把握而具有了让"天下

服"的基础。在这里,"天下服"是作为外王的标志存在的,它的前提则是内圣。《道原》进一步描述了由内圣而外王的过程:

> 无好无恶,上用□□而民不迷惑,上虚下静而道得其正。信能无欲,可为民命。上信无事,则万物周遍。分之以其分,而万民不争。授之以其名,而万物自定。不为治劝,不为乱懈。广大弗务及也,深微弗索得也。夫为一而不化,得道之本,握少以知多;得事之要,操正以正奇。前知大古,后□精明。抱道执度,天下可一也。

如前所述,内圣乃是指进入无形或者大虚的状态,在这种状态中,好恶等区别都消失了。没有了主观的安排,于是万物可以各得其所。这当然是道家一直倡导的无为原则,无为则万民不争,无为则万物自定。《道原》认为,如此就是所谓"抱道执度",就是内圣;其结果则是"天下可一",就是外王。

从这个角度再来看《老子》,我们也可以发现同样的东西。如学者已经注意到的,老子经常使用"圣人"一词,而且其意义兼具圣与王两重。如蒋锡昌所说:"《老子》全书所谓'圣人',皆指理想之人君而言。"[1] 故每将圣人与百姓或民相对,并以"处无为之事,行不言之教"描述之。按照老子的看法,能够取天下者非圣人

---

[1] 蒋锡昌:《老子校诂》,台北:明伦出版社,1971 年,第 14 页。

莫属。如第六十六章所说：

> 江海所以能为百谷王者，以其善下之，故能为百谷王。是以欲上民，必以言下之；欲先民，必以身后之。是以圣人处上而民不重，处前而民不害，是以天下乐推而不厌。以其不争，故天下莫能与之争。

所谓圣人，也就是有孔德或玄德之人，他是唯道是从的。正如天得一才清，地得一方宁，侯王只有得一乃可以为天下正。得一也就是得道，即成为圣人，并由圣人进而成为圣王。

  注意到道家传统中这种内圣外王的理想，可以在很大程度上改变人们有关道家忽视积极的政治建构的印象。事实上，由老子开始经由黄老之学而发展的思想传统一直把政治秩序的建构视为圣人追求的重要目标，这使得道家在汉代更多地被看作是"君人南面之术"[1]，而不仅仅是某种批判或者否定的东西。也许这样才可以了解黄老思想在汉初的流行，以及司马谈对于道家的赞美。[2]

---

[1] 《汉书·艺文志》论道家语。
[2] 《史记·太史公自序》记司马谈《论六家要旨》，以道家"因阴阳之大顺，采儒、墨之善，撮名、法之要"，冠绝六家，当为汉初崇尚道家之表现。

关于《文子》的几个问题

《文子》一书，刘歆《七略》及班固《汉书·艺文志》道家类有著录，共九篇。《隋志》《唐志》均记为十二篇。自北魏至南宋，有李暹、徐灵府、朱弁、杜道坚等为之注。[1] 其中李、朱注文全部佚失，徐注尚存少量，唯杜注保存稍完整，但仍缺《道原》、《十守》（或名《九守》）、《道德》、《上仁》、《上礼》五篇。此书汉代以后有流传，有一定影响，唐玄宗时曾被奉为《通玄真经》，与《老子》《庄子》《列子》等并列。然自元以来，则鲜有人问津，传本亦颇稀。

1973 年，河北定县八角廊 40 号汉墓出土一批竹简，报告说有《文子》，遂刺激了学者研究《文子》的兴趣。1988 年李定生、徐慧君《文子要诠》出版，因简文尚未公布，主要依据传世本解说，于研究《文子》颇有推动之功。但其关于《文子》一书的诸种见解多有可商之处。今据《文物》1995 年第 12 期公布之竹简《文子》

---

[1] 此据杜道坚《文子缵义》牟巘序，北京：中华书局，1985 年。

的初步释文,并参考传世本《文子》,及目前学者的研究成果,[1]试提出以下一些零散的意见。

一 关于平王

《汉书·艺文志》班固于《文子》下自注云:"老子弟子,与孔子并时。而称周平王问,似依托者也。"传世本《文子》中只有《道德经》最后一段有"平王问文子曰"之语,而竹简《文子》则全部为"平王问""文子答"的形式,可知古本《文子》当如此,而传世本则遭后人改窜。班固以平王为周平王,不知何据,因传世及竹简《文子》"平王"前均无"周"字。但据南宋时牟巘为杜道坚《文子缵义》所作序中称,唐徐灵府注《文子》时仍因袭了班固以平王为周平王的说法。同时,牟序中也提及有人以平王为楚平王,但归之于不可考。后来,清人孙星衍继承此说,云班固误读《文子》,肯定平王当是楚平王,其云:"文子师老子,亦或游于楚,平王同时,无足怪者。"[2] 今世学者多从孙说,更为之申论。然楚平说亦多有解释不通之处,最明显者莫过于时代难合。考楚平王于公元前528年至公元前516年在位,此时孔子24岁至36岁,以

---

[1] 主要研究成果有:李学勤《试论八角廊简〈文子〉》,《文物》1996年第1期;李学勤《〈老子〉与八角廊简〈文子〉》,《中国哲学史》1995年第3—4期合刊;张岱年《试谈〈文子〉的年代与思想》、李定生《〈文子〉非伪书考》《文子其人考》,《道家文化研究》第五辑及第四辑。

[2] 孙星衍:《问字堂集》,上海:商务印书馆,1937年,第87页。

老子长孔子二十岁计，其年纪为 44 岁至 56 岁。又据《史记·孔子世家》，孔子于鲁昭公二十年即公元前 522 年曾适周，问礼于老子，[1] 则是时老子尚为周王官，学术未成，亦不得有弟子。此年距楚平王之死不过六载。若考虑到老子著书在去官之后，出关之时，则其弟子以其道与楚平王问答，显为不可能之事。[2] 今观竹简《文子》，"平王"前虽无"周"字，然仍当以班说为是，平王确指周平王，理由如下：

（1）2391 号简云："（辞曰：道者，先圣人之传）也。天王不（赘不□）。"观此简语气，乃是文子答平王之语，其中出"天王"一词，当是文子对平王的称号。考"天王"之称，约出于周平王东迁之后，是时南方楚吴等国君称王，为区而别之，故尊周天子为天王。《春秋》隐公元年"秋七月，天王使宰咺来归惠公，仲子之赗"，及隐公三年"三月庚戌，天王崩"，"天王"均指周平王。此书及《左传》中多有称周天子为天王之例，而从不见诸侯国君得称天王者。因此，从文子称平王为天王之例看，平王必为处天子位之周平王，楚平王固不足以当之。

（2）平王与文子问答中，文子之答语也多能显示出对方之天子身份，试观以下诸简：

---

[1] 以上年代之说法主要依据李学勤《〈老子〉与八角廊简〈文子〉》。
[2] 张岱年先生对文子能否与楚平王对话即已质疑，见《道家文化研究》第五辑，第 134 页。

0590 及 0629：［天］子有道，则天下皆服，长有□社稷

2327：有天下，贵为天子，富贵不离其身

2376：观之古天子以［下，至于王侯，无□□］

2321：诸侯倍（背）反（叛），众［人□正，强］乘弱，大陵小……

0579：一人任与天下为雠，其能久乎……

0717：故有道者立天下，则天下治

0211：□天子执（设）明堂□中□，天子□□□

0699：百国之君，皆［驩（欢）］然思欲爱

2215：［不敢］者所以自□也，天子居中［央］者

文子多言"天子""贵为天子""天下"等，显然由于对方具有"天子"的身份。否则，诸如"诸侯倍（背）反（叛）""百国之君"的提法便属无稽之谈。

以上可证平王必指周平王，而非楚平王或其他诸侯国君，班固之说然也。

二 关于文子

班固以文子为老子弟子，与孔子并时，此前不闻此论，亦不知何据。《汉书·艺文志》道家类另有《蜎子》十三篇，班氏自注云："名渊，楚人，老子弟子。"学者一般以为即环渊，当齐宣王时，为稷下先生，《史记》以为学黄老道德之术，并发明序其旨意，谓此

人述老子可也,谓其为老子弟子,则非也。疑班固言文子为老子弟子,亦出于同样原因,盖以《文子》书能发明老子宗旨故也。后人另有言文子为计然、文种者,[1]皆无据。

前已言平王乃周平王,以文子与周平王相问答,且自称"臣",则文子固为平王朝中之臣,似不必自后世求之。道家之书,本多依托之言,如《伊尹》设为伊尹、商汤问答,《鹖子》设为鹖子、周文王问答,以及帛书《黄帝四经》设为黄帝与太山稽、果童、力黑问答等,其言行事迹历史中虽无有,然人物关系从不混乱,并无"关公战秦琼"之例。以此知平王固为依托,文子亦然。班固等以文子为老子弟子,实无证据。今本《文子·道德》篇中有"平王问文子曰:吾闻子得道于老聃,今贤人虽有道,而遭淫乱之世",可为文子师从老子之证,但遗憾的是,竹简《文子》适有此段,0880号:"王曰:人主唯(虽)贤,而曹(遭)淫暴之世……"而无"吾闻子得道于老聃"句,可知此为后人增益,非原文之旧。

进一步言之,文子既为平王之臣,依《春秋》之例,天子之臣称字,则文子固为字也。仅《左传》所见,以文子为字者即有十二人,可知周时以文子为字之人颇多,或平王朝中实有一以文子为字之臣,后人依托,亦不无可能。

---

[1] 宋牟巘以文子为计然,见《文子缵义》"序",清江瑔《读子卮言》以文子为文种。

三 关于《文子》一书的年代

论《文子》之年代，当区分竹简所代表的古本与传世本。传世本《文子》必完成于班固之后、唐初以前，或在东汉末至魏晋时期。而竹简本发现于中山怀王刘修墓中，刘修死于宣帝五凤三年，当公元前 55 年，则此书古本至少在此前完成。进一步言之，竹简《文子》2465 号有"文子上经圣□明王"的文字，李学勤先生认为应标点为"《文子》上经：《圣□》、《明王》"，并推测竹简《文子》原分上经、下经，[1] 应属合理。我们知道，《文子》是道家作品，武帝"罢黜百家，独尊儒术"之后显然不会立它为经，则其称经必在此前，或在景帝时期。据《法苑珠林》卷六十八引《吴书》记阚泽对孙权曰："汉景帝以黄子、老子义体尤深，改子为经，始立道学，敕令朝野悉讽诵之。"[2] 似乎景帝时有称道家著作为"经"的举措。果如此，则古本《文子》至少在景帝时已存，或当在景帝之前。

那么，古本《文子》会不会是先秦作品呢？定县竹简中发现《文子》的消息传出之后，学者多以《文子》为先秦古籍。又引《韩非子·内储说上》之言："赏誉薄而谩者下不用，赏誉厚而信者下轻死，其说在文子称'若兽鹿'。""齐王问于文子曰：治国何如？对曰：夫赏罚之为道，利器也。君固握之，不可以示人。若如臣

---

[1] 可参考李学勤《〈老子〉与八角廊简〈文子〉》。
[2] 此引自许抗生《帛书老子注译与研究》，杭州：浙江人民出版社，1982 年，第 135 页。

者，犹兽鹿也，唯荐草而就。"此文子前人有以为尹文子者，[1] 以年代论之，正可与齐王问答，然亦未必即尹文。观韩非所引此文子之思想，虽受老子一定影响，却更具浓厚之法家气息，大抵为本于黄老而主刑名法术者，与《文子》之以道德治天下思想不合。加之其语不见于竹简及传世本《文子》，文例亦不合，故不能作为《文子》形成于战国时之证据。

张岱年先生《试谈〈文子〉的年代与思想》一文中说："近年河北定县40号汉墓出土的竹简中，有《文子》残简，证明《文子》确是汉初古籍。但是，《文子》即令是《汉书·艺文志》之旧，而是否就是先秦的旧籍，似乎还需要做进一步的考察。"[2] 张先生主要依据传世本，得出了《文子》作于汉文景时期的结论。严格地说，传世本虽以竹简所代表的古本为依据写定，但其形成要远远晚于文景时期。但此文指出《文子》非先秦旧籍，是非常慎重而正确的。即以古本《文子》而论，其形成也应在汉初，或在高帝时期。

此问题可从两方面讨论，一是思想、文字有受《庄子》《黄帝四经》等影响的痕迹，一是其所关注之问题及背景与汉初的情形相合。自前一方面而言之，则竹简《文子》所谓"[修德非一]听，故以耳听[者，学在]皮肤；以心听□，学在肌肉；以□听者……"，显然本于《庄子·人间世》的如下一段话："若一志，

---

[1] 如王范之，见氏著《吕氏春秋研究》，呼和浩特：内蒙古大学出版社，1993年，第176页。
[2] 见《道家文化研究》第五辑，第133页。

无听之以耳，而听之以心；无听之以心，而听之以气。"而其"忿兵""骄[兵]""义[兵]"等的提法，则来源于帛书《黄帝四经》。同时，古本《文子》喜用"传曰""君子"等，大概是受到了孟子特别是荀子等的影响（详后）。自后一方面而论，竹简《文子》所关注之问题，非如战国时期著作以如何取天下为主，而是帝王、天子治天下、守天下之道，如下述诸简所说：

0806：大而不衰者所以长守□
0864：高而不危，高而不危者，所以长守民
2327：有天下，贵为天子，富贵不离其身

所谓"攻守之势异也"。竹简《文子》所反映者，乃为守势，而非攻势。此正为汉家天下初定之情形。

进而言之，则古本《文子》之作，即当于高祖之时，试观以下诸简文字：

0880：王曰：人主唯（虽）贤，而曹（遭）淫暴之世，以一
0837：[之权]，欲化久乱之民，其庸能
1172、0820：然臣闻之，王者盖匡邪民以为正，振乱世以为治，化淫败以为[仆]……

"淫暴之世""久乱之民""匡邪民以为正""振乱世以为治"，所反映的应是经过了暴秦统治及楚汉相争后之社会情形及要努力之方

向。高祖以后,则不当如此说。

四　关于依托平王的理由

此书既作于高祖之时,则其依托平王的理由亦可有一说明。一般而言,被依托之人与作者当时面对之情形当有某种相似之处,如战国时人喜托黄帝,盖以黄帝本为一方诸侯,后乃经由战争取胜而统一天下者,此正合当时人君之愿望。而学者亦欲借此进言于人主,以求见用于当世。值高祖之时,天下虽一,然处暴秦之后,国乱民贫,故巩固统治乃成当务之急。其情形颇类似于幽厉后东迁之平王。说起来平王也算是开创了东周五百余年基业的第一代天子,于高祖当颇具吸引力。故时人依托平王,实为向高祖进言便利之考虑。

五　竹简《文子》与陆贾《新语》

陆贾《新语》之作,当高祖得天下不久,事见《史记·郦生陆贾列传》,与古本《文子》约同时。陆贾时时称引《诗》《书》,乃一儒生,《新语》亦列于《汉书·艺文志》儒家类。是书大抵以仁义为要,而杂以无为等内容,与《文子》主旨自不同。其与《文子》可比者有以下两事:

1. 二书皆以守天下为务。《文子》言已见前述。《新语》云:"夫居高者,自处不可以不安,履危者,任杖不可以不固","怀刚者久而缺,持柔者久而长",此等与《文子》类似。

2.《新语·无为》论教化之重要,以善恶为教化所致,篇末云:"故子曰:'移风易俗'。岂家令人视之哉,亦取之于身而已矣。"强调君主以身为教则民化,并反对以刑法治国。竹简《文子》亦有论教化者:

2310:[教]化之,平王曰:何谓以教化之?
0694:古圣王以身先之,命曰教,平王
0635:反本教约而国富,故圣
2243:[主]国家[安]宁,其唯化也,刑罚不足

此云"以身先之,命曰教""其唯化也"等,均与《新语》略同。

六 竹简《文子》与帛书《五行》篇

竹简《文子》与帛书《五行》同属20世纪70年代以来发现之文献。探讨其间的关系自然是一个新的话题。从出土地域来看,《五行》在湖南长沙,《文子》在河北定州,相距甚远。且前者属儒家思孟学派文献,约作于战国后期,孟荀之间。后者则为汉初道家作品。但其间却有令人感兴趣的联系。《五行》篇以仁、义、礼、智、圣为五行,认为五行和为德有关,德即天道。这里实际出现了七个条目即道、德、仁、义、礼、智、圣。而竹简《文子》(及今本《文子·道德》篇)也同样以平王问的形式依次论列道、德、仁、义、

礼、智、圣。且以德、仁、义、礼为四经，可对比于《五行》之以仁、义、礼、智、圣为五行。更引人注目的是，《五行》及竹简《文子》对圣智的解释完全相同，我们先看《五行》的说法：

> 见而知之，知也，闻而知之，圣也。
> 闻君子道，聪也，闻而知之，圣也，圣人知天道。

而竹简《文子》说：

> 0896：平王曰：何谓圣知？文子曰：闻而知之，圣也。
> 0765：而知择行，故闻而知之，圣也。
> 0834：知也成刑（形）者，可见而……
> 0803、0711：知也，故圣者闻未生，知者见成

今本《文子》作：

> 文子问圣知。老子曰：闻而知之，圣也。见而知之，智也。圣人常闻祸福所生而择其道，智者常见祸福成形，而择其行。圣人知天道吉凶，故知祸福所生，智者先见成形，故知祸福之门。闻未生，圣也。先见成形，知也。无闻见者，愚迷。

二书同以"闻而知之"规定圣，"见而知之"规定智，又以圣为知

天道。值得注意的是，此种对圣智之解释不见于传世诸文献，更使人相信二书间或有影响存在。同时，若进一步追究《五行》对圣之理解，当受老子及帛书《道原》之启发。老子屡言圣人与道，道本无形，《道原》则称："故唯圣人能察无形，能听无声"，即"闻而知之，圣也"及"闻未生，圣也"之义。

西汉竹书《老子》与严遵《老子指归》

北京大学藏西汉竹简《老子》的整理出版，对于《老子》一书文献和思想方面的研究，是一个极大的贡献和推动。整理者韩巍先生已经对此进行了很深入的讨论，书末还附有《老子》九个重要版本的对比，极方便于读者。整理者根据内容和字体等因素综合判断，北京大学藏西汉竹书的抄写年代"应主要在汉武帝后期，下限不晚于宣帝"。《老子》似乎略早一些，"《老子》的字体在这批竹书的各种文献中属于相对较早的一种，但仍然明显晚于银雀山汉简，估计其抄写年代有可能到武帝前期，但不太可能早到景帝"[1]。竹简《老子》分上下两篇，上篇称"老子上经"，下篇称"老子下经"，与帛书两本同中有异。帛书也分上下两篇，甲本无篇题，乙本的篇题是"德"和"道"。汉初崇尚黄帝老子，唐释道世《法苑珠林》卷六十八载三国时吴人阚泽之语："汉景帝以黄子、老

---

[1] 北京大学出土文献研究所：《北京大学藏西汉竹书》（贰），上海：上海古籍出版社，2012年，第209页。

子义体尤深,改子为经,始立道学,敕令朝野悉讽诵之。"学者对此说法一直半信半疑,竹书《老子》上经、下经的命名,可以印证改《老子》为经的记载。《汉书·艺文志·诸子略》道家类有《老子邻氏经传》《老子傅氏经说》《老子徐氏经说》等,也最有可能形成于景帝时期至武帝早期《老子》称经的氛围中。三者之后刘向的著作,就以《说老子》命名了。

从帛书甲乙本到西汉竹书《老子》,再到严遵的《老子指归》,我们很幸运地看到从秦汉之际到西汉后期的四个《老子》文本。其中前三个文本结构和内容上都比较完整,严遵《老子指归》仅存半壁。考虑到文本抄写和流传的复杂性,我们不能简单地把这几个文本看作是在时间线索中的单线演化,但它们之间的某种一致性以及与后来文本之间的差别仍然是明显的。这对于我们研究《老子》文本的演变以及古代文本演变的一般情形都有重要的价值。本文主要分析、讨论西汉竹书《老子》与严遵《老子指归》在文本上的关系,并对《老子指归》所注释的《老子》文本和现存文本之间的关系进行考察。由于严遵本相当于汉简本《老子》下经的部分已经佚失,所以我们有关文本内容的具体讨论主要围绕着相当于汉简本《老子》上经的部分进行。

一

相对于内容而言,一个文本的篇章结构似乎较少引起人们的注意。但从文献及经典解释的历史来看,篇章结构本身经常被赋予特别的意义,以至于我们可以说它本身就是文本内容的一部分。随着过去几十年出土文献的大量发现,学者们越来越相信古代的文本形成是一个过程,我们今天能够看到的各种经典的通行本并不是一蹴而就的。在通行本文本构造的过程中,或许有偶然因素导致的某些变化,但整体上来说,都是编者和解释者有意识活动的结果。这些有意识的活动背后总是基于某种态度或者思想,我们完全可以放在思想史的视野中去进行处理。

《汉书·王贡两龚鲍传》称严遵"依老子、严周之指,著书十余万言",虽未提及书名,后人以为即《老子指归》。该书最早著录于《隋书·经籍志》,作"老子指归,十一卷,严遵注",此后又有十三卷、十四卷等不同的说法。宋、元时尚得见全本,明以后《道经》部分佚失,有《德经》流传。今人王德有先生在前贤工作的基础上整理《老子指归》,附有《道经》部分的辑佚等,颇便利于学者。

《老子指归》所据老子经文的篇章结构,在"君平说二经目"中有详细的说明。兹将说目内容抄录于下:

> 庄子曰:昔者老子之作也,变化所由,道德为母,效经列首,天地为象,上经配天,下经配地。阴道八,阳道九,以阴行阳,故七十有二首。以阳行阴,故分为上下。以五行八,故上经四十而更始。以四行八,故下经三十有二而终矣。阳道奇,阴道偶,故上经先而下经后。阳道大,阴道小,故上经众而下经寡。阳道左,阴道右,故上经覆来,下经反往。反复相过,沦为一形。冥冥混沌,道为中主。重符列验,以见端绪。

下经为门，上经为户。智者见其经效，则通乎天地之数、阴阳之纪、夫妇之配、父子之亲、君臣之仪，万物敷矣。

文中的庄子即严遵，庄是严遵本来的姓氏，因避汉明帝刘庄讳改庄为严。从说目来看，我们知道严遵所解释的《老子》文本从结构上来说有如下几个特点：第一，依天地之象而为上下两经，上经配天，下经配地。第二，依阴阳之数而成七十二首（即章），所谓阴道八，阳道九，以阴行阳，故七十有二首。第三，七十二首分上下两部分，上经四十首，下经三十二首。"以五行八，故上经四十而更始。以四行八，故下经三十有二而终矣。"第四，上经和下经的区分有诸多意义，如以阴阳奇偶定上下经的先后，以阴阳大小定上下经的众寡，以阴阳左右定上下经的内容，或覆来，或反往。第五，上下经的区分通乎天地之数、阴阳之纪、夫妇之配、父子之亲、君臣之仪，万物敷矣。

这是一个相当系统的关于《老子》篇章结构的理解。根据《汉书》的记载，严遵精于《周易》，长于卜筮。体现在《说目》之中，便是以易学中的天地之数和阴阳之纪来解释《老子》。很显然，在严遵这里，《老子》的篇章结构本身已经成为解释的对象，并被认为具有丰富的意义。在解释活动中突出经典结构本身的意义，比较早地开始于战国时期的《诗》学和《易》学等。如上海博物馆藏《孔子诗论》竹简就很重视风、小雅、大雅和颂的区分及其内涵；《序卦传》对于六十四卦的顺序有很巧妙且富于哲理的说明，并特别突出上下经的区别以及上经之始乾坤和下经之始咸恒诸卦的意义。到了汉代初年，这已经成为经典解释过程中比较常见的现象。这必然影响到关于《老子》的解释，可惜邻氏、傅氏、徐氏已经失传，目前可见最早对《老子》篇章结构进行解释的，就是严遵的《老子指归》。

需要特别强调的是，对《老子》篇章结构进行解释的过程同时就是这个结构构造的过程。譬如，把《老子》分成七十二章应该就是严遵的创造。有了汉简的参照，这个说法显得更可靠一些。从结构上来看，汉简《老子》与严遵注本之间有同有异。就其同者而言，首先是篇分上下，并且都称"上经"和"下经"。如前所述，《老子》称经，始自景帝，体现出该书在当时所具有的重要地位和影响。到武帝"罢黜百家，独尊儒术"，博士只立五经，迥异于文、景二朝，官学传统中"经"名的使用受到限制。但在民间，以《老子》为经的传统仍然延续，严遵即其证明。其次，上经和下经所指涉的范围相同。汉简《老子》上经从"上德不德"句开始，至"为而不争"结束；下经从"道可道"开始，到"天地将自正"结束。严遵所依据的《老子》文本也是如此。所谓上经四十章、下经三十二章的起讫和汉简上下经完全相同。明清以来，因为《老子指归》文本的残缺，学者对于严遵所据《老子》经文篇次的认识经历了一个过程。由于河上公本、王弼本在历史上的巨大影响，学者或认为严遵本也该是同样的篇次。典型者如《道藏·洞神部·玉诀类》所收的谷神子注《道德真经指归》，将相当于今本第三十八章至八十一章的内容列在第七至十三卷，显然是为了和通行本相符合。钱曾《读书敏求记》云：

严君平《道德指归论》七卷至十三卷，谷神子序云:《道德指归论》，陈、隋之际，已逸其半，今所存者止《论德篇》。近代嘉兴刻本，列卷一之六，与序文大相径庭，其中阙落者尤多。牧翁从钱功甫得其乃翁叔宝抄本，自七卷讫十三卷，前有总序，后有"人之饥也"至"信言不美"四章，与总序相合。

可见嘉兴刻本卷一至卷六的内容与谷神子序本的卷七至卷十三的相当，都是《德篇》的部分。这至少表明此时存在着两个不同篇次的本子，一个是德篇先道篇后，另一个是道篇先德篇后。汲古阁刊津逮秘书本《道德指归》列卷一至六，本于胡震亨的《秘册汇函》，胡氏曰："《道德指归》，视河上公篇目，直是下经。"仍存古本之旧。此古本篇次，《四库提要》著者已不能辨。晚近学者中，严灵峰仍然沿袭此误以论《指归》，致有诸多误会发生。郑良树辨别此问题已比较清楚，王德有先生点校《老子指归》虽然以《道藏》本为底本，但在篇次上则遵循了津逮秘书本的做法，其云："《道藏》本及怡兰堂丛书本将一至七卷的卷次列为七至十三，本书据序文《说二经目》'上经四十'、'下经三十有二'语及其他校本改回。"[1] 这个改动是正确的。

《老子》诸本之篇次差异，自帛书本发现之后，便引起了学者的注意。帛书本的篇次与汉简本、严遵本相同，韩非《解老》亦

---

[1] 严遵:《老子指归》，北京：中华书局，1994年，第19页。

从"上德不德"开始，从中似可推知其所据老子文本的次序。目前所发现的帛书甲乙本和汉简本、严遵本等，篇次相同，但与通行本有异。通行本的篇次和分章，最有可能是刘向校书时所定，宋谢守灏《混元圣记》卷之三记载：

> 按刘歆《七略》，刘向雠校中《老子》书二篇，太史书一篇，臣向书二篇，凡中外书五篇一百四十二章，除复重三篇六十二章，定著二篇八十一章。上经第一，三十七章，下经第二，四十四章。[1]

刘向所校的《老子》来源并不复杂，太史书一篇或非全本，他自己所藏和中书都是两篇。从五篇一百四十二章来推测，平均每篇不到三十章，这意味着八十一章、道篇在先德篇在后的《老子》本可能出自刘向的构造。合理的推测，也只有刘向的权威才可以解释这个文本在后世所产生的巨大影响。上经和下经篇次的调整有无历史的根据，因为材料有限，无法确定。但无论如何，刘向确定的"上经第一，三十七章，下经第二，四十四章"不同于目前所见秦汉诸本，成为以后流传各本的基础。目前所见最早的道篇先德篇后文本

---

[1] 同样是分成八十一章，《老子》上下经也有不同的安排。《混元圣记》记载葛洪等"遂灭道经常无为一章，继德经之末，乃曰：天以四时成，故上经四九三十六章，地以五行成，故下经五九四十五章，通上下经以应九九之数"。这种做法更进一步强化了数字在构造《老子》结构上的意义。

是《老子想尔注》，该本的敦煌残卷在相当于通行本三十七章之后有"老子道经上"的篇题。[1] 王弼本的篇章结构与此类似，但不用"道经"和"德经"的名字，晁说之所谓"不析乎道德而上下之"。但应该是接受了八十一章的区分。[2]

就分章而言，郭店竹简三组《老子》和马王堆帛书甲乙本都通过空格或者圆点等证明了它的存在。汉简本因为有明确的分章符号，以及每章另简书写的方式，可以确定是七十七章。这个数字本身并不像七十二或者八十一那样有什么特别的意义，显得有些朴素。看来竹简本在分章上并没有自觉的数字意识，只是某种传统的延续。严遵应该是最早有意识地运用数字来组织和构造《老子》分章的解释者，按照《说二经目》，全书分七十二章、上经四十、下经三十二，无一不和天地之数、阴阳之纪有关。我们有理由相信，是严遵赋予了这个文本七十二章的结构，而不是他继承了这个结构。在这个过程中，他所熟悉的易学知识和阴阳家传统发挥了决定性的作用。事实上，在阴阳家的传统中，数字七十二和五行学说有着密切的关系，七十二是一年三百六十天的五分之一，此观《管

---

[1] 饶宗颐：《老子想尔注校证》，上海：上海古籍出版社，1991年，第1页。

[2] 刘笑敢先生引用明代薛蕙和朱得之的话，主张王弼本不分章，八十一章王弼本当在明代后期或清代。但王弼《老子》第二十三章注云"下章言：道之出言，淡兮其无味也。视之不足见，听之不足闻"，第二十八章注云"下章云：反者道之动也"，第五十七章注云"上章云：其取天下者常以无事，及其有事，又不足以取天下也"，足证王弼本《老子》分章的存在。瓦格纳已经注意到这一点，见《王弼〈老子注〉研究》（上），南京：凤凰出版传媒集团，2008年，第299页。刘说见《老子古今》，北京：中国社会科学出版社，2006年，第110页。

子·五行》篇可知。[1] 到了汉初，《大戴礼记·易本命》以"三三而九"开始，依次论"九九八十一""八九七十二""七九六十三"等，《淮南子·天文训》论律历之数，也牵涉八十一和七十二等。[2] 在这里，我们也可以看到刘向把《老子》重新划分为八十一章所具有的数字意义，和七十二一样，八十一这个数字也具有特别的意义，九是阳数之极，八十一则是九九之数。其他如扬雄的《太玄》有八十一首，汉光武帝颁布的图谶也是八十一篇，都是自觉地用数字构造文献的结果。

二

汉简《老子》的发现，提供了一个目前时代颇早而保存又最为完整的《老子》文本，对于该书的校勘来说，其意义不言而喻。我们知道，帛书和楚简《老子》已经帮助学者进行了很多重要的文献和思想解释方面的工作。如瓦格纳关于王弼注本复原的研究就非常受益于帛书本，刘笑敢《老子古今》则主要对勘了战国竹简本、帛书本（甲、乙）、傅奕本、河上公本和王弼本。在这个过程中，严遵的《老子指归》得到了研究者的关注。的确，这是现存最早的《老

---

[1] 《管子·五行》："日至，睹甲子木行御……七十二日而毕；睹丙子火行御……七十二日而毕。"

[2] 杨希枚：《中国古代的神秘数字论稿》，《杨希枚集》，北京：中国社会科学出版社，2006 年。

子》注本,其价值应该得到特别的肯定。郑良树曾经仔细对比帛书本和严遵本,得出了以下结论:第一,严本有些句子省略,与帛书本《老子》相符合;第二,严本有些实义单字的用法除与帛书相合外,与其他各本皆不相同;第三,严本有些句子、词汇,除与帛书相合外,与其他各本皆不相同;第四,将严本与各本相互比勘,可以发现不少虚字实字严本都省略了,这些省略,许多都和帛书《老子》相合;第五,严本有一些句子和词汇,如果和今本相比较,它们是颠倒互移的,这种现象不是很平常,但是,它们却和帛书本《老子》相符合。[1]这些观察足以证明严遵本近古,以及其版本的价值。

对于汉简本和严遵本而言,由于其时代接近,整理者已经注意到它们之间的文本联系。譬如在分章位置上,汉简本与帛书本以及各传世本都不同,而与严遵本相同的地方至少有一处,这主要牵涉"方而不割,廉而不刿,直而不肆,光而不耀"的位置。在通行本中,该句位于五十八章的结束部分,"方而不割"前一般有"是以圣人"字样。帛书作"是以方而不割"。汉简本则位于下一章的开始,后面紧接"治人事天莫若啬"。严遵本与之相同。在小注中,韩巍特别指出,可惜严本《道经》早佚,否则其分章与汉简本相合之处可能更多。[2] 他也将汉简本与传世诸本进行了比较,得出了如下的结论:"将汉简本与最具代表性的几种传世版本对校,我们发

---

[1] 郑良树:《论严遵及其〈道德指归〉》,收入《老子论集》,台北:世界书局,1983年,第143—172页。

[2] 北京大学出土文献研究所:《北京大学藏西汉竹书》(贰),第214页注19。

现汉简本与严遵《道德指归》本相合之处颇多。"[1] 当然，韩巍反复强调汉简本和严遵本并不能简单地看作是属于同一个系统。

　　帛书本和汉简本与严遵本之间在很多地方的相合，在很大程度上提升了严遵本的价值，同时也促进了关于严遵本的研究。如我们所知道的，古代文本在流传过程中由于各种各样的因素影响而发生改变，典型者如《老子》王弼注本，我们现在所能看到的不过是明代张之象的刻本。这个刻本和原来的王弼本之间有着很大的距离，这已经成为学者的共识。通过一系列的研究，尤其是瓦格纳细腻而集大成性质的工作，我们可以比较清楚地看到这个文本在流传中所发生的改变，并努力还原其本来的状态。在还原的过程中，瓦格纳最主要的原则有两个方面：第一是王弼老子注所呈现的内在证据；第二是某些可靠的文本族所提供的外在支持。[2] 我们可以本着同样的态度和原则来看待严遵本，能够确定的是，目前所见的严遵本在流传过程中已经发生了若干的改变，严遵古本与帛书及汉简相合之处应该更多。以下，我们就在汉简本等的背景下，结合严遵《老子指归》中的注释性文字，用几个例子还原某些严遵古本的面貌。在每一条中，我将先列出严遵本（王德有整理本）和汉简本的文字，然后进行讨论。

---

[1] 北京大学出土文献研究所：《北京大学藏西汉竹书》（贰），第220页。
[2] 这些原则此前已经被中国和日本的学者使用着，但瓦格纳则通过系统的方法论思考和细腻的版本梳理将其推到极致。他所使用的主要版本是马王堆帛书甲乙本、傅奕本和范应元本。

（一）上士闻道篇

严本：上士闻道，勤而行之；中士闻道，若存若亡；下士闻道，大笑之。不笑，不足以为道。故建言有之：明道若昧，进道若退，夷道若类。上德若谷，大白若辱，盛德若不足，建德若偷，质真若渝。大方无隅，大器晚成，大音希声，大象无形。道隐无名，夫唯道善贷且成。

汉简本：上士闻道，堇能行；中士闻道，若存若亡；下士闻道，大笑之。弗笑，不足以为道。是以建言有之曰：明道如沫，进道如退，夷道如类。上德如谷，大白如辱，盛德如不足，建德如榆，枉真如鞠。大方无隅，大器勉成，大音希声，天象无形。道殷无名，夫唯道，善贷且成。

这里最明显的区别是汉简本中的"如"字在严遵本中都成了"若"字。但从意义上来看，最值得注意的却是严本的"道隐无名"句，汉简作"道殷无名"，韩巍云："殷，郭简残，帛乙作'褒'，传世本作'隐'。'褒'、'殷'皆有盛大之义，故可通用，隐乃殷之同音假借。"[1] 王弼本作"隐"，这从注文可以得到确切的证明。"隐"和"殷"意义不同，从《老子指归》的解释来看，严本当和帛书及汉简接近：

---

[1] 北京大学出土文献研究所：《北京大学藏西汉竹书》（贰），第125页。

> 是知道盛无号，德丰无谥。功高无量，而天下不以为大；德弥四海，而天下不以为贵；光耀六合，还反芒昧。夫何故哉？道之为化也，始于无，终于末，存于不存，贷于不贷，动而万物成，静而天下遂也。

所谓"道盛无号，德丰无谥"以及"功高无量""德弥四海""光耀六合"等正是解释"道褒无名"或"道殷无名"，而不是"道隐无名"。另外，从《老子》本章内部来看，"大方无隅，大器勉成，大音希声，大象无形"几个并列的句子突出的是"大"和"无"的因果关系，由此推论出"道殷无名"是合理的。至于"道隐无名"，如王弼注"物以之成，而不见其形，故隐而无名也"所说，突出的是道之虚无的意义。帛书整理小组此章句下云："'褒'义为大为盛，严遵《道德指归》释此句云：'是知道盛无号，德丰无谥。'盖其经文作'褒'，与乙本同，经文后人改作'隐'。隐，蔽也。'道隐'犹言道小，与'大方无隅'四句意正相反，疑是误字。"[1] 严遵本经文未必一定是"褒"字，也可能同于汉简作"殷"，但一定不是"隐"。

大而无名和隐而无名是两个不同的逻辑，前者我们在《论语》中也能发现，《泰伯》云："子曰：大哉尧之为君也，巍巍乎，唯天为大，唯尧则之！荡荡乎，民无能名焉。巍巍乎！其有成功也。焕乎！其有文章。"民无能名焉，是因为其则天之大，故能大哉，

---

[1] 《马王堆汉墓帛书》（壹），北京：文物出版社，1980年，第93页。

有巍巍乎、荡荡乎、焕乎之象,而非因为其隐。但是从庄子开始,另一个不可名的逻辑开始清晰起来,这就是由于无形而不可名的逻辑。《知北游》云:"道不可闻,闻而非也;道不可见,见而非也;道不可言,言而非也。知形形之不形乎!道不当名。"这个思路就是隐而无名的思路,与王弼的哲学是相通的。

(二) 大成若缺篇

严本:大成若缺,其用不弊。大盈若冲,其用不穷。大直若屈,大巧若拙,大辩若讷。躁胜寒,静胜热。能静能清,为天下正。

汉简本:大成如缺,其用不敝。大盈如冲,其用不穷。大直如诎,大巧如拙,大盛如绌。躁胜寒,静胜热。清静为天下正。

除了"若"和"如"的区别,两本之间最大的不同是严本的"大辩若讷",在汉简本中是"大盛如绌"。韩巍云:"郭简此句作'大巧若㑿(拙),大成(盛)若诎(绌),大植(直)若屈','成'通'盛','诎'通'绌'。帛甲作'大直如诎,大巧如拙,大赢如炳'……帛乙此句或应作'大巧如拙,大直如诎,大赢如绌'。汉简本句序同于帛甲,用字则与郭简更为接近。"严本原文应该与帛书比较接近,《老子指归》中没有对"大辩若讷"的解释,却提到了"(赢)〔赢〕而若绌":

> 天道自卑。无律历而阴阳和，无正朔而四时节，无法度而天下宾，无赏罚而名实得，隐武藏威，无所不胜，弃捐战伐，无所不克。无号令而民自正，无文章而海内自明，无符玺而天下自信，无度数而万物自均。是以（嬴）[赢]而若绌，得之若丧。无钟鼓而民娱乐，无五味而民食甘，无服邑而民美好，无畜积而民多盈。夫何故哉？因道任天，不事知故，使民自然也。

严遵注本最可能是"大赢若绌"，易顺鼎已经指出此点，"《道德指归论·大成若缺篇》'大巧若拙'下，又云：'是以赢而若绌'。疑所据本有'大赢若绌'一句而无'大辩若讷'一句"。王弼本已经作"大辩若讷"，从其注文"大辩因物而言，己无所造，故若讷也"来看，原来即如此。学者或以为"今本'大辩若讷'应是（郭店简）'大成若绌'之误"[1]，但更可能的情形是有意识的改动，而不是出自偶然的原因。一方面，"大盛如绌"与该章前面的文字"大成如缺，其用不敝。大盈如冲，其用不穷"有些意义的重复，颇显拖沓；另一方面，"辩"的问题在道家传统中越来越重要，似乎应该在《老子》的文本中有所体现。庄子《齐物论》中有如下一段著名的话：

---

[1] 彭浩：《郭店楚简〈老子〉校读》，武汉：湖北人民出版社，2000年，第98—99页。前引易顺鼎说亦出此。

故分也者，有不分也；辩也者，有不辩也。曰：何也？圣人怀之，众人辩之以相示也。故曰辩也者有不见也。夫大道不称，大辩不言，大仁不仁，大廉不嗛，大勇不忮。道昭而不道，言辩而不及，仁常而不成，廉清而不信，勇忮而不成。五者园而几向方矣。故知止其所不知，至矣。孰知不言之辩、不道之道？若有能知，此之谓天府。注焉而不满，酌焉而不竭，而不知其所由来，此之谓葆光。

"大辩不言"，已经颇有"大辩若讷"的味道。严遵本《老子》上经的最后一章（即今通行本第八十一章）有"善者不辩，辩者不善"之文，《老子指归》云：

四通博达，容疏言讷，谓之不辩。挽挽而成，默默而信，故能成（喜）[善]。何谓成善？动合天心，静得地意，言无不通，默无不利，谓之善。夫善者，君子所本，百行所长。吉祥所合，万福所往。流而不竭，用而不绝。万王不变，异俗不易。天地所与，神明所益。故上以顺天，下以顺人，为治元始，事之恒常。成理万物，覆载群生，天下怀慕，继之无穷者，善也。

不识元首，不睹根本，诬天诬地，诬人诬鬼，属辞变意，故谓之辩。抱嫌履疑，顺心妄动，尚言美辞，故生不善。何谓不善？动与天逆，静与地反，言伤人物，默而害鬼，之谓不善。不善之人，分道别德，散朴浇醇，变化文辞，依义托仁，设物符验,连以地天,因生熊黑,世俗所尊,反指覆意,逃实遁名,耀人寂泊,惑人无端,废直立伪,务以谄君,饰辞以愉其上,朋党以趋主心,开知故之迹,闭忠正之门,操阿顺之术,以倾国家之权,生息暴乱,生育大奸,天下上舌,世浊主昏,壅蔽闭塞,以之危亡者,辩也。

是故圣人,慎戒其始,绝其未萌,去辩去知,去文去言。虚静柔弱,玄默素真,隐知藏善,导以自然。是非白黑,昭如日月,同异真伪,如地如天。空虚无积,与物俱变,无为为之,与物俱然。畜之不盈,散之未既,包裹万方,博者深思不见其绪,辩者远虑不闻其端。施而不屈,变化不穷,终而覆始,大明若昏。

这里集中讨论了善与辩的关系,以解释疏通"善者不辩,辩者不善"之意。今传王弼本第八十一章"信言不美,美言不信;善者不辩,辩者不善;知者不博,博者不知",按照瓦格纳的看法,原本应该作:"信言不美,美言不信;知者不博,博者不知;善者不多,多者不善。"他的证据除了帛书本外,还包括王弼的注释。在瓦格纳看来,王弼注文"实在质也,本在朴也,极在一也",分别是对上引三对句子的解释。瓦格纳说:"马王堆乙本'善者不辩'作'善者不多'。这一定也是王弼本的句子,而'极在一也'一定在此句之后。"[1] 从

---

[1] 瓦格纳:《王弼〈老子注〉研究》,杨立华译,南京:凤凰出版传媒集团,2009年,第712页注3。

一和多相对的角度来看，这个推论是合理的。果真如此，我们可以看到一个有趣的现象，王弼本在接受"大辩若讷"文本的同时，却没有接受"善者不辩，辩者不善"的文本。

（三）圣人无常心篇

严本：圣人无常心，以百姓心为心。善者吾善之，不善者吾亦善之，得善矣。信者吾信之，不信者吾亦信之，得信矣。圣人在天下，惵惵乎为天下浑心，百姓皆注其耳目，圣人皆骇之。

汉简本：圣人恒无心，以百姓之心为心。善者吾亦善之，不善者吾亦善之，直善也。信者吾信之，不信者吾亦信之，直信也。圣人之在天下也，歙歙然，为天下浑[心]，而百姓皆属其耳目焉，圣人而皆咳[孩]之。

"圣人无常心"句，帛书乙本作"圣人恒无心"，汉简同。韩巍云："传世本多作'无常心'，唯景龙本作'无心'。"福井安次郎《校定老子集成》云："顾欢本，圣人无常心，作圣人无心。"刘笑敢已经指出包括严遵本和河上公本在内的古本原作"恒无心"，而不是"无常心"。[1] 王弼在该句下注云"动常因也"，也应是"常无心"。从

---

[1] 刘笑敢：《老子古今》，第487页。

《老子指归》来看,主要发挥"无心"的意义,并提出"无心之心"的说法,可证严本确实应作"无心"。严遵云:

> 道德无形而王万天者,无心之心存也;天地无为而万物顺之者,无虑之虑运也。由此观之,无心之心,心之主也;不用之用,用之母也。

道德之所以尊贵正是因为其"无心之心",故能为"心之主"。圣人当效法道德,怀无心之心,以包万民之心:

> 何以明之?庄子曰:我之所以为我者,岂我也哉?我犹为身者非身,身之所以为身者,以我存也。而我之所以为我者,以有神也。神之所以留我者,道使然也。托道之术,留神之方,清静为本,虚无为常,非心意之所能致,非思虑之所能然也。故知者之居也,耳目视听,心意思虑,饮食时节,穷适志欲,聪明并作,不释昼夜,经历百方,筹策万事,定安危之始,明去就之路,将以全身体而延大命也。若然,则精神为之损,血气为之败,魂魄离散,大命伤夭。及其寐也,心意不用,聪明闭塞,不思不虑,不饮不食。精神和顺,血气生息,心得所安,身无百疾。遭离凶害,大疮以瘳,断骨以续,百节九窍,皆得所欲。
>
> 夫以一人之身,去心则危者复宁,用心则安者将亡,而况乎奉道德,顺神明,承天心,养群生者哉!是以圣人,建

无身之身，怀无心之心，有无有之有，托无存之存。上含道德之化，下包万民之心。无恶无好，无爱无憎。不与凶人为仇，不与吉人为亲。不与诚人为媾，不与诈人为怨。载之如地，覆之如天，明之如日，化之为神。物无大小，视之如身。为之未有，治之未然，绝祸之首，起福之元。去我情欲，取民所安，去我智虑，归之自然。动之以和，导之以冲，上含道德之意，下得神明之心。光动天地，德连万民，民无赋役，主无职员。俱得其性，皆有其神，视无所见，听无所闻。遗精忘志，以主为心。与之俯仰，与之浮沉。随之卧起，放之屈伸。不言而天下应，不为而万物存。四海之内，无有号令，皆变其心。善者至于大善，日深以明；恶者性变，浸以平和；信者大信，至于无私；伪者情变，日以至诚；残贼反善，邪伪返真，善恶信否，皆归自然。

当此之时，涽溺太虚，沾溺至和，民忘心意，芒洋浮游，失其所恶，而获其所求。与天进退，与道周流。非迫禁而去恶，非拘教而后移也。无为为之，而变化不自知也。夫何故哉？世主之化，虚无寂寞，容如枯槁，心如橐籥，志如江海，施如溪谷。不别东西，不异南北，不（辨）〔辩〕甘苦，不嫌白黑，不正方圆，不定曲直。详于玄妙，务自隐匿，与物无治，浮游无极。废我之所欲为，里天之所欲得，万物纷纷，皆（汪）〔注〕其耳目。世主无为，涣如俨容，天地为炉，太和为橐，神明为风，万物为铁，德为大匠，道为工作，天下青青，靡不润泽。故能陶冶民心，变化时俗，上无不包，下无不克，成遂万物,无不斟酌。感动群生,振骇八极,天下芒芒,不识美恶,玄效昧象,自成法式。

无心之说,也见于严遵注释《老子》其他章的文字中,如"夫道之为物,无形无状,无心无意,不忘不念,无知无识……"(《天下有始篇》)、"无为无事,无意无心"(《含德之厚篇》)等。而"无常心"的说法却踪迹全无。

(四)善为道者篇

严本:古之善为道者,非以明民,将以愚之。民之难治,以其知之。以智治国,国之贼;不以智治国,国之福。知此两者亦楷式。常知楷式,是谓玄德。玄德深矣,远矣,与物反,至于大顺。

汉简本:古之为道者,非以明民也,将以愚之也。民之难治,以其智也。故以智=国=之贼也,以不智=国=之德也。恒智此两者,亦楷式。恒智楷式,是谓玄=德=深矣,远□□□□□□□□□。

两本之间除了若干虚词的不同,最大的差异是"不以智治国"和"以不智治国"。该句帛书本作"以不知治国",知、智古通,与汉简本同,通行诸本多作"不以智治国"。严遵本的原貌,我们可以借助于其解释加以推测和判定,《老子指归》云:

是以昔之帝王，经道德、纪神明、总清浊、领太和者，非以生知起事，开世导俗，务以明民也。将以涂民耳目，塞民之心，使民不得知，归之自然也。是以立民于昭昭，而身处乎混冥。教以不知，导以无形。孝悌不显，仁义不彰。君王无荣，知者无名。无教之教，洽流四海，无为之为，通达八方。动与天地同节，静与道德同容。万物并兴，各知其所，名实俱起，各知其当。和气流通，宇内童蒙，无知无欲，无事无功。心如木土，志如死灰，不睹同异，不见吉凶。故民易治而世可平也。

是故，安者，民之所利也；生者，民之所归也。民之所以离安去生而难治者，以其知也。民知则欲生，欲生则事始，事始则（坊）［功］名作，功名作则忿争起，忿争起则大奸生，大奸生则难治矣。故以知为国，则天下智巧，诈伪滋生，奇物并起，嗜欲无穷。奢淫不止，邪枉纤纤，豪特争起，溪谷异名，大祸兴矣。臣惑其主，子乱其父，以白为黑，以亡为有，名变实异，劫杀生矣。恍恍不可安，易易不可全。卷甲轻举，海内相攻，死者无数，血流成川。悲痛怨恨，气感皇天，星辰离散，日月不光，阴阳失序，万物尽伤，山枯谷竭，赤地数千，天下穷困，至于食人。非天之辜，上好智能而教万民也。

废弃智巧，玄德淳朴，独知独虑，不见所欲，因民之心，塞民耳目。不食五味，不服五色，主如天地，民如草木。岩居（安）［穴］处，安乐山谷，饮水食草，不求五谷。知母识父，不睹宗族。沌沌偆偆，不晓东西。男女不相好，父子不相恋。

不贱木石，不贵金玉。丛生杂处，天下一心，八极共旨，九洲同风。蠹虫不作，毒兽不生，神龙与人处，麟凤游于庭。翔风噏噏，醴泉涓涓，甘露漠漠，朱草荣荣，嘉禾丰茂，万物长生。非天之福，主知不知，而名无名也。

从"教以不知"和"主知不知"等说法来看，严遵本原来的经文作"以不知治国"要更合理些。只有"教以不知"，民方能无知无欲。事实上，"不以知（智）治国"和"以不知治国"之间最大的区别在于，在后一个表述中，"不知"成为一个重要的观念和原则。而在前一个表述中，仅仅是对"以知治国"的否定。在老子思想中，"不知"已经是一个重要观念，今本七十一章有"知不知，尚矣"之说。严遵更是对此进行发挥，《老子指归》云：

道德之教，自然是也。自然之验，影响是也。凡事有形声，取舍有影响，非独万物而已也。夫形动不生形而生影，声动不生声而生响，无不生无而生有，覆不生覆而生反。故道者以无为为治，而知者以多事为扰，婴儿以不知益，高年以多事损。由此观之，愚为智巧之形也，智巧为愚之影也。无为，（逐）[遂]事之声也，遂事，无为之响也；智巧，扰乱之罗也；有为，败事之网也。故万物不可和也，天地不可适也，和之则失和，适之则失适。弗和也而后能和之，弗适也而后能适之。故，安世不知危，乱世不知治，若影随形，无所逃之也，不动求响，无所得之也。故知而绝知，不困于知；不知用知，亦不因于知。其所以不因则异矣,而于为不因则一也。

是故圣人操通达之性,游于玄默之野,处无能之乡,托不知之体;寂若虚空,奄忽如死,心无所图,志无所治;聪明运动,光耀四海,涂民耳目,示以无有;庖厨不形,声色不起,知故不生,祸乱息矣。

《老子指归》中另有多处论及不知,如:"不知为首"(《上德不德篇》)、"不知若瞉,无为若雏"(《至柔篇》)、"不知以因道,不欲以应天,无为以道世,无事以养民"(《不出户篇》)、"不知之知,知之祖也;不教之教,教之宗也;无为之为,为之始也;无事之事,事之元也""是以将取天下,常于无事,不言为术,无为为教,无欲为宝,不知为要"(《为学日益篇》)、"思无思之思,求无求之求。明白四达,以学不知,巧雕万物,以学不能。反众人之所务,而归乎虚无。欲不欲而造虚玄,学不学而穷妙极"(《其安易持篇》)、"人之情性,不知而忠信,有知而诞谩;得意而安宁,失意而图非;穷困而轻死,安宁而爱身"(《民不畏死篇》)。由此来看,严遵很突出"不知"的问题,并以之为治国的重要原则。换言之,他不是仅仅反对"以知治国",而是明确地主张用"不知"治国。而不知的体现就是无为和无事的政治。

竹简和帛书文献的发现,对于古书形成的认识,起到了重要的作用。譬如帛书《易传》增加了我们对今本《易传》编纂和定型的理解,郭店的《五行》和《缁衣》与帛书《五行》和今本《礼记·缁衣》的对比让学者更容易感受到文献的变迁。古书的形成是一个过程的观念已经深入人心。但如何理解古书的形成和文献的变迁，仍然值得进一步讨论。其中当然有偶然的原因，如错简、遗失、抄写等因素，但思想史视野的引进是必需的。大部分情形下，帛书、竹简和通行文本之间的不同是源自有意识的改变，包括文本结构的调整、内容的重新编辑、某些文字的改变等。这些调整、编辑或者改变有着自觉的思想诉求，需要我们去发掘和讨论。

另外一种情形似乎更复杂，那就是古代文献的结构和内容等基本定型之后，在流传过程中发生的个别改变，如我们在本文中所讨论的严遵所注《老子》本的情形，目前所见的文本和严遵古本之间存在着的若干不同。在这些情形中，我们可以看到一个明显的现象，文本的改变总是朝着强大的通行本的方向，譬如河上公本和王弼本。当然，这些通行本本身也经历了复杂的构造过程。通行本具有很大的辐射力，帮助塑造着其他相对弱势文本的面貌。[1] 不可否认的是，这种塑造有时候是以无意识的方式进行的，以至于能够罔顾经文和解释性文字之间的不同。帛书和竹简文本的发现有助于我们去注意此种问题，并给古代文本的复原提供更大的可能性。

---

[1] 刘笑敢曾经讨论过"文本趋同"特别是"语言趋同"的现象，参见《老子古今》"导论一"部分。

混沌与宽容
——道家思想的现代意义

当通过"名"表现出来的各种价值和规范不断地增强着它们对于世界的控制时,我们越来越发现自己处在一种无奈的被描述和被命名的困境之中,而这种描述和命名与真实的世界和生命之间并不符合,甚至存在着非常遥远的距离。更无奈的是,渺小的生命根本无法去对抗这种与之疏离的"名"的力量,从而彻底成为"名"的囚徒和牺牲品。因此,对"名"保持着足够清醒的反思态度绝对是必要的,这是对真实生命和世界的尊重,也是对"名者,圣人之所以真物也,名之为言真也"(《春秋繁露·深察名号》)宗旨的回归。我们发现,尽管这个世界在很多领域发生了翻天覆地的变化,但在另外一些方面,一切似乎都没有改变。现代社会的问题不过是古老世界中产生之问题的延续或者再现,在这种理解之下,重温一下古代的解决方案也许对今天的人们来说仍然是有益的。这正是阅读经典的意义所在。就上述的问题而言,以老子和庄子为代表的道家学派有着非常深刻的思考。通过混沌的观念,道家引导人们思考名之世界的有限性,并以此为基础发展出对于生命和世界的宽容态度。本文的讨论即在此问题意识下展开。

一 无 名

如果我们回到两千多年前的春秋时代，会发现自己进入了一个礼乐的世界，或者也可以称之为礼坏乐崩的世界。作为三代文明的最主要象征和遗产，礼乐秩序是那个时代最大的背景，也是那个时代政治家和思想家们的核心关注。此秩序的核心，乃是通过一系列的"名"把各种各样的存在纳入到某种地位和关系之中。[1] 以西周的封建制度为例，各诸侯国分别对应着公、侯、伯、子、男五等爵的某一个等级，并根据此等级拥有其权利，并承担其相应的责任和义务。因此，对于秩序而言，名是最本质的和不可或缺的因素。"名位不同，礼亦异数"（《左传·庄公十八年》）的说法，意味着不同的名就决定了某物在此秩序中的不同角色和处境，因此也就以不同的方式被安顿。从这个意义上讲，名甚至是比某个真实而具体的存在更重要之物。因此，随着世界的剧烈变化，如果名和实之间的错位变得越来越严重，那么秩序的崩溃就成为必然，这正是礼坏乐崩的真相。

古代中国两位最伟大的哲人——孔子和老子——正诞生和活跃在礼坏乐崩之际，面对着类似的情形，他们给出的思考和解决方

---

[1] 《左传·桓公二年》："名以制义，义以出礼，礼以体政，政以正民。"

向是不同的。孔子的思考可以称为正名说，希望通过名和实之间的再度统一来恢复礼乐的秩序。《论语·颜渊》记载："齐景公问政于孔子，孔子对曰：'君君，臣臣，父父，子子。'"重复出现的这同一个字眼，分别具有名和实的意义，并要求着它们之间的一致。这个回答得到了景公的肯定，以为是维护政治权威和秩序的保证。《阳货》篇则借着回答子路的提问，明确提出了正名之论：

> 子路曰：卫君待子而为政，子将奚先？子曰：必也正名乎！……名不正则言不顺，言不顺则事不成，事不成则礼乐不兴，礼乐不兴则刑罚不中，刑罚不中则民无所措手足。

这一系列的句子最足以表现名对于维系和规范此世界的意义，正是在名之中，世界上的每一个存在才能够意识到自己的角色和位置，由此做出恰当的选择，否则"民无所措手足"。这是一个名分的世界，一切都笼罩在名的网络之内，秩序和价值就在此中体现。正名说的实质，乃是根据着每一个存在之名来规范此世界，从而使秩序得以恢复。

《春秋》的意义在这个视野中可以得到最大的呈现。该书是孔子根据鲁史而创作，据说在笔削的过程中完全拒绝了弟子的参与，[1] 因此也可以说是孔子最私人化的作品。孟子曾经如此交代孔

---

[1]　《史记·孔子世家》："至于为《春秋》，笔则笔，削则削，子夏之徒不能赞一辞。"

子作《春秋》的背景和心迹：

> 世衰道微，邪说暴行有作，臣弑其君者有之，子弑其父者有之。孔子惧，作《春秋》。《春秋》，天子之事也。是故孔子曰：知我者其惟《春秋》乎！罪我者其惟《春秋》乎！（《孟子·滕文公下》）

《春秋》之作，正是由于君不君臣不臣父不父子不子的严峻现实，"孔子成《春秋》而乱臣贼子惧"，其批判和重建的意义不言而喻。如《庄子·天下》篇"《春秋》以道名分"之说所概括的，该书的实质乃是通过对于名分的强调，以实现正名的努力。《春秋》之所以为天子之事，是由于正名的主体、制礼作乐的主体应该是天子，如《中庸》所说："非天子，不议礼，不制度，不考文"。但时无天子，孔子乃不得已而代行其事，故有知我罪我之论。

与孔子以正名之说试图恢复礼乐秩序的努力方向完全不同，老子提出的则是无名说。《老子》第三十八章"夫礼者，忠信之薄而乱之首也"的说法，表现出老子对立足于名的礼乐秩序之根本否定。从名的角度来看老子的有关论述，其洞见是石破天惊的：

> 道可道也，非恒道也；名可名也，非恒名也。无名，万物之始也；有名，万物之母也。

这是对名之世界的根本反省，并在此反省中回到万物之始的无名状态。目睹了曾经稳固的名的秩序的土崩瓦解，万物之名在世界变动中的灰飞烟灭，老子意识到可道与可名者皆非永恒。要达到这种认识并非困难之事，真正困难的是无名作为万物之始的发现。长期浸淫在名的世界之中，我们已经习惯了存在与名的关联，甚至误以为名便是存在的本质。但名真的是存在的本质，存在之家吗？"无名，万物之始也"之说的意义，在于穿越名的迷雾，把无名确立为存在之家，确立为万物的本原。这也就同时确立了无名相对于名而言的优先性，或者存在本身之于名的优先性。只有在这个前提之下，《老子》第四十四章"名与身孰亲"问题的提出才是合乎逻辑的，并且不会有歧义的答案。

万物之始的无名注定了会和作为万物本原的道联系在一起，并成为其核心的内容。《老子》中两次出现了"道恒无名"的提法，分别见于第三十二章和第三十七章。前者云：

> 道恒无名，朴，虽小，而天下弗敢臣。侯王若能守之，万物将自宾。天地相合，以俞甘露，民莫之令而自均。始制有名，名亦既有，夫亦将知止。知止所以不殆。

由"道恒无名"引申出来的是侯王以无名为基础建立起来的治道，侯王若持守此无名之道，百姓将自宾。此治道显然不同于以名及正名为基础的礼乐政治，在礼乐政治中，百姓不是自宾，而是被迫进入到某种外在的被强加的秩序之内。所谓"上礼为之而莫之应，则攘臂而扔之"，即是对此情景的叙述。值得注意的是，老子的思考并不完全排斥名的位置,"始制有名"的提法明确地表现出其对名之必要性的承认。但此名的成立,一是必须建立在无名的基础之上,二是必须具有"知止"的态度。王弼在注释此段时说:"始制,谓朴散始为官长之时也。始制官长,不可不立名分以定尊卑,故始制有名也。过此以往,将争锥刀之末,故曰'名亦既有,夫亦将知止'也。遂任名以号物,则失治之母也,故'知止所以不殆'也。"[1] 始制有名绝非任名,名并非这个世界的绝对之物,它必须意识到自身的有限性,意识到无名作为存在之家的事实,才能够发展出知止的态度。我们再看看第三十七章的说法:

> 道恒无名。侯王若能守之,万物将自化。化而欲作,吾将镇之以无名之朴。镇之以无名之朴,夫将不欲。不欲以静,天下将自正。

侯王若能以无名治国,不以名化物,百姓将自化。而自化过程中可能出现的问题,亦可以无名之朴镇之。拨乱反正不是以正名对抗倚名,而是以无名来取代有名。

老子始终拒绝把名作为根本的治国手段,其深层的根据在于名根本无法把握和描述这个真正的世界。最初的存在(本原)是无名的也是不可名的,"窈兮冥兮""恍兮惚兮"以及"渊兮""湛兮"等都在呈现着道的晦暗不清,而"绳绳兮不可名"更直接地指

---

[1] 瓦格纳:《王弼〈老子注〉研究》,第529页。

出了这一点。按照老子自己的说法,"道"不过是我们勉强给予的"字",[1] "大""玄"等也须作如是观。应该注意的是,无名并不仅仅只和本原相关,通过本原,它关联着这个世界上所有的事物,因此也构成了万物的本质。在这个意义上,不仅最初的存在不可名,万物在本质上也都是不可名的。任何给予事物的命名都不过是权宜之计,不可执以为恒常。在这样的理解之下,那个曾经稳固的名的世界便彻底松动了,而建立在此名的世界之上的价值和秩序更是失去了其坚实的根基。

这种无名的态度延续到庄子,并随着主要问题的转移,而发展为一种"圣人无名"的生命姿态。庄子很明确地指出"道不当名",《知北游》谓:"道不可闻,闻而非也;道不可见,见而非也;道不可言,言而非也。知形形之不形乎!道不当名。"道是无法用名言来描述的,的确,以无作为其主要规定性的道,又怎么可能适用于名呢?《齐物论》"大道不称"的说法与此一致,更进一步的是,庄子在这篇文字中向读者呈现了物之名的相对性。名并非这个世界固有之物,它是属人的存在。"道行之而成,物谓之而然",某物之具有某名完全取决于是谁命名了它。物是彼还是是,依赖的是命名者的角度。物无非彼,物无非是,但自彼则不见,自是则知之。于是有"方生方死,方死方生。方可方不可,方不可方可"的情形出现。庄子以此揭示着物以及描述物之名的相对性,愚昧者执此物的

---

[1] 《老子》第二十五章:"有物混成,先天地生……吾不知其名,强字之曰道,强为之名曰大。"

分别、执此相对之名以为常，但达者可以"知通为一"：

> 物固有所然，物固有所可。无物不然，无物不可。故为是举莛与楹，厉与西施，恢恑憰怪，道通为一。其分也，成也；其成也，毁也。凡物无成与毁，复通为一。

在这种观照之下，名以及由命名而带来的很多分别究其实乃是被赋予的。换一个角度来看，价值和秩序同时就是枷锁和桎梏，譬如仁义和礼乐。庄子毫不掩饰他对于仁义礼乐等的拒绝，并认为只有忘记它们，才可以同于大通，达到坐忘之境。因此，回到一个无名的世界就成为合乎逻辑的选择。

二　混　沌

但无名就是混沌，我们就这样随着无名进入了混沌的世界。众所周知，混沌观念最初在具有神话性质的材料中发现。《山海经·西山经》曾经提到过名为帝江的天山之神："其状如黄囊，赤如丹火。六足四翼，浑敦无面目，是识歌舞，实为帝江。"这应该就是庄子"中央之帝为浑沌"之说的所本。[1]《左传·文公十八年》记载

---

[1] 这里并不讨论《山海经》的具体成书年代以及其与《庄子》的文本先后问题。无论如何，《山海经》的记载体现着理性化之前的古老世界和传统。在这个意义上讲，其中呈现的一定是先于庄子的观念。

被舜所流放的四凶之一便有帝鸿氏之不才子，"掩义隐贼，好行凶德，丑类恶物，顽嚚不友，是与比周，天下之民谓之浑敦"[1]。它与穷奇、梼杌和饕餮一起被赋予价值和秩序对立物的形象，因此很自然地就被人伦世界的缔造者舜所排斥和放逐。但是这个被放逐之物却在稍后出现的道家传统中得到了再生，并且占据了思想中心的地位。

虽然老子没有直接使用"混沌"一词，但这个观念在他的哲学中却是无所不在的，并且成为被积极肯定的东西。一方面是《老子》中混、浑、沌、敦等字眼的大量出现，另一方面则是和混沌相关的各种意象。就后者而言，作为天地根或者万物之奥的道，就被规定为"混成"之物，[2]《老子》第十四章有如下的文字：

> 视之不见名曰夷，听之不闻名曰希，抟之不得名曰微。此三者不可致诘，故混而为一。一者，其上不皦，其下不昧，绳绳兮不可名，复归于无物。是谓无状之状，无物之象，是谓忽恍。

混沌的最大特点就是未分化的无形的存在，它也因此成为不可名者。就如同这里提到的"混而为一"，以及"不可名"和"忽恍"。

---

[1] 浑敦即混沌，根据朱起凤《词通》所列，与此意义和声音类似的字眼尚有浑沦、昆仑、崐崘、混沦、浑沌、倱伅、昏沉、浑蛋、囫囵等。帝鸿即帝江，《说文》"鸿，从鸟，江声"，杜预等皆持此说。参见庞朴：《黄帝与混沌》，《庞朴文集》第2卷，济南：山东大学出版社，2005年，第340—343页。

[2] 《老子》第二十五章："有物混成，先天地生。"

由此，善行道者也就具有混一之象，如第十五章所说：

> 古之善为士者，微妙玄通，深不可识。夫唯不可识，故强为之容：豫兮若冬涉川；犹兮若畏四邻；俨兮其若容；涣兮其若冰之将释；敦兮其若朴；旷兮其若谷；混兮其若浊；澹兮其若海；飂兮若无止。孰能浊以静之徐清。孰能安以动之徐生。保此道者不欲盈。夫唯不盈，故能蔽而新成。

混、敦的字眼是明显可见的，而"微妙玄通，深不可识"也显示出其无法命名的特点，所以任何的形容都只能是勉强的。即便在这些勉强的形容中，我们也不能忽视在每个句子中都不可或缺的"若"字。这个字增加了内容的弹性，因此提醒我们不能太凿实。第二十章则进一步描述了行道者的混一之心：

> 绝学无忧，唯之与阿，相去几何？善之与恶，相去若何？人之所畏，不可不畏。荒兮其未央哉！众人熙熙，如享太牢，如春登台。我独泊兮其未兆，如婴儿之未孩；累累兮若无所归。众人皆有余，而我独若遗。我愚人之心也哉！沌沌兮。俗人昭昭，我独昏昏；俗人察察，我独闷闷。众人皆有以，而我独顽且鄙。我独异于人，而贵食母。

沌沌的愚人之心，昏昏闷闷的字眼，都呈现着混沌的意象。在这种意象中，唯与阿、善与恶的区别淡化甚至消失了。与之相对的是看起来清清楚楚的昭昭和察察,人们在分辨着这个世界的同时也分裂着自己。在老子这里,从混一之道到体道者的混一之象与混一之心,混沌观念是一以贯之的。其实不限于此,我们还可以看到混沌的君主、混沌的百姓与混沌的政治。如第五十八章所说:"其政闷闷,其民淳淳。其政察察,其民缺缺。"

比较而言,混沌的主题在庄子那里得到了更清楚的呈现。首先是《庄子·应帝王》中的寓言:

> 南海之帝为儵,北海之帝为忽,中央之帝为浑沌。儵与忽时相与遇于浑沌之地,浑沌待之甚善。儵与忽谋报浑沌之德,曰:"人皆有七窍,以视听食息,此独无有,尝试凿之。"日凿一窍,七日而浑沌死。

混沌在这里被描述为没有七窍的中央之帝,具有待人甚善的品质,并在人为的谋凿中死去。出现在内七篇结尾处的这个寓言具有多方面的意义,[1] 在本文的视野之下,最重要的意义或许是通过怀念混沌,表达出对这个过于清楚的人为世界之反思。而《天地》篇的寓言,在描述了子贡和汉阴丈人的对话后,借孔子之口提出了所谓"修浑沌氏之术者":

---

[1] 参见王博《庄子哲学》,北京:北京大学出版社,2004年,第140—141、147页。

> （子贡）反于鲁，以告孔子。孔子曰："彼假修浑沌氏之术者也；识其一，不知其二；治其内，而不治其外。夫明白入素，无为复朴，体性抱神，以游世俗之间者，汝将固惊邪？且浑沌氏之术，予与汝何足以识之哉！"

虽然是在寓言之中，但"孔子"的言论却很像是真的孔子。儒家显然和混沌无关，并且视混沌为需要凿破之境。而庄子确实是"修浑沌氏之术者"，老子亦然。

我们需要对混沌进行一些澄清，虽然这看起来有些吊诡。无论是无面目或者无七窍的描述，还是混成、混而为一的说法，都显示出混沌是一个未分化的存在。在这个意义上，混沌便是一。《天地》篇说"修浑沌氏之术者"是"识其一，不识其二；治其内，不治其外"，无疑是恰当的。从老子到庄子，与对混沌的积极肯定并存的，是对于"一"的强调。除了前引第十四章中"混而为一"的"一者"外，第三十九章特别突出了"一"对于天地万物以及侯王的意义：

> 昔之得一者，天得一以清，地得一以宁，神得一以灵，谷得一以盈，万物得一以生，侯王得一以为天下正。

一乃是这个杂多世界的维系者，正如它是此杂多世界之生成者。根据第四十二章"道生一，一生二，二生三，三生万物"之说，杂多的万物皆从混沌中产生。混沌并不停留在"一"那个地方，它内在地具有化生的能力,[1]从而变化出二、三以至于万物。虽然是万物,在其都源于一的意义上说,不过就是一。因此,杂多不过是一的另外一种存在方式。但一显然不是多,正如"少则得,多则惑,是以圣人抱一为天下式"所显示的,一而不是多才是圣人之所执者。

在把这个世界理解为一的方面,庄子要比老子彻底得多。从《逍遥游》的"将磅礴万物以为一"、《齐物论》的"天地与我并生,而万物与我为一"以及"道通为一"等说法,就可以看出庄子看待世界的态度。万物之间的差别在庄子的混沌和一中被融化了,"天下莫大于秋毫之末,而泰山为小;莫寿于殇子,而彭祖为夭",原本固定的界限突然之间不再存在,一切都在大化流行中融通为一。在庄子那里,一切都在流转中成为一体,包括庄周与蝴蝶,或者鱼和鸟。因此,杂多以及杂多的相对性不过是道通为一的证明。

三 宽 容

从无名和混沌出发,世界就不再可能是一个割裂的泾渭分明之物,一切的名以及它所代表的区别都松动甚至融化了,于是包容而

---

[1] 杨儒宾:《浑沌与太极》,《中国文化》2010年第2期,第34—52页。

不是分辨成为核心的价值。[1] 在老子看来，这根本是一个无法分辨清楚的世界，对立的事物纠缠在一起，难解难分。《老子》第二章说道：

> 天下皆知美之为美，斯恶矣；皆知善之为善，斯不善矣。故有无相生，难易相成，长短相形，高下相倾，音声相和，前后相随，恒也。是以圣人处无为之事，行不言之教。

当我们试图告诉天下以美的时候，带来的却是恶；试图让天下知道什么是善的时候，不善也如影随形般地出现。以"有无相生"为代表，对立物的纠缠使得任何试图用清楚的名言分辨世界的努力都落空。任何的分辨只能是粗暴的割裂，与真实的世界无关。在这个时候，除了包容之外，我们还能做什么智慧的事情呢？《老子》第十六章有云：

> 致虚极也，守静笃也。万物并作，吾以观复。夫物芸芸，各复归其根。归根曰静，静曰复命，复命曰常，知常曰明。不知常，妄作，凶。知常容，容乃公，公乃王，王乃天，天乃道，道乃久，没身不殆。

---

[1] 《庄子·天下》概括属于黄老学派的彭蒙、田骈和慎到的主张，提到"齐万物以为首……大道能包之而不能辩之"等。另《齐物论》"圣人怀之，众人辩之，以相示也"，与此义同。

老子强调知常的重要，所谓常即归根复命，即回到存在的根源处，依前所述，就是回到无名和混沌的状态。在此无分别心的状态中，没有了善恶美丑人我的分别，容与公乃是自然之事。因此，第二十七章所谓"是以圣人常善救人，故无弃人。常善救物，故无弃物"之说也就不显得突兀。善救无弃，这正是宽容，道家哲学最核心的精神之一。我们应记住，"宽容"一词的第一次使用正是用来描述老子思想的，《庄子·天下》云：

> 老聃曰："知其雄，守其雌，为天下溪；知其白，守其辱，为天下谷。"人皆取先，己独取后，曰受天下之垢；人皆取实，己独取虚，无藏也故有余，岿然而有余。其行身也，徐而不费，无为也而笑巧，人皆求福，己独曲全，曰苟免于咎。以深为根，以约为纪，曰坚则毁矣，锐则挫矣。常宽容于物，不削于人。可谓至极。

"常宽容于物，不削于人"之句处于总结性评语的位置上，显得非常有分量。作为老子思想的发扬光大者，庄子及其学派对他的理解是相当深刻的。在老子那里，宽容是道的精神，也应该是君主和圣人的精神。道对于万物是宽容的，这从其"生而不有，为而不恃，长而不宰"的玄德中便可看出。此"莫之命而常自然"的宽容精神让"万物莫不尊道而贵德"。君主和圣人之于百姓也该如此。我想重点讨论一下第四十九章：

> 圣人恒无心，以百姓心为心。善者吾善之，不善者吾亦善之，德善；信者吾信之，不信者吾亦信之，德信。圣人在天下，歙歙焉为天下浑其心。百姓皆注其耳目，圣人皆孩之。

宽容是承认和接纳与自己不同的想法及存在，《老子》中的圣人显然可以做到此点。与现实的君主经常把一己之心强加给这个世界，从而以己心为百姓心不同，圣人在永恒的无心中接纳百姓之心成为自己之心，使他者的生命得以呈现。在此前提之下，建立在己心基础上的善与不善、信与不信等区别都消失了，当然更没有什么所谓善者和不善者、信者和不信者。"善者吾善之，不善者吾亦善之"的说法并不能完全从字面上来理解，这不是对不善者的善待，而是对善和不善区分的拒绝。在究竟的意义上，善与不善以及信与不信不过是我们基于某种立场强加给世界的东西，与世界本身无关。真正的事物并无所谓善和不善、信与不信，它们是无名的混沌。很显然，老子并不希望君主按照自己的意志来规范或者塑造世界，当然更不希望以己见撕裂这个世界。所以他拒绝任何根据自我的标准来分裂混沌的做法，无论这个自我是多么伟大、想法是如何崇高。如果"伟大"和"崇高"对于这个世界而言是外在的，那么它就不属于这个世界。

不是从自我出发，而是从他者和世界出发，这就是宽容的精髓。政治意义上的宽容表现为君主的莫之命而常自然，或者辅万物之自然而不敢为。万物和百姓在没有外在压力和干涉的背景中呈现着自我，并以自我的方式存在于世界之中。在老子那里，我们可以看到一系列以"自"开头的字眼,除了"自然"之外,还有"自化""自正""自朴""自富"等,它们的主语都是万物或者百姓。"自"的前提正是君主和圣人的宽容。值得指出的是,宽容并不是和秩序对立之物,因此也不就意味着秩序的缺乏。其核心在于这是一个什么样的秩序:自生的因此也是内在的,或者强加的因此也是外在的。"自"要求的是一个属于这个世界本身的内在的秩序,而不是一个外来之物。老子之后的黄老学以"物自正也,名自命也"(帛书《经法·论》)的方式力图开展出的正是奠基于混沌基础之上的内在形名和秩序。

如果说老子的宽容主要集中在政治的向度,最终表现为道法自然的态度,那么庄子的宽容则呈现为对不同生活方式的辩护。在《齐物论》中,庄子取消了一切普遍的东西,拒绝了任何特殊之物僭越为普遍之物的可能性,从而为每个存在的特殊性提供了存在的理由。没有物之所同是,意味着每个事物都可以各是其所是,因此善恶之名也就失去了着落。在《养生主》中,"为善无近名,为恶无近刑"的提法是读者熟悉的。与老子"善者吾善之,不善者吾亦善之"句相同,这句话的意义也绝对不能从字面去理解。这仍然是对善恶之别的否定和超越。更难理解因此也更具挑战性的是见于《大宗师》的如下说法:

> 与其誉尧而非桀也,不如两忘而化其道。

在一个分辨的确定性的价值世界中,尧和桀已经分别成为圣王和暴君的代名词。但在由道所确立的混沌和无名的世界中，他们不过是两个被如此描述和被如此命名的生命。也许在另一个价值体系中，成为暴君的会是尧，而桀则被描述为圣王。其实，尧就是尧、桀就是桀，他们与暴君和圣王无关。

道家与人文精神

在纯粹中国文化和语言的背景中，如果我们讨论道家的人文精神，会被行家看作是一个荒诞的事情。一般的看法，在传统的中国文化中，儒家是人文的塑造和守护者，而道家从一开始就以人文的否定者自居。道家的思想家要回到"文"之前的朴的状态，因此一提到"文"就充满了蔑视，对于主张"文"的儒家自然也是持批判性的态度。但是我们目前习用的"人文"一词，从意义上来讲，早已经是中西合璧的产物了。众所周知，这个词对应的是西语中的humanism，与古代汉语中"人文"一词的用法并不相同。其实除了"人文"之外，humanism还可以翻译成人道、人本、人性等，指的是对人的价值的重视和强调。这种精神兴起于文艺复兴时期的欧洲，与之相对的是中世纪流行的神本主义。与以上帝为中心的思考不同，humanism认为应该以人为中心来进行思考。从这个意义上来说，不仅中国的儒家体现着人文精神，道家以及其他的学派也是如此。这就使关于道家人文精神的讨论成为一项合法的工作。本文想从道家关于政治秩序和生命意义的思考这两个角度出发，来了解其中所包含的人文理想。为了讨论的需要，我们仍将对汉语中"人文"一词的意义进行介绍,并发掘道家在反人文之中所包含的人文关怀。

一　人文与教化

众所周知,汉语语境中的"人文"一词最早见于《周易》,贲卦《象传》云:"贲,亨,柔来而文刚,故亨。分刚上而文柔,故小利有攸往,天文也。文明以止,人文也。观乎天文,以察时变;观乎人文,以化成天下。"贲卦的卦象是离下艮上,三阴三阳,刚柔交错,有文之象和文饰之意,所以引发《象传》作者关于天文和人文的说法。就卦象而言,天文是指刚柔爻交错而形成的秩序,引申则指天象与天道。《周易》是推天道以明人事之书,所以由天文便引出人文。根据《象传》,所谓人文,是指"文明以止",朱熹认为,止的意思是"各得其分"(朱熹《周易本义》),即在某一种秩序中,人依其才性处在不同的位置中,引申则指人伦与人道。因此,天文和人文的意义略与天道和人道相通。而二者之间,当然也不是孤立隔绝之物,究其实,天文和人文乃是一种文,不过在天曰阴阳,在人曰仁义而已。[1]

从贲卦《象传》可以看出,"人文"一词的含义与教化的关系是显而易见的。"观乎人文,以化成天下",观察人文是为了以人道

---

[1]　此本于《说卦传》:"立天之道曰阴与阳,立地之道曰柔与刚,立人之道曰仁与义。"

来教化天下，从而成就一个天下有道的社会。我们还可以从观卦进一步来了解这一想法。观卦的卦象是坤下巽上，坤为地而巽为风，所以《大象传》说"风行地上，观，先王以省方观民设教"，这显然是包含了教化之说。《彖传》同样如此，其对该卦的解释是：

> 大观在上，顺而巽，中正以观天下，观，盥而不荐，有孚颙若，下观而化也。观天之神道，而四时不忒；圣人以神道设教，而天下服矣。

天之神道即表现在四时等中的天道，"神"言其精细微妙，圣人正是根据天之神道（如阴阳）来设立人道（如仁义），并以之教化天下，如此则天下景从。此说与贲卦对观，更可以帮助我们了解人文与教化之关系。

"文"字的本意当与文饰有关，《说文》："文，错画也，象交文。"交错而成文，当然有饰的意思在，同时也包含有秩序的意义。在儒家思想中，礼乐就是文饰人之物，也是人类生活的秩序所在。所以就"文"字的儒家用法而言，与教化以及礼乐秩序的关系是极其密切的。孔子说："文王既没，文不在兹乎！"其中的"文"，显然不能从一般的意义上去了解，它指的就是礼乐秩序，[1] 也就是所谓的"周文"。儒家主张"立于礼，成于乐"，所以对"文"是既教

---

[1] 朱熹注："道之显者谓之文，盖礼乐制度之谓。"

又学的,"子以四教:文、行、忠、信","行有余力,则以学文",都表现着这一点。并且只有经过了"文之以礼乐"的过程之后,才可以"成人"。徐复观先生总结《论语》中"文"字的用法说:

> 《论语》上对"文"之一字,有若干特殊的用法……但最具体而切至的用法,则以礼乐为"文"的具体内容。[1]

也因此,中国传统的人文"乃指礼乐之教、礼乐之治而言"[2]。徐先生的这个观察,无疑是正确的。我想补充的是,这种人文,从其作为秩序的意义来说,也就是人道。从其与人的本质关系来说,就是人性。这些意思,在儒家的思想中有充分的叙述与展开。

众所周知,道家对于礼乐和教化是持批评态度的。礼被老子看作是"忠信之薄而乱之首",是要绝弃之物。在这种意义上,我们可以说道家是"反人文"的。事实上,我们可以轻易地在《老子》和《庄子》中发现道家对于"文"的否定。《老子》第十九章就有三绝三弃之论,即"绝圣弃智""绝伪弃诈""绝仁弃义",其弃绝的理由是:"此三者以为文不足,故令有所属,见素抱朴,少私寡欲。"文是要消除的,素朴才是根本。老子把道就被规定为朴,"道常无名,朴",他也一直追求着"复归于朴"的心境和生活。《庄子》同样对"文"表现出否定的态度,有"文灭质,博溺心"的说

---

[1] 徐复观:《中国思想史论集》,上海:上海书店出版社,2004年,第205—206页。
[2] 同上书,第206页。

法。但是，如果从得之于欧洲的人文视角，也是现代汉语中的人文或人文精神的角度来看，道家的"反人文"中却也包含着丰富的人文精神。以下，我想从教化之外的角度，对道家的人文精神做一个初步的思考。这种思考将围绕着道家关注的两个主题即政治秩序和生命而展开。

二 政治秩序中的人文关怀

儒家的治道是以礼乐教化为核心的，孔子提出了"道之以德，齐之以礼"的政治理想，以与"道之以政，齐之以刑"的模式相区分。[1]这种区分在孟子那里以王道和霸道的形式表现了出来。按照孟子的说法，王道是与仁政联系在一起的，君主以不忍人之心，行不忍人之政，则民中心悦而诚服，自然归附。霸道则不然，它不是以德服人，而是以力服人，非"中心悦而诚服也"（《孟子·梁惠王上》）。在某种意义上，王道和霸道的区分也可以看作是儒家和法家的区分。儒家认为，法家的做法没有充分尊重人作为人的身份，只是把人看成了工具或者随意支配的事物。与此相反，儒家一直强调着人与物的区分，人是有心的存在，应该以人的方式来对待人，即把人看作是人。德治或者王道就是体现此种精神的政治秩序。

---

[1] 见《论语·为政》："道之以政，齐之以刑，民免而无耻；道之以德，齐之以礼，有耻且格。"

需要指出的是，王道或者德治的政治理想必须辅之以教化的形式，才算完整。从孔子开始，儒家就很强调教的观念。《论语·子路》："子适卫，冉有仆。子曰：'庶矣哉！'冉有曰：'既庶矣，又何加焉？'曰：'富之。'曰：'既富矣，又何加焉？'曰：'教之。'……子曰：'善人教民七年，亦可以即戎矣。'""以不教民战，是谓弃之。"教其实就是以柔性的方式将道即礼乐秩序加之于民。《中庸》"修道之谓教"，郭店楚简《性自命出》："教，所以生德于中者也。"

如果我们对教化进行一个细致的分析，可以发现它的环节大致有三：第一是正己，第二是教，第三是化。这是一个由内而外展开的过程，体现的正是儒家"推"的精神。我们很容易在儒家的著作中发现正己的说法，如《论语·颜渊》："季康子问政于孔子，孔子对曰：'政者正也，子帅以正，孰敢不正。'"《孟子·离娄上》："人有恒言，皆曰'天下国家'。天下之本在国，国之本在家，家之本在身。"正己本身就是教，君主通过此种方式为百姓树立了榜样。但是还有专门针对百姓的教，《论语·阳货》中就记载了一个著名的例子：

> 子之武城，闻弦歌之声，夫子莞尔而笑曰："割鸡焉用牛刀？"子游对曰："昔者偃也闻诸夫子曰：君子学道则爱人，小人学道则易使也。"子曰："二三子，偃之言是也，前言戏之耳。"

教就是把"道"以明白的方式告诉百姓,即《中庸》所谓"修道之谓教"。儒家相信,百姓是很容易接受这种"教"的,如孟子所说:"君子之德风也,小人之德草也。草尚之风必偃。"(《孟子·滕文公上》)君子施教如风,则小人从之如草。

如果从教化的内涵上来分析的话,那么它又该包含着如下两个方向:第一是仁爱;第二是普遍的人性。儒家的君子理想从来不局限于自己的完成,"古之学者为己,今之学者为人"(《论语·宪问》)说的只是为学的态度而非结果,真正的君子该是既成己又成物的。《宪问》:

> 子路问君子。子曰:"修己以敬。"曰:"如斯而已乎?"曰:"修己以安人。"曰:"如斯而已乎?"曰:"修己以安百姓。修己以安百姓,尧舜其犹病诸。"

这也就是我们熟悉的孔子关于仁的规定,"夫仁者,己欲立而立人,己欲达而达人"(《论语·雍也》)。它体现的是一种现世的关怀,一种奠基于爱的救世的冲动。"儒者在朝则美政,在野则美俗",这并不是要沽名钓誉,而是由于纯粹的道德情感。《中庸》:

> 诚者非自成己而已也,所以成物也。成己,仁也;成物,知也。性之德也,合外内之道也。

这种由内及外由己及人的爱的实践,必须以普遍的人性作为前提。

只有相信人性是普遍的，而不是因人而异的，这种外推才有其合法性。孔子虽然没有后世性善或者性恶的明白说明，但是却有"性相近也"的提示。"近"就暗示着某种类似性和普遍的东西，人在本性上是类似的，现实生活中人们的差异是"习"的结果，即"习相远"。郭店楚简《性自命出》中提出"四海之内，其性一也"，这可以看作是儒家的一个普遍预设。正因为如此，儒家始终是从"类"而非个体的角度来思考人，并强调其与动物等的不同。在孟子那里，表现为"人之所以异于禽兽者几希，庶民去之，君子存之"的说法。在《荀子》中，则是"水火有气而无生，草木有生而无知，禽兽有知而无义，人有气有生有知亦且有义，故最为天下贵也"的表述。在这种表述之下，现实中人们之间存在的差异被忽略了，或者被看作是非本质的东西。

与儒家不同，道家提出了一种有别于教化的人文思考。这种思考是建立在对儒家式教化的反省基础之上的。不管教化理想提出的初衷如何，总难以完全脱离强人从己（或从善）的意味，因此其在实践之中的功用就令人怀疑。也许有人可以内在地接受善的观念，但更多人的感觉是勉强，表现出来则是虚伪。更重要的是，道家不接受作为儒家教化说基础的某些基本预设，譬如普遍的人性，更不要说把这种普遍的人性规定为仁义了。我们在《庄子》的外篇中可以发现大量的有关这方面内容的讨论。先从《骈拇》说起，该篇写道：

> 彼至正者，不失其性命之情。故合者不为骈，而枝者不

为跂。长者不为有余，短者不为不足。是故凫胫虽短，续之则忧。鹤胫虽长，断之则悲。故性长非所断，性短非所续。无所去忧也。意仁义其非人情乎！彼仁人何其多忧也。

仁人的多忧就像是骈拇枝指，虽然是出乎性，出乎形，却不一定是道德之正。道德之正，最要紧的是不失其性命之情。这个"其"，是就世界上的每一个事物、每一个人而言的。没有一个普遍的或者共同的东西，无论它是性还是规矩。世界是差异而多样的，就像是凫的胫很短，而鹤的胫很长，但我们不能截长续短，使它们的胫变成同样的长度。也许有的人天性中就包含着仁义，但这并不意味着所有的人都是如此。换言之，仁义并非"人情"，不是人最内在和真实的内容。仁人并不能够一厢情愿地把仁义强加给所有的人，那样做适足以构成对他人的伤害。这并不是他们自我标榜的善，恰恰是不善。真正的善不是别的，正是使天下之物各安其性命之情：

> 吾所谓臧者，非仁义之谓也，臧于其德而已矣。吾所谓臧者，非所谓仁义之谓也，任其性命之情而已矣。吾所谓聪者，非谓其闻彼也，自闻而已矣。吾所谓明者，非谓其见彼也，自见而已矣。

"臧"就是善，《骈拇》所谓的善并非仁义，而是"德"，即性命之情。人们应该把注意力从外部回转到自身，在实践上，也从外推的爱回转到自闻自见的真聪明。只有了解了自己，才知道自己需要什么，不会盲目地人云亦云或者亦步亦趋。该篇最后说：

> 夫不自见而见彼，不自得而得彼者，是得人之得而不自得其得者也。适人之适，而不自适其适者也。夫适人之适，而不自适其适，虽盗跖与伯夷，是同为淫僻也。

自得其得，自适其适，这是庄子学派给每个人提出的生活方式。要满足这种生活方式，需要一种合适的政治秩序作为保证。这种秩序显然不能是儒家的教化，它该是道家的无为。在接下来的《马蹄》中，教化被描述为对道德的残毁。圣人教化百姓就像伯乐的善治马，在经过了"烧之剔之，刻之烙之""饥之渴之""整之齐之"的步骤之后，马之死者已过半矣，侥幸生存下来的也已经改变了真性情。也许世俗都会认为伯乐善于治马，但在道家看来，这不仅不是善治，而且是惑乱的根源。《缮性》说：

> 德又下衰，及唐虞始为天下，兴治化之流，浇淳散朴，离道以善，险德以行。然后去性而从于心，心与心识知。而不足以定天下。然后附之以文，益之以博，文灭质，博溺心，然后民始惑乱，无以反其性情而复其初。

治化也就是儒家的教化，其实质乃是改变百姓自然而淳朴的状态，就像伯乐改变马的自然状态。这适足以导致混乱而不是秩序。真正的善治该是如《马蹄》所描述的：

> 吾意善治天下者不然。彼民有常性，织而衣，耕而食，是谓同德。一而不党，命曰天放。

"一"并不是整齐划一的"一"，而是与民同德。整齐划一是"党"，是将自己的想法强加于人，这是《马蹄》也是道家要反对的东西。理想的政治应该是使百姓可以各安其性命之情，而不是使他们适应于某个外在的规矩或者想法，这也就是所谓的"天放"。天放就是放其天，顺其性，而不是灭天毁性。要保证天放的实现，君主必须采取在宥天下的方式，而不是治天下的方式。《在宥》：

> 闻在宥天下，不闻治天下也。在之也者，恐天下之淫其性也。宥之也者，恐天下之迁其德也。天下不淫其性，不迁其德，有治天下者哉！

如果用道家哲学的典型用语来描述的话，在宥天下和治天下的根本区别就在于静和动、无为和有为。《在宥》篇推崇无为之治："故君子不得已而临莅天下，莫若无为。无为也而后安其性命之情。"这里的"其"可以兼指君子和百姓，但主要应该是就百姓而言。所谓的安其性命之情，也就是让万物百姓可以各安其所安，而不是安自己之所安。后者正是有为者的做法，实际上是"乱天之经，逆物之情"。《在宥》云：

> 世俗之人，皆喜人之同乎己，而恶人之异于己也。同于己

而欲之，异于己而不欲者，以出乎众为心也。夫以出乎众为心者，曷常出乎众哉！因众以宁所闻，不如众技众矣。

因为喜人之同于己，所以对不同者，要教化之，改变之，使之与自己相同。这种有为的做法，是建立在一种优越感的基础之上，即认为自己是出乎众的，譬如圣人或者智者。但自以为出乎众的，又怎能真正地出乎众呢？出众之心的背后，仍然是把自己看作众中之一物，所以仍然不能使自己从物中摆脱出来。而真正的君主应该是不同于百姓的，只有这样，才能成为君主：

夫有土者，有大物也。有大物者，不可以物。物而不物，故能物物。明乎物物者之非物也，岂独治天下、百姓而已哉。出入六合，游乎九州，独往独来，是谓独有。独有之人，是之谓至贵。

有大物者应该是"物而不物"的物物之人，不能把自己与物（百姓）等量齐观，如此方能成其至贵的身份。这种不同，被进一步地规定为天道和人道的区别：

何谓道？有天道，有人道。无为而尊者，天道也；有为而累者，人道也。主者，天道也。臣者，人道也。天道之与人道，相去远矣，不可不察也。

君主应该是天道的实践者，其表现是无为。臣子是人道的实践者，其内容是有为。君尊臣累，主逸臣劳，这是道家所设计的理想政治模式，其核心就是无为的政治理念。这里也有"教"，不过和儒家之"教"却有着根本的不同，《在宥》说：

> 大人之教，若形之于影，声之于响。有问而应之，尽其所怀，为天下配。处乎无响，行乎无方……大同而无己。无己，恶乎得有有。睹有者，昔之君子。睹无者，天地之友。

大人之教不是主动的施予，而是不得已的辅助。大人之所以为大人，是因为他的无己，也就是无心，如此则可以容众，可以大同，而不是世俗"喜人之同乎己"的小同。有己者以己推人，这是儒家的君子；无己者无心以应物，这是道家的大人。这种大人之教，也就是老子说的"不言之教"。现在我们可以回到《老子》，来看看那里虽然简单却很显明的描述了。让我们从第三十八章说起：

> 上德不德，是以有德。下德不失德，是以无德。上德无为而无以为也，上仁为之而无以为也，上义为之而有以为也，上礼为之而莫之应，则攘臂而扔之。故失道而后德，失德而后仁，失仁而后义，失义而后礼。夫礼者，忠信之薄而乱之首。前识者，道之华而愚之始。

上德和下德的区别，简单地说，就是无为和有为的分别。从后边提及的仁义礼可以看出,这种区别主要还是针对着儒家的主张。老子对于以仁义礼来治国是坚决否定的,"大道废,有仁义",仁义是对大道的破坏,因此主张对仁义的弃绝。取而代之的是无为的政治,老子不止一次地提到"处无为之事,行不言之教",这一方面可以看作是正面的描述,另一方面也是对儒家教化之说的批评。儒家的教化是言教,或者名教,因为礼正是通过一系列的名来表现的,所以他特别强调正名的重要。但老子却主张"不言之教",与名教相对,也可以叫作无名之教。第三十七章说:

> 道恒无名,侯王若能守之,万物将自化。化而欲作,吾将镇之以无名之朴。镇之以无名之朴,夫将不欲。不欲以静,天下将自正。[1]

于是我们也接触到了一个与教化针锋相对的字眼——自化。并不需要一个外在的权威或者圣人,也不需要一个教师爷,百姓自己有"自正"的能力。第五十七章也在重复着这个想法:

> 我无为而民自化,我好静而民自正,我无事而民自富,我无欲而民自朴。

---

[1] 通行本该段话首句作"道常无为而无不为",帛书甲乙本均作"道恒无名",此从帛书本。

一系列的"自"字似乎是在提醒读者,当然更重要的是提醒君主应该如何处理与百姓的关系。君主不应该把自己看作是百姓的主宰,将自己的意志强加给他们。恰恰相反,真正的君主或者圣人应该充分地考虑和尊重百姓的意志,并以他们的意志为自己的意志,如第四十九章所说:

> 圣人恒无心,以百姓心为心。

有心则有己,有己则难免会以己度人,并推己及人。无心才可以让自己以外的心灵和生命呈现出来。所以君主应该是"教不教",[1] 即行不言之教,这也就是处无为之事。君主无为,则百姓自然,《老子》中五次提到了"自然",[2] 基本上都和百姓的存在状态有关,如第十七章说:

> 太上,下知有之;其次,亲而誉之;其次,畏之;其次,侮之。信不足焉,有不信焉。悠兮其贵言。功成事遂,百姓皆谓我自然。

最理想的情形是百姓仅仅知道君主的存在,亲近而赞誉已经是等而

---

[1] 通行本《老子》第六十四章有"学不学,复众人之所过"之句,郭店竹简《老子》"学不学"作"教不教",从意义上来说,学者多以为竹简本为优。

[2] 分别见于第十七、二十三、二十五、五十四、六十四等章。

下之的了，更不要说对君主有敬畏或者憎恶的情感了。在理想的状态之下，百姓感觉不到君主的压力，"处上而民弗重"，成就了事情都以为是自己的功劳。第五十一章说：

> 道生之，德畜之，物形之，势成之。是以万物莫不尊道而贵德。道之尊，德之贵，夫莫之命而常自然……生而不有，为而不恃，长而不宰，是谓玄德。

在这里，自然的意义也是在于强调道对于万物的非宰制的关系。在这种非宰制的关系中，万物获得了自化的空间。其实，自然的观念正可以看作是自化、自正等说法的一个典型表述。它和无为是相辅相成的。君主无为，百姓方能自然。百姓自然，则君主一定是采取着无为的态度。

可以这样说，道家政治哲学的基本精神是通过无为和自然两个观念表现出来的。这些观念提供的是一种处理君主和百姓关系的基本模式。其核心在于否定君主出自己意的专制，无论这种专制是法家式的，还是儒家式的，并保证整个的社会处在一种和谐畅通的关系之中。道家对于专制的危害有着非常深刻的了解，《庄子·应帝王》提到那种认为"君人者以己出经式义度，人孰敢不听而化诸"说法的荒谬，郭象把专制的后果说得更加明白：

> 己与天下，相因而成者也。今以一己而专制天下，则天下塞矣，己岂通哉！故一身既不成，而万方有余丧矣。

专制也就是把自己之心强加于天下，天下人心显然是不同的，因此这样做的结果只能是"天下塞"，无论君主还是百姓都处在扭曲的非本真的状态之中。只有无为和自然才可以保证社会和谐的关系：

> 夫无为也，则群才万品，各任其事而自当其责矣。故曰巍巍乎舜禹之有天下而不与焉，此之谓也。（郭象《庄子·天道注》）
> 若夫任自然而居当，则贤愚袭情而贵贱履位，君臣上下，莫匪尔极，而天下无患矣。（郭象《庄子·在宥注》）

在无为和自然的模式之下，群臣百姓才会处在一个自然又合理的秩序之中。这是一个不假安排的秩序，一个郭象所描绘的玄冥之境。道家的思想家们认为，安排的秩序必然造就虚伪和混乱，只有自然的秩序才能实现真正的和谐。

如果从道家思想史的角度来看的话，自然的观念可以说是一个核心并被普遍接受的观念。这个观念所包含的问题是，究竟什么样的秩序才能保证百姓相对自由的生活，使君臣处在一种和谐而不是紧张的关系之中。道家对于自然的强调，是由于他们意识到了人是很难被改变的，勉强的改变换来的也许只是短暂的或者表面的和谐，它的背后则是混乱。因此，他们试图寻找出一种在不改变百姓本性的前提之下的秩序，这种秩序不会给百姓以束缚的感觉，同时也让君主可以得到更多的生命空间。在现实生活中，这种秩序也许很难实现，但是思想的方向仍然可以给我们带来很多启迪。

三　生命主题下的人文关怀

在中国传统的各个学派之中，直接把生命作为思想主题的也许只有道家。历史学家司马谈在《论六家要旨》中概括道家的时候，就把道家的主题分为治道和生命两个部分，这很符合道家思想的实际。我们先从司马谈的说法开始：

> 道家无为，又曰无不为。其实易行，其辞难知。其术以虚无为本，以因循为用。无成势，无常形，故能究万物之情。不为物先，不为物后，故能为万物主。有法无法，因时为业。有度无度，因物与合。故曰"圣人不朽，时变是守。虚者道之常也，因者君之纲"也。群臣并至，使各自明也。其实中其声者谓之端，实不中其声者谓之窾。窾言不听，奸乃不生。贤不肖自分，白黑乃形，在所欲用耳，何事不成？乃合大道，混混冥冥；光耀天下，复反无名。凡人所生者神也，所托者形也。神大用则竭，形大劳则敝，形神离则死。死者不可复生，离者不可复反，故圣人重之。由是观之，神者生之本也，形者生之具也。不先定其神〔形〕，而曰"我有以治天下"，何由哉？

如司马谈所说，治道和生命当然不是分离的。治道应该体现出生命的关怀，而从生命关怀出发，也可以发展出某种政治秩序。这一点，我们在前面关于道家政治秩序的讨论中已经有所涉及。这里要继续说明的是，此种政治秩序也给君主本身提供了更多的生命关怀的空间。实际上，无为之道配合的正是圣人重生（神与形）的要求，让生命从复杂的政治事务中摆脱出来，从而获得某种自由而轻松的生存状态。

老子并没有对于理想君主的生存状态进行过直接的描述，但他总应该是一个很重视生命的人。在老子看来，只有重视生命的人，才可以把天下托付给他，如第十三章说的"故贵以身为天下，若可寄天下；爱以身为天下，若可托天下"。圣人追求的不是华而是实，不是生命的虚荣，而是生命的真实，所以要"为腹不为目"。"君子终日行不离辎重，虽有荣观，燕处超然。奈何万乘之主，而以身轻天下？"生命是最重要的，即便和天下相比也是如此，这正是道家与众不同的想法。老子提出了一系列的问题："名与身孰亲？身与货孰多？得与亡孰病？"其实只是一个，就是生命和外物相比究竟哪个更重要。对于儒家来说，这个问题也许还需要进一步的追问，譬如我们还要区分外物的种类，如果是功名利禄，自然无法和生命等量齐观，但如果是仁义呢？孔子说的"杀身成仁"，孟子说的"舍生取义"，都已经给出了明确的答案。可是对于道家，这个问题可以直接地给出回答，生命永远是最重要的关怀，任何的东西，知识、道德、权力、名誉、功利等等，都是外在的，只有生命才是属于自己之物。

正因为如此，即便在治道中，在政治秩序的设计中，生命的存在状态也是一个重要的考虑。道家不喜欢鞠躬尽瘁，死而后已的儒家墨家式的圣王，如《庄子·天下》篇所描述的墨家所推崇的"腓无胈，胫无毛"的大禹，它的理想君主应该具有气定神闲的气质。

在属于道家黄老学派的马王堆帛书《经法·大分》中，曾经提到掌握了道家"王术"的君主：

> 知王术者，驱骋驰猎而不禽荒，饮食喜乐而不湎康，玩好嬛好而不惑心。

从表面上来看，这与老子"五色令人目盲，五音令人耳聋，五味令人口爽，驰骋略猎令人心发狂"的教诲有着明显的差别，但是如果我们采取得意忘言式的阅读方法，仍然可以发现两者之间内在精神的一致。《经法》要表现的无非是统治天下的君主可能有的悠闲的生存状态，其重生的精神，与老子并无二致。由此我们也可以了解，后来被称为新道家的郭象对庄子的解释，其实是基于整个的道家传统，而不仅仅是庄子本身。郭象的《逍遥游注》中提到：

> 夫圣人虽在庙堂之上，然其心无异于山林之中。世岂识之哉！徒见其戴黄屋，佩玉玺，便谓足以缨绂其心矣。见其历山川，同民事，便谓足以憔悴其神矣。岂知至至者之不亏哉！

这种圣人就是郭象同时也是道家理想的君主，统御万民日理万机而不失其悠闲的心境和生命的情调。道家始终有一种执着，对于生命本身的执着，即便在复杂的政治生活中也不愿意放弃。

也许在生命和其他事物的对比中，我们更能够发现道家对于生命主题的强调。人们已经熟悉了杨朱"拔一毛而利天下，不为也"

的说法，很多人把这个说法误解为一个极端利己主义的命题，其实，这个命题要表现的与其说是利己，还不如说是重生。杨朱学派的主题就是"贵己"[1]，或者"轻物重生"。和任何的外物相比，即便是天下，生命都是最重要的。不仅杨朱有这样的主张，老子、庄子等也具有同样的精神。根据《史记·老子韩非列传》的记载，老子辞去了王官之职，成为隐士。庄子也拒绝了楚王的千金和相位，为的只是逃避政治的危险，追求自由自在的生命。[2] 在世俗的眼中，这些做法也许有些矫情或者过分，但是对于老庄而言，却是思想在生活中的真实的表现。

因此我们可以抛开政治或者政治秩序来讨论生命。在道家的传统中，生命具有独立于政治秩序之外的意义，庄子哲学也许能够集中表现这一点。在某种意义上，庄子可以说是一个生命的守护者。当一般的人都把注意力集中在治道上面的时候，庄子用全部的心思去思考生命。这是有意识的退却，从政治到生命的退却。在《人间世》中，我们可以发现这一退却的清晰的线索。[3] 由此我们才能够了解《养生主》开始的如下说法：

> 吾生也有涯，而知也无涯。以有涯随无涯，殆已。已而为知者，殆而已矣。为善无近名，为恶无近刑，缘督以为经。可

---

[1] 《吕氏春秋·不二》："阳生贵己。"阳生即杨朱。
[2] 类似的说法也见于《庄子·秋水》篇"庄子钓于濮水"章。
[3] 参见拙著《庄子哲学》，北京：北京大学出版社，2004年。

以保身，可以全生，可以养亲，可以尽年。

知识代表着外向的追逐，它的对象是外物。因此生命如果被知识所牵引，也就意味着生命成为外物的奴隶。对于生命来说，这是极其危险的事情。《天下》篇在评论惠施的时候，曾经提到过他的"逐万物而不反"。所谓的"不反"，也就是忘却了生命，使生命淹没在外部的世界中。《齐物论》曾经描写了这种外物支配的生活：

> 一受其成形，不忘以待尽。与物相刃相靡，其行尽如驰，而莫之能止。不亦悲乎！终身役役，而不见其成功。苶然疲役，而不知其所归。可不哀邪！人谓之不死，奚益！其形化，其心与之然。可不谓大哀乎。人之生也，固若是芒乎？其我独芒，而人亦有不芒者乎？

生命中最大的悲哀莫过于终日生活在与外物的竞逐中而不知所归。生命忘却了自己是生命，在麻木中把自己降低为万物中之一物。《庄子》把这称之为"物于物"的生活。真正的生活应该是"物物而不物于物"，生命在万物的包围中保持其独立与主体的位置。

在这里，我们可以具体讨论一下外物的具体内涵了。一般地说，它可以指生命之外的所有存在，譬如自然事物、功名利禄，甚至也包括世俗所谓的道德在内。我们可以把道德作为一个例子特别地加以提出，因为它牵涉道家与儒家的重要差别。在前引《养生主》的文字之中，已经有"为善无近名，为恶无近刑"之说，我们看到的是对于善恶的不在意或者说超越。的确，世俗所谓的道德在庄子和道家看来从来就不具有神圣的价值，是非或者善恶都是相对的，它们出自某种成心或者是偏见，如《齐物论》所揭示的情形。假如把它们看作是绝对的真理，那么生命也许就会成为殉葬品。《骈拇》篇说：

> 自三代以下，天下莫不以物易其性矣。小人则以身殉利，士则以身殉名，大夫则以身殉家，圣人则以身殉天下。

这里的"性"字应该读为"生"，也就是后文的"身"。根据某种标准，世俗可能把人分成不同的等级，譬如小人、士、大夫、圣人等，他们的境界也很不相同，如小人追求利，士追求名，大夫关心家，圣人胸怀天下。但在为了外物而遗忘生命这一点上，他们并没有什么不同。该篇继续说：

> 天下尽殉也。彼其所殉仁义也，则俗谓之君子。其所殉货财也，则俗谓之小人。其殉一也，则有君子焉，有小人焉。若其残生损性，盗跖亦伯夷已。

也许在儒家那里，货财和仁义之间有着本质的区别，这种区别决定了你是成为君子还是小人。但是在庄子学派这里，它们都属于外物，身外之物，都不值得为了它们而遗忘生命。盗跖和伯夷在残生伤性方面是一致的，尽管在道德的衡量之下，他们可以分别是恶和善的典型。庄子一再呼唤着对于此种道德的遗忘，如在《大宗师》中提到坐忘时的遗忘仁义和礼乐，只有这种遗忘才能让生命回到其本真的状态，也就是合乎本性的状态。

这种精神在魏晋时期的表现，就是嵇康所宣称的"越名教而任自然"。代表名教的六经以抑引为主，但是人性却以从欲为欢，我们究竟该选择哪一边呢？在道德和生命的矛盾之中，嵇康选择的是生命。因为"抑引则违其愿，从欲则得自然。然则自然之得，不由抑引之六经；全性之本，不须犯情之礼律"（嵇康《难自然好学论》）。在《释私论》中，嵇康这样表达他的主张：

> 夫称君子者，心无措乎是非，而行不违乎道者也。何以言之？夫气静神虚者，心不存乎矜尚；体亮心达者，情不系于所欲。矜尚不存乎心，故能越名教而任自然；情不系于所欲，故能审贵贱而通物情。物情顺同，故大道无违；越名任心，故是非无措也。

这和儒家所谓的君子显然有着根本的不同。儒家的君子是执着于是非的，但在嵇康看来，是非不过只是名，最重要的不是名而是心，即生命的真实感受。超越包括道德在内的所有外物的束缚，直接面对生命本身，这正是嵇康"越名教而任自然"说法的真正含义，也是道家重视生命精神的显现。

在生命的主题之中，我们不能忘记的一个重要之点是道家对于个体性的重视和强调。生命的意义一方面体现在相对于外物而言的主体性上，另一方面体现在相对于他者而言的个体性上。儒家一直习惯于从类的角度来了解人，人总是被纳入某种关系或者角色中，譬如君臣、父子或者夫妇，而且人性被看作是共同而普遍的，并且有着具体的规定。与此同时，个体性总是被遮蔽着。道家则不然，从自然的理想出发，差异的个体性得到了特别的强调。在《老子》中，就表达过"各"的观念，第十六章说"夫物芸芸，各复归其根"，这个"各"字至少蕴含着对于个体性的承认。在《庄子》中，个体性的精神表现得已经淋漓尽致。《齐物论》描述的就是一个多样化的世界，物的世界并没有一个"同是"，即共同的真理。

  民湿寝则腰疾偏死，鳅然乎哉？木处则惴栗恂惧，猿猴然乎哉？三者孰知正处？民食刍豢，麋鹿食荐，蝍蛆甘带，鸱鸦耆鼠，四者孰知正味？猿猵狙以为雌，麋与鹿交，鳅与鱼游。毛嫱丽姬，人之所美也，鱼见之深入，鸟见之高飞，麋鹿见之决骤，四者孰知天下之正色哉？

既然没有正处、正味和正色，也就没有一个统一的规矩和标准。人和其他动物之间是如此，人的内部也是如此，譬如儒家和墨家之间的争论，各是其所非，而非其所是，其实原本就没有什么真正的普遍接受的是非，只有每个人自己的是非。甚至一个人在生命的不同阶段都会有不同的想法，就像是丽之姬，先号啕而后笑。

  从理论上对个体性做出最系统论证的应该是郭象，从独化的前提出发，郭象从根本上保证了每个事物存在的自主性。一个事物并不依赖于其他的事物而存在，每个事物都有自己的本性，并且应该按照自己的本性生活。所谓的逍遥，并不是所有的事物都像大鹏一样高飞九万里，而是"物任其性，事称其能，各当其分"，每个事物都放于各自的"自得之场"。郭象注释《逍遥游》"小知不及大知，小年不及大年"句说：

> 物各有性，性各有极，皆如年知，岂跂尚之所及哉！自此已下至于列子，历举年知之大小，各信其一方，未有足以相倾者也。然后统以无待之人，遗彼忘我，冥此群异，异方同得。异方同得，而我无功名。是故统小大者，无小无大者也。苟有乎小大，则虽大鹏之与斥鷃，宰官之与御风，同为累物耳。齐死生者，无死无生者也。苟有乎死生，则虽大椿之与蟪蛄，彭祖之与朝菌，均为短折耳。故游于无小无大者，无穷者也。冥乎不死不生者，无极者也。若夫逍遥而系于有方，则虽放之使游，而有所穷矣，未能无待也。

在独化的前提之下，郭象必然承认"物各有性，性各有极"，也就是每个事物的个体性。圣人的工作，就是保证"物任其性"，保证个体性的满足与不受侵犯，而不是试图以某种"方"来改变事物的性分。在注释《齐物论》"而况德之进乎日者乎"句时，郭象说：

> 夫日月虽无私于照，犹有所不及，德则无不得也。而今欲夺蓬艾之愿，而伐使从己于至道岂弘哉，故不释然神解耳。

> 若乃物畅其性，各安其所安，无远近幽深，付之自若，皆得其极，则彼无不当，而我无不怡也。

物应该各安其所安，而不是安我或者他物之所安。从这种理解出发，郭象主张一种"不显此以耀彼，不舍己而逐物"的精神：

> 物皆自明，而不明彼，若彼不明，即谓不成，则万物皆相与无成矣。故圣人不显此以耀彼，不舍己而逐物，从而任之，各冥其所能。故曲成而不遗也。今三子欲以己之所好，明示于彼，不亦妄乎。[1]

在郭象看来，将个体性原则贯彻到底应该是一方面坚持自己的个体性，另一方面又承认和肯定他人的个体性。肯定他人，所以要"不显此以耀彼"；坚持自己，因此是"不舍己而逐物"。郭象明确地批评"以己之所好，明示于彼"的态度和倾向，如果"以此明彼"的话，结果会是"彼此俱失矣"[2]。这里蕴含的逻辑是，如果以此明彼，则彼将不彼而为此，失去了彼，则此也将不成其为此。正确的态度应该是"从而任之"。同时，每个个体都应该确立起对自己性分的自信，而不盲目地羡慕他者：

---

[1] 《齐物论》"若是而不可谓成乎，物与我无成也"句注。
[2] 《齐物论》"道昭而不道"句注。

> 此五者，皆以有为伤当者也。不能止乎本性，而求外无已。夫外不可求而求之，譬犹以圆学方，以鱼慕鸟耳。虽希翼鸾凤，拟规日月，此愈近，彼愈远。实学弥得，而性弥失。故齐物而偏尚之累去矣。[1]

每个个体都有自己的与他者不同的本性，所以不能盲目地去羡慕或者追求他者。他者是不可学、不可慕的。人都应该安于自得之场，而不必向外去寻求。这里固然有安分守己的保守意味在，但是其对于个体性的强调仍然是值得充分注意的。由于这种强调，礼所代表的教化传统就成为要否定之物。在注释《德充符》"蕲以諔诡幻怪之名闻，不知至人之以是为己桎梏邪"句时，郭象说：

> 夫无心者，人学亦学。然古之学者为己，今之学者为人。其弊也遂至乎为人之所为矣。夫师人以自得者，率其常然者也。舍己效人，而逐物于外者，求乎非常之名者也。夫非常之名，乃常之所生也，故学者非为幻怪也，幻怪之生，必由于学礼者，非为华藻也，而华藻之兴，必由于礼。斯必然之理，至人之所无奈何，故以为己之桎梏。

对于强调个体性的道家来说，也许最大的挑战是如何在捍卫个

---

[1] 《齐物论》"五者圆而几向方矣"句注。

体性的同时，保持个体之间处在一种和谐的关系之中。道家一直相信，如果每个事物都生活在素朴的状态之下，和谐应该是自然的状态。庄子一直乐于描述一个"天德出宁"的景象，郭象也是如此，不过他的说法是"玄合"。并没有有意识地合作，但是不同甚至相反的个体之间确实存在着互相配合的奇妙的和谐关系，郭象注释《大宗师》"子桑户、孟子反、子琴张三人相与友曰：孰能相与于无相与，相为于无相为"句云：

> 夫体天地冥变化者，虽手足异任，五藏殊官，未尝相与，而百节同和。斯相与于无相与也。未尝相为，而表里俱济，斯相为于无相为也。若乃役其心志，以恤手足。运其股肱，以营五藏。则相营愈笃，而外内愈困矣。故以天下为一体者，无爱为于其间也。

手足、五脏各个不同，未尝相与，其结果却是百节同和。个体性和和谐在这里都得到了保证。在注释《齐物论》"恶识所以然，恶识所以不然"句时，郭象还说：

> 世或谓罔两待景，景待形，形待造物者。请问夫造物者有邪，无邪？无也，则胡能造物哉！有也，则不足以物众形。故明众形之自物，而后始可与言造物耳。是以涉有物之域，虽复罔两，未有不独化于玄冥者也。故造物者无主，而物各自造。物各自造，而无所待焉，此天地之正也。故彼我相因，形景俱

生，虽复玄合，而非待也。明斯理也，将使万物各反所宗于体中，而不待乎外。外无所谢，而内无所矜，是以诱然皆生，而不知所以生。同焉皆得，而不知所以得也。今罔两之因景，犹云俱生而非待也，则万物虽聚而共成乎天，而皆历然莫不独见矣。故罔两非景之所制，而景非形之所使。形非无之所化也，则化与不化，然与不然，从人之与由己，莫不自尔，吾安识其所以哉。故任而不助，则本末内外，畅然俱得，泯然无迹。

人与人、物与物之间都是各个独立的，即便常识以为是互相依赖者如形与影也不例外。所谓"各反所宗于体中""独见"说的都是这个意思。也没有一个造物主来安排每一个事物的生活，事物都是自造的。这当然是对个体性的强调，但是并不排斥事物之间的和谐一致。如郭象所说，彼我形影之间存在着一种"玄合"的关系，万物聚而共成乎天，成就一种天下一体的局面。

四 结 语

如果着眼于"人文"一词的中国传统用法，那么道家可以说具有明显的反人文倾向。但是，以现代意义上的人文精神为尺度，道家思想则体现出强烈的人文关怀。这是一种不同于儒家的人文精神，即教化之外的人文。如果与法家相比，儒家式的教化管理模式已经充分考虑到了百姓作为人的情感和需要，但在道家看来，这仍然是在改变和破坏百姓素朴的本性。法家是用刚性的方式要百姓服从，用孟子的话说，是"以力服人"；儒家则是用柔性的方式实现这一点，"以德服人"。但在要人服从、服从于某个固定的规矩这一点上，两家是没有区别的。道家对于服从本身就有着强烈的质疑，为什么要服从，统治是不是必须以服从为基础？与此相对的，统治者是不是一定要采取专制的方式才能有效地实现其统治？道家看来都给出了否定的答案。他们一直在探索着一种政治秩序，能够在不改变百姓的前提之下，来达到社会的和谐。无为和自然的观念就是这种探讨的集中体现。无为的统治模式要求统治者最大限度地尊重百姓的意愿，并给他们留出最大的自由生活空间。严复曾经把无为和现代西方的民主政治联系起来，[1]这难免让人觉得牵强附会，但是，无为和自然的观念中确实包含着对专制制度的否定，并曾经发展出无君论的主张，因而也就包含着通向民主制度的可能性。

道家对于生命的关注无论在历史上还是现实的生活中都值得人们加以重视。和财富、知识、权力、名誉、道德等相比，生命都是至关重要的。生命主题的确立可以帮助人们在一个被物所包围的世界中更加清醒地生活，同时提醒人们思考生活的真正意义。在这个主题之下对于世俗道德等的批判，具有永恒的价值。同时，道家对于生命的个体性的强调在传统社会中也许显得有些另类，但是也许

---

[1] 参见严复《〈老子〉评语》，《严复集》第四册，北京：中华书局，1986年。关于这方面的讨论，参见王中江《道家哲学新知：严复的视野》，《道家文化研究》第二十辑，北京：生活·读书·新知三联书店，2003年。

更适应现代社会的精神。其重视个体但是不忽视和谐的态度,即便在现在仍然可以指导人们的生活。

  现代的人文精神作为一个舶来品,已经越来越为国人所了解,人文也已经成为一个习用的语汇。对于道家人文精神的思考,也许可以帮助人们在我们的传统中发掘更多的可以转化为现代精神的资源,这对于传统和现代来说,也许都不是坏的事情。

善意与留白

很感谢主办方的邀请，让我有机会来参加本次以"中国与人文"为主题的中英高等教育人文峰会。面对着这个剧烈变化的时代，无论在中国、英国，还是世界的其他地区，人文学面临着深刻的挑战，也迎来一个重要的反思时刻。如何借助不同文明传统的思想资源，理解当下已经发生、正在发生或将要发生的变化，面向不确定但必须面对的未来，已经成为人类的共同关切。

前不久，两个经过基因编辑的生命来到世界，尽管那位科学工作者以"善意"来为自己的行为辩护，仍然无法阻止科学共同体和人文学者等的强烈批评。的确，当人类不再被古老的自然法则支配，可以根据意愿选择生命，或者换一个说法，当一些人可以像定制物品一样定制另外一些人的时候，构成现代人文精神基础的人的理性、尊严、权利、自由、道德意志等将在何处安放？当科学和技术的快速进步让人变得越来越自信之际，我们该如何保存敬畏之心？当知识积累让一些人觉得可以掌握生命和世界秘密的时候，又该如何理解古代哲人一再强调的"无知"的态度呢？严峻的现实和快速抵达的未来已经让人文学者无法逃避他们应该承担的责任。

追问人之所以为人者，或者说，让人成为人，是人文学的首要关注。历史上，人类发展出不同的人文精神，在今天仍然具有生命力，并成为理解未来的重要思想资源。以中国为例，儒家和道家开辟了不同的精神传统。儒家人文学的核心是以"善意"为基础的伦理－政治秩序的构建，道家人文学的核心则是以"留白"为特征的自主－自由生命的追求。重温发生在它们之间的对话，仍然有益于今天的思考。

"善"的观念对于儒家而言是根本性的。从孟子到宋明新儒学，善被认为既扎根于人性，又上通于天道。孟子对于人性善的描述，主要是通过"恻隐之心""羞恶之心""辞让之心"和"是非之心"展开，它们分别是仁义礼智之端。"四心"之中，作为"仁之端"的"恻隐之心"又居于特殊的地位。这是存在于人和人之间的"人类之爱"的最直接和柔软的呈现，对于属于同类的他人生命的热爱和尊重在此恻隐之心中一览无余，从而成为"仁者爱人"的内在根基。也因此，对于伤害他人生命和尊严的行为也必将激发"羞恶之心"，这是义的发端。礼建立在仁义的基础之上，通过爱意和敬意的平衡确立起普遍且可遵循的行为规范。知则是根据仁义的原则而来的判断是非和善恶的能力。人之所以为人者，就体现在仁义礼智的实现之中。

在人性善的基础之上，儒家希望建构起一个充满善意和温情的世界。具体而言，善意表现为爱意和敬意。敬意更多地让人们意识到区别，如长幼有序、贵贱有等，包括对于天命、圣贤和鬼神的敬畏；爱意则指向人和人之间、人和物之间亲密的关系。敬意和爱意的结合，形成一个既亲近又差等的一体世界。孟子称之为"亲亲而仁民，仁民而爱物"，后来的宋明新儒学则概括为"仁者以天地万物为一体"，成为儒家最具代表性的观念。对此一体的世界，张载的《西铭》从宇宙论的角度加以论述，乾坤（天地）是人之父母，所有的人都是同胞，而物则是人的伙伴（"乾称父，坤称母"，"民吾同胞，物吾与也"）。王阳明《大学问》则提供了心学意义上的证明，无论他人、鸟兽、草木，还是一瓦一石，都关联着我们的仁心。从人到物，一体之仁贯通起整个的宇宙。因此，一个儒家意义上的人，就是在差等之序列中，以爱和敬来面对整个世界的人。自我生命的完成，内在地包含着对于他人和世界的责任。其具体表现，则是《论语》所谓"己欲立而立人，己欲达而达人"，"己所不欲，勿施于人"的忠恕之道，是《中庸》所谓"成己"和"成物"的结合。爱和敬的善意让儒家充满了伦理的精神，既是成人的基础，也是社会和政治秩序的根基，奠定了中国文化的基本品格。

必须指出，儒家并非没有意识到存在于人经验生命之中的恶的因素，同样属于儒家的荀子甚至突出了人性之恶，主张以人为之善来克服天性之恶。但这也使"善"既无法获得来自生命内部的支持，也无法获得来自天道的保证，因此缺乏足够的力量。比较而言，性善说的简明之处在于：我们之所以选择善的生活，是因为我们本来就是善的。而善的内涵也相当清楚，即根据仁义的价值，将生命和社会纳入到礼的秩序之中。这正是性善说在后来的新儒家传统中取得主流地位的重要理由。

但是，道家提出了问题。"善"或者说儒家倡导的"善意"真的能带来一个更好的世界吗？为了追求善的生命和世界，儒家不得不把"善"视为人的普遍本质，并希望通过教化的方式塑造人类。与儒家强调"本质"不同，道家更看重"万物"本身。从事比较哲学研究的学者发现了存在主义和道家之间的类似之处，存在先于本质。用道家的语言来说，万物先于任何的命名。（"无名，万物之始。"《老子》第一章）而当我们把目光集中在"存在者"即万物的时候，"万物"的"无法定义"的一面就得到凸显。换言之，"万物"首先是万物本身，无法简单地用善恶或者美丑等来命名，并且通过这种命名来肯定或否定。电影《鸟人》里的一句名言"A thing is a thing , not what is said of that thing"，也许是《老子》第一句话"道可道，非常道；名可名，非常名"最好的翻译。a thing 不是 that thing，因此，当我们更关心万物（a thing）的时候，必须先把善恶等和命名相关的框架放在一边。

根本上无法定义或命名的态度，为万物生长和发展提供了无限的可能性。道家坚持认为，确立起一个"善"的标准，并以之来塑造万物，无疑忽略了万物的差异性和多样性，进而破坏了万物的自主性。在通过"善"肯定一类事物的同时，以"不善"的名义人为地排除或者伤害了其他事物。老子主张"圣人常善救人，故无弃人；常善救物，故无弃物"，"善者吾善之，不善者吾亦善之"，倾向于从万物出发，肯定每一个存在者的合法性，庄子把老子的精神概括为"常宽容于物，而不削于人"（《庄子·天下》）。这也就是"道法自然"。道是道家认为的万物本原，"法自然"是道对于万物的态度，用王弼的话来说，是"在方而法方，在圆而法圆，于自然无所违也"。《老子》第二章说"天下皆知美之为美，斯恶矣；皆知善之为善，斯不善矣"，一旦我们确立起一个美或者善的标准，必然会导致对于万物的区分。善意随之会转化成恶意，第五十八章"善复为妖"所指即是如此。庄子更叙述了很多"善意"谋杀的例子，最著名者无疑是"混沌之死"，南海之帝和北海之帝在善意的支配之下，给混沌凿出了七窍，七窍成而混沌死（《庄子·应帝王》）。

在这种思考之下，限制包括"善意"在内的一切人为的力量，尊重他人和世界，就成为道家的精神方向。这就是"留白"。"留白"是从中国艺术传统那里借用来的一个说法，以绘画为例，宋代马远的《寒江独钓图》是"留白"的典范，一叶扁舟、一个钓者，几笔勾勒出的波纹，留下大片空白的画面，却给人一种烟波浩渺之感。不画之画，"无画处皆成妙境"。美学家宗白华先生说："中国画最重空白处。空白处并非真空，乃灵气往来生命流动之所。且空而后能简，简而练，则理趣横溢，而脱略形迹。"[1] 在哲学上，留白即是认识到"无"或者"虚"的意义。"有之以为利，无之以为用"，"无"就是留白，让"有"更好地展开自己；无为就是留白，让百姓或者万物获得了更大的自主空间；"相忘于江湖"就是"留白"，与"相濡以沫"的热爱相比，让人处在一种更自在、自得和自由的状态之中。

---

[1] 宗白华：《艺境》，北京：北京大学出版社，1987年，第33页。

"留白"的实质是人和人为的有限性,其认识论基础是根本意义上"无知"的态度。从苏格拉底、康德到老子和庄子,哲学家在意识到知识之伟大的同时,对于知识的有限性也有深刻的体认。苏格拉底一直强调他从德尔菲神庙那里得到的教诲——"认识你自己",从而有无知和节制的自觉。康德在为人类知识论证的同时,也通过"自在之物"守护着物的"玄之又玄",提示知识的界限。《老子》第七十一章说:"知不知,尚矣;不知知,病也。圣人不病,以其病病;夫唯病病,是以不病。"知道自己不知道,这本身就是一种知,庄子称之为"无知之知"。显然,无知并不是对于这个世界一无所知,而是提醒我们知识的限度,以对未知的世界保存敬畏之心,并避免拥有越来越多知识的人类从自信走向自大。无知和随之而来的敬畏让留白获得了更丰富的意义,它是人的有限性的必然体现。

人的创造似乎一直让人自身处在一个两难的境地之中。我们需要权威,又担心权威主宰我们的生活。我们追求自由,追求自我的权利,又担心无法保障社会公正与和谐。我们追求善意,又担心善意泛滥,没有留白的空间。我们需要生命科学的进步,又担心它的无限制发展会永久地改变人性,给人类带来不确定的风险。也许人类永远无法摆脱这种为难的境地,事实上,"无法摆脱"的状态给人文学提供了最好的展开之所,提醒人类在乐观和无奈、自信和有限之间保持平衡,进而在自由与公平、善意和留白之间保持恰当的平衡。

教育也是如此。人类发明了教育,让人成为拥有某种价值观、知识和技能的人，极大地促进了人类发展和社会进步。教育的核心目标是立德树人，北京大学今年（2018）夏天承办了第24届世界哲学大会，主题便是"学以成人"（learning to be human）。多元文明传统通过这个大会展开对话，从不同角度呈现对于"成人"的理解。"成人"的不同路径彰显出生命本身的多种可能性，也显示出文化和教育的力量。同样，对于与教育密切相关的"学"，不同的人文精神也形成了不同的认识。孔子说："学而时习之，不亦说乎！"对于儒家来说，"学"是"成人"的必由之路。老子则担心"学"会让生命迷失在某种标准之中，因此提出"绝学无忧"。不同的对于"学"的看法呈现出教育本身的内在矛盾。教育的本意是让我们成为人，成为更好的人，但结果有时候却适得其反。萧伯纳说："我生而聪明，但教育毁了我。"这并非一个随意的调侃，如何理解教育，如何定义人，应该给人填充多少确定的内容，以寻找人类共同生活的基础，又留下多少空白处，为人的自由发展保存空间，也许是一个永恒的问题。意识到这个问题会让我们更加谨慎，也让我们的心灵更加开放。

最后，我想以《周易》的思考作为结束。作为古代中国影响最大的经典之一，《周易》以六十四卦表达对于世界的理解。从乾坤开始，最后是既济和未济。既济的意思是完成，未济则是没有完成。既济卦的卦象很容易记住，自下而上，六爻以一阳一阴、一阳一阴、一阳一阴的方式展开，给人的感觉是井井有条、头头是道，似乎一切都已经被一个有形之手安排停当。但卦辞中的"初吉终乱"让我们多了一份敬畏。由于变化的神妙莫测，某种看似完成或完美的秩序中却潜藏着未知的危险，并注定要走向未济式的混乱，就像那个被质疑的基因编辑者。"知进而不知退，知存而不知亡，知得而不知丧"让我们陷入"亢龙有悔"的状态。只有意识到自己的局限，无论是知识的还是道德的，承认世界"玄之又玄"的一面，给世界留白，给每一个人留白，人类才能成为"知进退存亡而不失其正者"。

（宋）马远《寒江独钓图》

附录

《道德经》的主旨与精神

作为传统中国最重要的几部经典之一,《道德经》(又称《老子》)在中国几乎是家喻户晓,长期影响了人们的思想和生活。从这部书问世的春秋战国之交起,到现在两千五百多年的历史中,它有过数以千计的注释者。除了最著名的河上公、王弼之外,竟然也可以发现好几位皇帝的名字:梁武帝、唐玄宗、宋徽宗、明太祖、清世宗等。由于唐朝的皇帝自认为是该书作者老子的后裔,它还有过被当作"红宝书"收藏并阅读的时代。这部书也有着不同的面孔,既是哲学的宝典,又是宗教的圣典;它是被翻译成外国文字种类最多的中文书籍;甚至在20世纪的出土文献中,它现身的次数也是最多的,从敦煌卷子、马王堆帛书到郭店楚简,都可以看到它的影子。这究竟是一部怎样的书呢,其主旨和精神何在?以下我们就来谈谈这些问题。

一　君人南面之术

首先从读书开始。我们面对一本书,从哪里读起,怎么读?这是一个大问题。

就好比遇到一个人,怎么去了解他,对他做出一个判断?不同的人可能会有不同的经验和说法,就我自己有限的读书心得来说,觉得最重要的就是先立乎其大者。读过《孟子》的人都知道,我这里借用的是那里边的话:"先立乎其大者,则其小者弗能夺也。"这话原本是说修身的,但确实可以引申到读书上面来。很多人读书,小的地方看得很认真,这当然不能说不对,但如果因此忘了大的方面,就有了"逐万物而不反"的偏差。孔子读书,是很看重大处着眼的,如他说:"《诗》三百,一言以蔽之,曰:'思无邪。'"思无邪,就是先立了读《诗》的大者。有此境界,读《诗》才会"乐而不淫,哀而不伤"。对《道德经》来说,它的大者是什么呢?从不同的角度也许会有不同的理解,如王弼说是"崇本息末",河上公说是"自然长生",这当然都有他们的道理,但我还是比较同意班固在《汉书·艺文志》中的说法:

> 道家者流,盖出于史官。历记成败、存亡、祸福、古今之道,然后知秉要执本,清虚以自守,卑弱以自持,此君人南面之术也。合于尧之克让,易之谦谦,一谦而四益。

这里最重要的断语是"此君人南面之术也"。虽说班固针对的是整个的道家，但《道德经》是他做出如此概括的主要依据。这一方面是由于老子在道家学派中拥有的创始者地位，另一方面也比较合乎实际的情形。众所周知，从《庄子》到《史记》，都说老子具有周王室史官的身份。如果考察《老子》一书，其中对天道的重视和推崇，对历史及礼制的熟悉和了解，辩证的思维方式以及以侯王为主要的说话对象，都体现出史官身份的特点。扬雄在《法言·五百》中曾经说"史以天占人，圣人以人占天"，确实在一定程度上道出了老子和孔子学术的差异。老子继承了"史以天占人"的特点，所以全书都充满着推天道以明人事的味道。孔子则罕言天道，尽人事而畏天命。"道家者流，盖出于史官"，所说正是这一基本的事实。

　　有周一代，史官乃是学术的大宗，知识的渊薮。其最重要的职责，正是利用有关天道和历史的知识，充当天子或者侯王的顾问。我们可以发现很多史官活跃在从西周到春秋时代的政治和思想舞台，如伯阳父、史伯、内史叔兴、史墨等，与天子或者侯王大夫们进行对话。这些正是老子的先驱。如果从这个角度来看的话，我们就会发现老子说话的对象也并非普通的百姓，而是君主们。从第二章、第三章开始，就明确地提出了"圣人处无为之事，行不言之教"和"圣人之治也"的问题，显示出该书的主要关怀，即在于君主应该以何种方式统治百姓，管理好国家。书中出现了大量的"侯王"或者"王""万乘之君"等字样，都表现出作者的兴趣所在。他是想以帝王师的身份给他们说法，而所说的内容也就是所谓的君人南面之术。

如我们所知道的，古代的房屋或者宫殿，都是面南而建，君臣相见之时，君主南面而坐，臣子北面而立，所以有"南面称君，北面称臣"之说。"君人南面之术"，也就是统治术或者统治方法之义。对统治术的探讨，一直是古代中国思想家们最感兴趣的领域。譬如老子之前有《尚书·洪范》，借箕子和武王的对话铺陈出"九畴"，提出天子统治国家的九项基本原则。老子之后这方面的内容更是丰富之极，大凡有关"君道""主术"的探讨都属于此类。但《道德经》有它的特别之处。一是全书均围绕此立说，"言有宗，事有君"，对《老子》而言，其言之宗事之君就是君人南面之术，不像很多书只是把这当作众多问题中的一个。这也许正是很多帝王喜欢它的主要理由。二是其所谓术有道作为支撑，因此呈现出理论深度和系统性。道术是古代哲学中一个很重要的字眼，道偏重于指一个比较普遍而抽象的原则，术则是具体的技术和方法。道术一体使得《道德经》所说的统治术不只是处理君主和百姓之间的关系，而是把它和宇宙法则即道和天道联系了起来。这使得老子的思考始终不局限于人的范围之内，而在天人之间寻找一种交集，使其学术呈现出一种天人之学的特点。三是提出了颇有特色的统治方法，这个方法以无为和自然为核心观念，很明确地与儒家仁义教化的理论相对立。在整个的中国历史上，儒家的教化理论和道家的自然学说交互为用，对立互补，产生了深刻的影响。

　　作为君人南面之术的《道德经》与作为其他任何什么东西譬如宗教或者哲学的《道德经》很显然是不同的。也许我们不必过分地关注道到底是本原还是本体，也不必执着于那些千篇一律的分析框架，像宇宙论或者本体论、认识论以及辩证法或者相对主义等等。我们应该把道看作是老子要求君王们走的路，指导着他们如何面对百姓、世界，特别是他们自己。让他们知道在这个世界中，王并不是最大的，在王之上，还有地、天、道等需要敬畏和效法。我们不必把某些词汇（道、德、心、虚、无、有等）概念化或者神秘化，它们的意义其实非常具体，而且并不难于理解。这正是我在前面所说的"先立乎其大者，则其小者弗能夺也"的主要意图。

但是作为君人南面之术来阅读的《道德经》也不该妨碍我们作为普通人来阅读。是的，我们不是君主，但这不意味着我们不可以了解君主的世界。更重要的，我们每个人在生活中都会想寻找"君主"的感觉，也都会部分地拥有"君主"的感觉。适合于真正君主的智慧同样也适合于想做"君主"的我们。也正因为如此，老子在历史上也不只是被皇帝们所喜爱，喜欢他的也不乏相对平常的人们。

二　柔弱的意义

如果说老子所述主要的是君人南面之术，那么构成这个"术"的核心价值是什么呢？这应该是个很简单的东西，核心总是简单的，但和深刻并不矛盾。历史上很多人用很简单的字样来概括一个人或者一本书的思想，吕不韦主持的《吕氏春秋》甚至只用了一个字。《不二》篇提到"老聃贵柔，孔子贵仁，墨翟贵（廉）[兼]"，都是很恰如其分的评说。孔子倡导的就是一个仁字，墨子推崇的是一个兼字,老子宣传的也就是一个柔字。因此,老子之道其实就可以用我们现在很熟悉的一个体育项目——柔道——来概括。全部的《道德经》五千言也可以看作是对这个"柔"字的解说。曾经有同学向我提出这样的问题,他觉得《道德经》的很多章都是重复的,翻来覆去说的都是一个道理。这种感觉是对的,但应该记住,真正的道理是不怕重复的。重复实际上是在创造读者的记忆,让他们在心中把这个道理复制下来。道理不只是用来阅读的,更重要的,它是用来理解和体会的。

让我们从一个故事开始。据说老子有一个老师叫常枞,他教老子的方式正是《道德经》一直强调的所谓"不言之教"。常枞只是张开他的嘴巴,人们看到的是已经稀疏的牙齿和依旧灵活的舌头。于是老子从中领悟到了"齿坚易敝,舌柔常存"的道理。这个故事也许不是真的,但《道德经》所讲的与此并无二致。先看一下第七十六章:

> 人之生也柔弱,其死也坚强。草木之生也柔脆,其死也枯槁。故坚强者死之徒,柔弱者生之徒。

人活着的时候总是柔弱的,死后则是僵尸一个。充满生机的草木柔得可以随风摇曳,死后却是难逃的枯槁。老子从中看到的是:坚强只会导致死亡,柔弱才是生命的法则。既然如此,人为什么不放弃刚强呢?第七十三章说:

> 勇于敢则杀，勇于不敢则活。此两者，或利或害。天之所恶，孰知其故？

这更像是对常识的颠覆。当我们都认为勇敢是一种美德的时候，从老子的眼睛里流露出的却是冷笑和嘲讽的目光。确实，很多勇敢的人在勇敢中死去，就像庄子描绘过的那个"怒其臂以当车辙"的螳螂。知其不可而为之，你能说它不勇敢吗？但留给世界的也许只是一个笑料，或者一个成语——"匹夫之勇"。勇敢并不构成一个独立的美德，它必须和智慧结合起来。这让我想起《中庸》里面曾经提到"三达德"，所谓的"知、仁、勇"。它们排列的顺序是很有意义的，"知"应该是最重要的，没有"知"的仁或许是妇人之仁，没有"知"的勇就只能是匹夫之勇。所以有时候"勇于不敢"比勇敢要好得多。从这样的思考，老子提出了他的三宝说：

> 我有三宝，持而保之。一曰慈，二曰俭，三曰不敢为天下先。慈故能勇，俭故能广，不敢为天下先，故能成器长。今舍慈且勇，舍俭且广，舍后且先，死矣。（第六十七章）

这是生活的三件法宝。慈是宽容和忍让，俭是节制和收敛，不敢为天下先是居后和不争。很清楚，这里体现的都是柔弱而非刚强的姿态。在这里，我们对柔弱可以有更多的了解，它并不是目的，而仅仅是通向某个目的的工具。慈的结果是勇，俭的结果是广，不敢为天下先，反而可以成为器长。《道德经》对这一点是再三致意的，有很多文字表达的是类似的想法，诸如第七章的"是以圣人后其身而身先，外其身而身存。非以其无私邪？故能成其私"，第二十二章的"夫唯不争，故天下莫能与之争"，或者第六十六章的"是以圣人于上民，必以言下之；欲先民，必以身后之；是以圣人处上而民不重，处前而民不害"。正是在这里，我们可以充分感受到作为君人南面之术的《老子》的"术"的一面。

但柔弱不只是"术"，它同时也是道。第四十章说："反者道之动，弱者道之用。天下万物生于有，有生于无。"老子发现了这个世界的一个隐秘的规则，那就是相反相成，有无相生。变化的过程往往不是一条直线，而是一条曲线。如果你问一个数学老师，两点之间什么线最短，他一定会告诉你是直线。同样的问题提给老子，答案就会相反。通向"有"的最好方式并不是"有"，而是"无"，有生于无，这就是"反者道之动"。在这样的理解之下，"弱者道之用"就成为必然。道是柔弱的，正是借助于这种柔弱，才能够保持其万物之宗的地位。

在老子这里，我们必须了解，柔弱指的并非某种实力，而是一种态度。读者始终都不能忘记，这部书首先是写给侯王们看的，他们当然是强者，也是当然的强者。对于强者而言，柔弱的态度更像是示弱，而不是真正的软弱。柔弱是强者的德行，而那些原本就很弱的人，也许他们应该努力使自己变得更强一些。就好像"谦虚"，虽然人们总是不假思索地推崇它，但我一直觉得并不是每个人在每个时候都该拥有它。它该是有骄傲资本者的专利，对那些一无所有的人来说，谦虚立刻就会变成滑稽的东西。

这里顺势就可以进入《道德经》第二十八章："知其雄，守其雌，为天下溪。为天下溪，恒德不离，复归于婴儿。"雌雄原本只是表示动物性别的词，道家却常常用来指称刚强和柔弱两种态度。老子理想的圣人应该是知雄守雌的，他知道自己有坚强的实力，但却抱守着柔弱的态度。这种"雌雄同体"的人是难以战胜的，因为在对手有可能战胜自己之前，他们先战胜了自己。从根本上来说，柔弱乃是自我控制的艺术。第五十六章说："挫其锐，解其纷；和其光，同其尘。是谓玄同。"这里所挫的并不是别人的锐气，而是自己的锋芒；所和的也不是别人的光耀，而是自己的精彩。根据老子的理解，锐气和锋芒正是造成冲突、导致灭亡的原因，因此和光同尘也许是不错的选择。这就意味着自我的控制，控制自己的欲望、权力等等。第三十三章说：

> 知人者智，自知者明；胜人者有力，自胜者强。知足者富。

在苏格拉底那里，哲学的任务被看作是认识你自己。老子同样把自知视为比知人更要紧的智慧。但是自知是不能够脱离开知人的，知人才能够知道自我是有界限的，并给了解自己提供一面镜子。自知的本质在于给自己确实地划下一个界限，它的结果也就是知足或者知止。这实际上是一种自我战胜。重要的不在于战胜别人，而是战胜自己。战胜别人只代表你是一个有力量的人，战胜自己才是当之无愧的强者。因此，强者和逞强完全是两个世界，真正的强者恰恰是通过示弱才得以呈现和实现。

我自己阅读《道德经》，最喜欢的四个字是"光而不耀"。光代表着光芒、成功、权力、才干、美丽等等，相当于前面提到过的"知其雄"的雄。有光的人总是有些耀眼，但要注意别太耀眼。过于耀眼，刺得别人睁不开眼睛，就容易引起反弹，反过来伤害自己。这是一个矛盾，但能够处理好矛盾才是智慧的标志。这个标志在老子这里就体现为自我节制，《道德经》一定可以接受这样的说法：一个人自我节制的程度和其智慧的程度是成正比的。有才的人不必处处炫耀他的才，他应该知道，有才本身已经是罪恶，因为他显得别人不是那么地有才。如果他还恃才傲物的话，就是罪上加罪了。前一种罪是天作孽，后一种罪却是自作孽。天作孽，犹可活；自作孽，不可活。权力、财富等的拥有者都应该有如此的认识。正是在这样的基础之上，老子提出了以节制权力为核心的无为和自然的理论。这是"柔道"在统治术中的明确体现。我想把它放在下一部分中加以讨论。

三　清冷的智慧

阅读道家的著作，会有和阅读儒家著作非常不同的感觉。如果拿温度来做一个比喻的话，读儒家书的感觉，套用一句歌词，就是"读你的感觉像春天"，有时候甚至像夏天，很温暖或者热烈。儒家确实也很喜欢"温"这个字，《论语》中就出现了很多次，譬如"温文尔雅""温良恭俭让""色思温"等。这种气质上的温当然是其仁民爱物之心的体现。但读道家的书如《道德经》，整体的感觉却是清冷，有时候甚至怀疑自己掉进了冰窖。你会震撼于它的冷静，有些人看来可能是阴险和狡诈。譬如我们熟悉的三十六章：

> 将欲翕之，必固张之；将欲弱之，必固强之；将欲废之，必固兴之；将欲取之，必固与之。是谓微明。柔弱胜刚强，鱼不可脱于渊，国之利器不可以示人。

这个世界有不以人的意志而转移的法则，它不会因为你的心情或者别人的愿望而改变。老子发现的法则是物极必反，即"反者道之动"。因此，无中可以生有，处后反而可以居先，无私可以成就私。这个法则的运用，于自己是示弱，用来对付别人，则是助其逞强。强到极处，走下坡路甚至崩溃就是无法避免的。

并不是每个人都能发现这个法则，即便偶然发现了也并不能够有效应用。这需要孤独和虚静的经验。第十六章的话是这样说的：

> 至虚恒也，守静笃也。万物并作，吾以观复。夫物芸芸，各复归其根。归根曰静，静曰复命。复命曰常，知常曰明。不知常，妄作凶。

致虚守静，即让自己的心灵达到虚静的状态，这乃是知常及了解客观法则的前提。不知道这是不是得自老子曾经作为史官的工作经验，但一定是很符合老子的形象的。如果我们要给老子画一个像的

话,那该是一个躲在角落的孤独的智者,而不是一个被鲜花簇拥着的仁者。《道德经》第二十章说:

> 众人熙熙,如享太牢,如春登台。我独泊兮其未兆,如婴儿之未孩。累累兮若无所归。众人皆有余,而我独若遗。我愚人之心也哉!沌沌兮!俗人昭昭,我独昏昏。俗人察察,我独闷闷。众人皆有以,而我独顽且鄙。我独异于人,而贵食母。

我们从中看到的是与世界的隔离,以及孤独和清醒。他不喜欢熙熙攘攘的热闹,在热闹中,人是容易迷失自己的。第十二章说:"五色令人目盲,五音令人耳聋,五味令人口爽,驰骋畋猎令人心发狂,难得之货令人行妨。"也许我们都有类似的经验,当你置身于一个琳琅满目的市场,有时候你真的感到无所适从。当全部的生命一直都向外追逐的时候,情形比这好不了许多。所以需要隔离,隔离产生智慧。当老子选择放弃王官的身份,成为一个隐士的时候,他选择的正是这样一种隔离。这种隔离可以让你安静下来,如诸葛亮所说,产生致远的效果。

以上所说都还只是个清冷的形象,我们更应该关注的是清冷的思想。儒家的核心是仁爱,而道家对此一直抱着深刻的怀疑。《论语》《孟子》一直在呼唤着"仁义"的君子和推己及人的"德政"与"仁政",但《道德经》却展开着另外一个思想空间。初看之下,"天地不仁,以万物为刍狗;圣人不仁,以百姓为刍狗"是大逆不道的，更不要说什么"大道废，有仁义。智慧出，有大伪。六亲不和，有孝慈。国家昏乱，有忠臣"，或者"绝圣弃智，民利百倍。绝仁弃义，民复孝慈。绝巧弃利，盗贼无有"等惊世骇俗的字眼了。值得我们思考的是：老子为什么要否定和拒绝看起来很美好和神圣的仁和义？爱和教化到底意味着什么？不妨重点分析一下第三十八章，这也是《老子》下篇的开始：

> 上德不德，是以有德。下德不失德，是以无德。上德无为而无以为也，上仁为之而无以为也，上义为之而有以为也，上礼为之而莫之应，则攘臂而扔之。故失道而后德，失德而后仁，失仁而后义，失义而后礼。夫礼者，忠信之薄而乱之首。

德有上下，其间根本的区别在于无为还是为之（有为）。上德是无为的，下德则是有为的，虽然其中有着层次的区分，如仁、义和礼。在老子看来，为之总是有心的作为，因此也就成为祸乱的根源，成为下德。道理很简单，这个心原本只是私人的，却要变成公共的。在这个由私人的心向公共的心推行的过程中，做法可以有软硬之分、刚柔之别，如孟子强调的王道（儒家）是属于柔性的，霸道（法家）则是刚性的，但其实质并无不同，都是要大家接受某个人的主张。可以想象，对很多人来说，这种接受的过程就是放弃自我的过程。冲突是在所难免的，这正是老子说"上礼为之而莫之应，则攘臂而扔之"的理由。原本创作来安排秩序的礼倒很可能成为制造社会混乱的罪魁祸首，因为它的依据不是天理自然，而是人为的造作。

与此相比，仁义也好不了许多。在儒家那里，仁义是作为秩序的礼的基础。仁最基本的规定是爱人，其内在基础是一个恻隐之心。义最基本的规定是正直，其内在基础是羞恶之心。在一般人看来，这是想当然的美德。但老子有另一番思索。无论仁义看起来有多么美好，总是有心的。有心的行为就难免独断的色彩，于对象而言会有强加的味道。譬如《论语》上面说的忠恕之道，忠是"己欲立而立人，己欲达而达人"，恕是"己所不欲，勿施于人"。这里面都包含着一个推己及人的意思，其背后的假设是人类的普遍性。人是作为类而存在的，既然如此，他们应该是共同的，有共同的心、共同的爱和恨。对儒家来说，这是一个被作为前提接受下来的东西。对生活来说，这只是一个假设。更多的时候，我们看到的是人和人之间的不同，你想要的我不想要，你不想要的我却想要。这就是人类个体之间的差异。如果要追求一个普遍的东西，一个要大家都接受的秩序，对一部分人来说也许是适当的，但对另一部分人而言，却是痛苦的。

所以，爱并不意味着一切都是美好的。爱的结果也许是伤害甚至谋杀。在爱中，强加于人的行为被正当化了，改变对象被认为是理所当然的事情。而且这种改变被定义为提升或者向善。譬如儒家一直强调的礼乐教化，其实就是按照一个固定的模式来改变和安排生命。这个模式当然被认为是善的，即对人而言是好的东西。但这也许只是一厢情愿。"君君臣臣，父父子子"对君父也许是好的，臣子只是无奈而痛苦地接受。更不要说，那些所谓善的东西在实施的过程中一定会被打折扣。所以我们对爱对善等不该过于自信和盲目,重要的不在于善良意愿或者甜言蜜语,而在于它所产生的实际效果。"信言不美,美言不信",不仅仅是一个普通的生活格言,更是深刻的政治和人生智慧。

这些思考无疑是清冷的。正是在诸如此类的思考之下,《道德经》才坚决地拒绝了仁义。但我们还要了解,这种拒绝并不是说你可以不仁不义,为所欲为。天地不仁不是说天地每天干坏事,绝仁弃义也不是给作恶打开方便之门。好的事不能做,坏的事更不能做。这是对一切"为"的拒绝,不管是为善还是为恶。一说"为"字就是恶的,根本不必谈"为"的是什么。从这种拒绝,老子走向了无为之路。在《道德经》中,这是一个大字眼,也是容易引起误解的字眼,有些人经常把它和无所作为甚至无所事事混为一谈。也许表面上它们确实有某些类似之处,后来很多无为学说的信奉者如魏晋时期的某些名士们也许加剧了这种印象。但无为是基于冷静思考之上的自觉选择,其目的是为了实现"无不为"的结果,而后者只是浑浑噩噩毫无成就的光阴虚度,显然不能混为一谈。根据老子,我们该如何描述无为呢?

它首先是一种节制的态度,尤其是对权力的节制。有权力的人总是有一种使用权力征服他人的冲动,以一种高高在上的姿态,任意地支配着在下的人们。这显然不是无为,无为的体现是"生而不有,为而不恃,长而不宰",创造而不拥有,成功而不骄傲,领导而不主宰。这种态度被认为是"玄德"。无为的圣人是"自知不自见,自爱不自贵"的,自见和自贵很类似于我们现在所说的自恋型人格，这种人的心中只有自己，他人是缺席的。这显然不同于自知和自爱，在自知者和自爱者中，自己和他人同时呈现出来。

因此我们可以很方便地引出无为的另一半——自然。它们是相伴而生的观念。无为和自然可以互相定义，但它们的主语刚好相反。无为是对君主的要求，自然则是在君主无为的前提之下百姓所获得的生存状态。君主无为，百姓才能自然。请看《道德经》第五十七章：

> 故圣人云：我无为而民自化，我好静而民自正，我无事而民自富，我无欲而民自朴。

这正是一个极好的说明无为和自然关系的例子，也有助于理解自然的意义。无为的是圣人，自然的是民。如学者们早就强调的，自然的意思和我们现在所谓自然界无关，它指的是一种排除了外力干扰之后的自然而然的状态。因此所谓的自化、自正、自富、自朴都是自然的体现。理想的统治者不是把自己的意志强加给他人，而是充分地考虑并尊重百姓的想法。如第四十九章所说："圣人恒无心，以百姓之心为心。"无为的圣人是不该先设一个私心，然后又设法把这个私心变成公心的，百姓的心就是他的心。进一步来看，百姓也并没有一个统一的心，因此，以百姓之心为心并不是真的用百姓之心来替代自己的私人之心，而是彻底的无心。老子有时候也称之为"虚""无欲"等。只有如此，百姓的自然自主才会成为可能。

这就是所谓的"道法自然"。对这句著名的话，今人有很多误解。其实它的本义很明确，说的就是道并不主宰万物，而是效法其自然。王弼的解释是"在方则法方，在圆则法圆"。它的中间省略了"自然"的主语——万物，因此孤立地看意义也许有些含糊，但如果联系《老子》其他章节的话，就很清楚。譬如第五十一章说："道生之，德畜之，物形之，势成之。是以万物莫不尊道而贵德。道之尊，德之贵，夫莫之命而常自然。"这很显然是在道和万物关系语境下的讨论，道虽然生养了万物，但对于万物却不发号施令而是顺其自然的。第六十四章中，更明确地提到"辅万物之自然而不敢为"。依照老子的设想，在上的统治者收敛他的权力欲，在下的百姓可以尽可能发挥其自主性，如此的话，统治者的无为就可以换来百姓的自为，"无为而无不为"的局面也就形成了。

　　《道德经》无为和自然的学说涉及统治术中若干重要的问题，君主应该如何使用其权力，究竟给百姓以多大的空间才更有利于形成一个和谐稳定又有效率的社会？如果把法家、儒家和道家进行比较的话，法家给百姓的空间最小，儒家多一些，道家最多。相应的，法家的君主最专制，儒家次之，道家又次之，甚至到后来还发展出无君论，主张君主可有可无。在这几家中，道家最容易发展出对专制的否定，如严复已经看到的，也最容易和现代社会强调的自由和民主思想相沟通。在历史上，我们有时候可以看到一个并不偶然的现象，社会在经历了法家式的苛刻统治后，往往需要道家的清静无为来疗伤，然后再代之以儒家式的教化统治。譬如从秦朝的暴政到汉初的清静无为再到汉武帝的独尊儒术，隋朝到唐初几乎也经历了类似的变化。

四　天道的敬畏

中国人直到现在还喜欢讲的一句话就是"天理良心"。这句话之所以深入人心，看来是说出了对生活来说很本质的东西。实际上，"天理良心"包含了我们最重视的两个维度：一个是天道，一个是人心。这是中国人生活的两个根据。先秦时期，儒家对人心比较关注，力图从中发掘道德价值和秩序的根源。道家则对天道非常看重，将它视为行事的依据。

《道德经》留给人们的一个深刻印象，就是在讲人间事务的时候，喜欢援引天道或者道作为最终的支持。柔弱是因为天道，不争是因为天道，不仁、无为等都是由于天道。我们在这部经典中经常可以发现类似形式的句子：

> 天之道，利而不害；圣人之道，为而不争。
> 道常无为而无不为，侯王若能守之，万物将自化。
> 天地不仁，以万物为刍狗；圣人不仁，以百姓为刍狗。

这种形式的句子当然不仅仅是句法的问题，它体现的乃是对于道和天道的敬畏。这种敬畏的理由，首先是道相对于包括人在内的这个世界的优先性。在老子看来，道是这个世界的总根源，"有物混成，先天地生"，这个混成之物就是道。经过了一定的演化，万物从中产生，"道生一，一生二，二生三，三生万物"。仅凭此点，敬畏就有了足够的理由。但更重要的，还是道本身所显示出的"生而不有，为而不恃，长而不宰"的"玄德"。正是这种玄德，让道可以成为人们生活的指引者，也把道和天地万物紧密地结合起来。同时也是这种玄德，可以赢得万物的心。

道的本意是路，引申而具有法则的意义。天道也就是天的法则，人道就是人生应该遵循的法则。人道应是本于天道的，这是老子的态度。其实这个态度并不算新，从西周到春秋时期，很多人都从天道出发考虑人道的问题。譬如把"礼"看作是本于天的，认为礼是"天之经也，地之义也，民之行也"，天有十日，所以人该有十等。但这种说法多具有比附的性质，具体而杂乱，而且有时候还没有从有意志的天道观中摆脱出来。老子则不同，他关心的只是根本的天道，致力于发掘的是法则性的东西，诸如无为或者法自然，这种法则同时可以成为人道的依据。这就使《道德经》的天道观和此前的天道理论区别了开来，同时也把自己和孔子区别了开来。就孔子来说，我们没有发现他正面涉及过天道的观念，学生的说法是"夫子之文章，可得而闻也。夫子之言性与天道，不可得而闻也"。但孔子常常谈起天命，并且认为是君子所最该敬畏者。天命和天道的差别是明显的，天命更多地指向某种消极的限制，天道则是积极的秩序的根源。

大家可以发现，我对于道和天道并没有刻意区分，采取的是一种混为一谈的态度。至少在法则的意义上，天道和道在老子的叙述中基本没什么区别。因此它们的差别被我忽略了。对天道的敬畏包含着多方面的思考，最重要的一点也许是对人的有限性的揭示。在天和人的关系中，道家始终是大天而小人的。我们都熟悉荀子曾经

批评庄子是"蔽于天而不知人",老子其实也有着这种倾向,著名者如第二十五章说:

> 域中有四大,而王居其一焉。人法地,地法天,天法道,道法自然。

域中的四大是指道、天、地和人(王)。表面上看来是给予了人(王)很高的地位,但仔细看来,却是对人的贬抑。人间的秩序并不是来自自己,而是天或者道。这是一个明确的宣示,人不应该把自己看得太高。天地比人大,道比人更大。因此,在天道和道面前,保持谦卑和敬畏的姿态是必要的。重要的不在于自我的放大,而是虚心静气地倾听天道的声音。

根据中国人对于世界结构的理解,人是处于天地之间的存在。《左传·成公十三年》记载刘康公所说"民受天地之中以生,所谓命也",最典型地表达了这一点。人在天地之中生存,这是命运。从这引申开去,天地就不是和人无关的存在。一方面,人本身就是天地的产物,《管子》所说"人之生也,天出其精,地出其形,合此以为人",是被普遍接受的一个观念,因此有"以天为父,以地为母"的说法。另一方面,人的生存过程也和天地密不可分。《周易》在解释卦象结构的时候提出了三才说,认为一卦六爻可以分成三部分,每两爻为一组,从下往上,分别代表着地、人和天。而贯穿在三才中间的其实是一个道理,在天为阴阳,在地为柔刚,在人为仁义。"王"字的写法,在汉儒的解释中,就形象地代表着这个观念。三横画代表着天地人三才，一竖则象征着贯三为一。王就该是这样的人，这让我们想起《周易》中的大人。《文言传》说：

> 夫"大人"者，与天地合其德，与日月合其明，与四时合其序，与鬼神合其吉凶。先天而天弗违，后天而奉天时。天且弗违，而况于人乎，况于鬼神乎！

这当然是一种积极而乐观的生存感觉，人与天地并立为三，并且可以完全会通为一。《中庸》也曾经提到人如果能够尽己之性尽物之性的话，就可以与天地参。但老子很难产生这种伟大的感觉，在他那里，人和天地以及道不可能处在同样的层次上。人永远会是抬着头看着天空，也许他始终处在那种"上不在天，下不在田，中不在人"的尴尬境遇里，战战兢兢地生活着。《老子》中得道的圣人似乎也没有那么洒脱和快乐，仍然是"豫兮若冬涉川，犹兮若畏四邻，俨兮其若客"般的戒慎恐惧。

老子并不相信所谓人的智慧。"以智治国，国之贼；不以智治国，国之福"，因此重要的不是"明民"，而是"愚之"。但这不意味着君主自己可以耍小聪明，那同样要不得。第七十一章说"知不知，尚矣；不知知，病也。圣人不病，以其病病。夫唯病病，是以不病"，这是一种自觉而深刻的谦卑。不知道所谓智慧的害处，会祸患无穷。因此不必去相信那些智者的"前识"，时刻警惕着，也许才可以免于过失吧。我们该如何评价老子的这种看法呢？是不是对人太悲观了些。也许可以从另一方面看，《道德经》一直提醒人们不要太自信和乐观。不要太相信自己已经发现和掌握了真理，不必太独断和专制。虚心一点总是好的。

如果做个总结的话，我想把话题转到心灵上来。一部经典读到最后，我们看到的就不该是一堆文字，而是一个心灵。文字不过是心灵的物化。读《论语》应该读出孔子的心灵，读《道德经》应该读出老子的心灵。孔子的心灵是热的，老子的是冷的。孔子的心灵是实的，老子的是虚的。"虚其心，实其腹；弱其志，强其骨"，这是《道德经》给我们的建议。一个被充满的心灵是喧闹的，甚至麻木。在虚静中，心灵才可以动起来，才可以发现这个世界的法则，发现真实的自己，也发现真实的他人。有什么样的心灵，就会有什么样的世界。因此我们看老子对世界的描绘就有些清冷和虚静，作为世界开端的道是"独立而不改"的，从中分明可以看出透着寂寞和孤独。当这个世界落实到实际的生活中时，我们可以读到"小国寡民。使有什伯之器而不用，使民重死而不远徙。虽有舟舆，无所乘之；虽有甲兵，无所陈之。使民复结绳而用之。甘其食，美其服，安其居，乐其俗。邻国相望，鸡犬之声相闻，民至老死不相往来"。这个世界没有那么紧密和温情脉脉，互相之间少了些关心，却多了些自在。这正是老子智慧的精髓所在。

对于现代社会而言，《道德经》并不会因为它产生在两千多年以前就失去了价值。深刻的心灵像太阳和月亮一样，总是能穿越时间和空间的。时至今日，《道德经》已经成为全世界范围内共同的精神遗产。我自己第一次出国参加的国际会议是关于老子的，在德国的机场，接我的人手举着一个牌子，上面写的不是我的名字，而是一个大大的"道"字。这个场景很富有象征意义，正是道，老子的智慧，把生活在不同空间中的我们联系在一起。几年以后，在哈佛大学的游泳馆，偶然认识的一个美国人跟我说他们有一个团体，每个月都会阅读讨论《道德经》。对老子感兴趣的人之中当然也不乏一流的思想家或者哲学家们，诸如大家都熟悉的海德格尔，很多人甚至拿他和老子的关系作为博士或硕士论文的题目。如果我们把目光拉回到中国，你会发现对《道德经》感兴趣的现代人比比皆是。从年轻的学生到成熟的学者，从普通的白领到商界精英，以及政府官员，都会从中汲取滋养。《道德经》可以是现代人的知识、生存智慧以及管理艺术，可以是成功者的冷静药方，也可以是遭遇挫折时的心灵慰藉。在现代人的解读之下，《道德经》在当代中国社会也会发挥重要的作用，成为当代中国人心灵的一个重要部分。

郭店竹简所见儒道关系

对于先秦思想史的研究而言,郭店楚墓竹简的发现,其意义是多方面的。譬如通过对大量前所未见的材料的研究,足可以改变我们对先秦儒家以及道家面貌的认识;通过比较较早的文本和现在通行的文本,可以使我们对古代文本的变迁产生更多的了解;如此等等。此外还有一个话题,已经见诸很多文章讨论的,就是对先秦儒家和道家关系的重新认识。[1] 很多学者认为,郭店楚简的材料表明,在先秦时期,儒家和道家之间并没有像后世一样,呈现出水火不容式的对立。相反,它们是可以合作的,譬如郭店的《老子》,就没有像今本《老子》那样有激烈的反对仁义的内容。还有学者以

---

[1] 笔者见到的文章有:陈鼓应《从郭店简本看〈老子〉尚仁及守中思想》、张立文《论简本〈老子〉与儒家思想的互补互济》、李存山《从郭店楚简看早期道儒关系》、白奚《郭店儒简与战国黄老思想》,以上均见《道家文化研究》第十七辑,北京:生活·读书·新知三联书店,1999年;罗炽《郭店楚墓竹简的援儒特征及断代问题》、刘泽亮《郭店〈老子〉所见儒道关系及其意义》、高华平《论述〈郭店楚墓竹简·性自命出〉的道家思想》,以上均见《郭店楚简国际学术研讨会论文集》,武汉:湖北人民出版社,2000年。

儒家和道家的作品同出于郭店作为依据来论证上述的主张。这个问题，关涉对儒家和道家基本学说的认识，非常重要。所以，本文想要对此进行专门的讨论。

一

儒家和道家的作品在墓葬或者老宅中同出的情形，历史上曾多次出现。就目前所知，汉初鲁恭王坏孔子宅时得到的所谓"孔壁中书"，其中除了许多儒家类的文献外，就还有《老子》。这可能是最早的儒道文献同出的例子。而最近的几十年中，伴随着考古发现的增加，这种情形更是屡见不鲜，就笔者记忆所及，至少有如下的几次：

（一）马王堆汉墓帛书

1973年湖南长沙马王堆汉墓一号墓中发现的帛书中，涉及的文献众多，分别属于六艺、诸子、术数等不同的门类。其中可以归入道家和儒家的作品有很多。属于道家类者，约有如下数种：

(1)《老子》甲；

(2)《老子》乙；

(3)《经法》《十大经》《称》《道原》；[1]

---

[1] 此四篇疑即《汉书·艺文志》诸子略道家类著录的《黄帝四经》。

(4)《伊尹·九主》。[1]

属于儒家类者,则有:

(1)《周易》;

(2)《二三子问》;

(3)《系辞》;

(4)《易之义》;

(5)《要》;

(6)《缪和》《昭力》;

(7)《五行》;

(8)《德圣》。

(二)定州汉墓竹简

河北定州西汉后期中山怀王墓中发现的竹简中,也同时包含有儒家和道家的作品。其中属于儒家类的有《儒家者言》和《论语》,已经由文物出版社出版。[2] 道家类的则有《文子》残篇,《文物》杂志已有公布。《文子》见于《汉书·艺文志》的著录,列在诸子略道家类。班固自注说文子是"老子弟子,与孔子并时,而称周平王问,似依托者也",今本《文子》已经不见平王问文子的痕迹,

---

[1] 见国家文物局文献研究室:《马王堆汉墓帛书》(壹),北京:文物出版社,1980年。

[2] 河北省文物研究所定州汉墓竹简整理小组:《定州汉墓竹简〈论语〉》,北京:文物出版社,1997年。

但竹简中则有体现。

（三）阜阳双古堆汉墓竹简

安徽阜阳双古堆汉墓竹简中，《周易》和《诗经》显然是属于儒家类的。[1]

据研究者的报告，其中有《庄子》残简，涉及很多篇。[2]这也是儒道作品同出的例子。

（四）郭店楚墓竹简

最新的当然是湖北荆门郭店楚墓竹简。[3]其中《老子》和《太一生水》明显是道家的作品。一部分学者认为《语丛四》也主要和道家有关。[4]另外十余篇则全部属于儒家。

那么，像这种儒道的文献同出一墓的现象，其意义何在呢？大体说来，至少有如下的两方面：

---

[1] 其中《周易》释文已由《道家文化研究》第十八辑出版，北京：生活·读书·新知三联书店，2000年。
[2] 见韩自强、韩朝《阜阳出土的〈庄子·杂篇〉汉简》，其中提到残简与《则阳》《让王》《外物》等篇有关。见《道家文化研究》第十八辑，第10—14页。
[3] 释文可见文物出版社出版的《郭店楚墓竹简》，1998年。另外，《道家文化研究》第十七辑刊载的李零所作《郭店楚简校读记》也可参考。
[4] 如李零，见上文。

第一，随葬的物品一般属于墓主人生前喜好的东西，当然也有一些是别人的礼物。所以，就随葬的文献而言，也许可以反映出墓主人的个人爱好以及知识背景，有时候也可以从中了解主人的思想倾向。这些书籍也许相对集中在一个有限的领域，如西晋时候得到的汲冢竹书，大部分内容都是与占筮有关的，此外还有纪年之类的书籍。但更多的时候，它们是很杂乱的。这就好比是一个私人的图书馆，其中有主人喜欢的各种不同的书籍。但你不能说这些书籍之间一定是有内在的联系。

第二，鉴于古代文献流动的相对困难，通过墓葬的位置，也许我们能了解当时在此地可以看到的或流行的东西。到现在为止，我们发现墓葬中的文献确实具有某些地域的色彩。譬如山东临沂银雀山汉墓竹简呈现出浓厚的齐文化色彩，如其中有两种《孙子兵法》，作者孙武和孙膑都是齐国人。还有《太公书》，太公是姜姓齐国的祖先，以及和《晏子》《管子》有关的内容。众所周知，他们都是齐国的贤臣。而同时，马王堆帛书则有强烈的楚国特征。如《老子》的作者、《五行》篇中的世子都是陈楚地方的人。缪和、昭力也明显属于楚国的姓氏。

也许我们还可以总结出另外的东西来，但是，很显然，它绝对不能用来说明这些文献的内容是一致的或者不互相冲突的。文献的同出绝对不意味着其中思想的相似或者和谐。恰恰相反，在很多时候，同出的文献之间往往存在着巨大的思想距离，有时候甚至完全是针锋相对的。那些注意到郭店《老子》和《五行》，并发现了二者可以协调的学者，不知道为什么却忽视了马王堆的类似情形。当马王堆的《五行》篇在大讲"仁义礼智圣"的时候，同墓出土的《老子》却高喊着"绝圣弃智，民利百倍；绝仁弃义，民复孝慈"，以及"礼者，忠信之薄而乱之首也"的口号。以这种情形来看，这更像是有意地把相反的东西集中在一起，做一个比照，而不是认为其中有什么可以融通的东西。在我看来，郭店的文献也属于这样的情形。

二

让人们重新思考儒道关系的主要是郭店《老子》和通行本《老子》的一些差别，并特别集中在对仁义等的态度方面。在通行本中，读者很容易就可以发现激烈否定仁义等的文字，典型的如第十九章说：

> 绝圣弃智，民利百倍；绝仁弃义，民复孝慈；绝巧弃利，盗贼无有。此三者以为文不足，故令有所属。见素抱朴，少私寡欲，绝学无忧。

这是直接要弃绝圣智和仁义、巧利等。此外，第十八章也说：

> 大道废，有仁义；慧智出，有大伪；六亲不和，有孝慈；国家昏乱，有忠臣。

很显然，大道和仁义是对立之物。第三十八章也说：

> 上德不德，是以有德；下德不失德，是以无德。上德无为而无以为也；上仁为之而无以为也；上义为之而有以为也；上礼为之而莫之应，则攘臂而扔之。故失道而后德，失德而后仁，失仁而后义，失义而后礼。夫礼者，忠信之薄而乱之首也。

这里所说和十八章"大道废，有仁义"的意思是完全一致的。"大道"和"仁义"的根本区别就是无为和有为的区别。这也正是要"绝仁弃义"的理由。在老子那里，道和仁义之间没有调和的余地，在这个意义上，老子的道是"不仁"的。第五章说：

> 天地不仁，以万物为刍狗；圣人不仁，以百姓为刍狗。

道和仁义的对立，以及对仁义的攻击，我们在稍后的《庄子》那里看得会更加清楚。因和本论题无直接关系，兹不赘述。

郭店本《老子》的发现，对于《老子》的研究来说，其重要性是不必论证的。它为我们提供了当时存在的三个虽不同但都与《老子》有关的文本，对于讨论《老子》的文本和思想变迁，都具有显著的价值。[1] 这些文字基本上都能和通行本相对应，可以说大同小异。从研究的角度来说，那些不同的地方当然更能引起学者们的

---

[1] 参见本书中关于郭店《老子》的相关讨论。

注意。其中最受关心的大概就是与通行本十九章相对应的那段文字了。郭店竹简《老子》甲说：

> 绝智弃辩，民利百倍；绝巧弃利，盗贼无有；绝伪弃诈，民复孝慈。三言以为使不足，或令之有乎属，视素抱朴，少私寡欲。

和通行本相比，其区别是显而易见的。"绝圣弃智"，在郭店本中变成了"绝智弃辩"；"绝仁弃义"，则变成了"绝伪弃诈"。从字面上说，通行本中对仁义和圣的否定都没有出现。很多学者根据这一点，便得出结论说：郭店《老子》的这种不同显示出在较早的时期，老子或道家与儒家之间并不存在针锋相对的关系。司马迁在《史记·老子韩非列传》中描绘的"世之学老子者则黜儒学，儒学亦黜老子。道不同，不相为谋"，反映的只是汉初或战国后期的情形。还有人认为，郭店《老子》很可能是儒者的传本，所以有意回避了批评儒家的段落或者文字。

孤立地讲，这样的结论当然是可能的。可是如果我们仔细地分析郭店《老子》的内容，再把它与同墓出土的儒家文献做一对比的话，那么其中巨大的和根本的差异，却是令研究者无法回避的。

首先的一个问题是，如何理解郭店本和通行本的上述区别？至少存在着两种可能性：一种是郭店本的文字代表了这个段落较早的情形，而通行本的文字则是在该文本其后的流传过程中发生的变异；另一种则刚好相反，类似于通行本的文字在郭店的文本之前已经存在，而郭店的文本则是在此基础上有意改编的结果。从目前的讨论来看，这两种可能性都已经被注意到。就我个人而言，比较倾向于第一种的看法[1]。但我们还是可以在两种可能性的基础上进行讨论。

如果我们假定后一种情形是真实的，也就是说，有"绝仁弃义"字眼的文本较早出现，而郭店本是有人出于某种目的改编的结果，那么此中包含的信息就是：（1）本来的《老子》文本是激烈反对仁义的，这当然不能证明老子和道家与儒家之间原本是和谐的关系。（2）郭店本的作者通过这种改动，有意淡化这种反儒的倾向，这可以说明当时有人曾经致力于缩小儒家和道家的距离，以达成它们之间的调和。但如上所述，却不能说明原本它们就是这样的。

如果前一种情形是真实的，即郭店的文本早于通行本，后者是在文本流动过程中变异和整合的结果，那么我们更要小心。我们首先要问的是，这种"变异"是如何发生的？在关于郭店《老子》的讨论中，我曾经提到这或许与《庄子》的学派有关。这是在纯粹事实发生意义上的讨论。如果从理路上来讲，我们要问的就应该是：在郭店的文本中，有没有接受这种变异的基础？也就是说，"绝仁弃义"的主张在郭店本中是不是可能的？

事实上，在郭店《老子》丙本中，有一段和通行本第十八章约

---

[1] 读者可参见本书《关于郭店楚墓竹简〈老子〉的结构与性质》一文。

略对应的文字：

> 故大道废，安有仁义；六亲不和，安有孝慈；邦家昏乱，安有正臣。

"安"，马王堆帛书本作"案"，其实就是"焉"，河上公本正作"焉"。它的意思，就相当于我们现在说的"于是"。一般的解释认为，这段话的意思是反对仁义的。可是，郭店本出来之后，大概受"绝仁弃义"等文字阙如的鼓励，很多学者又对其做出了相反的理解。他们大多认为"安"字后面的语气应该是疑问式的，这样，这段话的意义就正好和通常的理解相反，大道和仁义变成了一样的东西。因为"大道废，焉有仁义"的意思，用现代汉语翻译出来的话，就是"如果大道废了的话，还有仁义吗"。

如果真的可以这样理解，那么，古代中国的思想史就应该全部改写。我们就应该宣称：老子或者道家所说的"道"和孔子或者儒家所讲的"仁义"，其实是一回事，只不过用字不同，故弄玄虚而已。至于他们的后学，如果不是错误地领会了宗师意图的话，那肯定是出于自立门户的私心，所以有意把兄弟俩描绘成似乎是有不共戴天之仇的对头。

上述的说法也许过分了些，但是我们试想，如果我们真的把《老子》中的大道看作是和仁义不相冲突的，甚至等同的，不用说很难解释后来儒家和道家的对立，同时也无法面对郭店《老子》和同出的儒家文献之间的歧异、那些根本的歧异。而从更小的语境中看，上述的理解也很难成立。在"故大道废，有仁义"之前，和这段话联系在一起的，是如下的文字：

> 太上，下知有之；其次，亲誉之；其次，畏之；其次，侮之。信不足，安有不信。犹乎其贵言也。成事遂功，而百姓曰我自然也。

这是通过在下者（百姓）对在上者态度的不同，来描述几种不同的治国方法。它的结论是"贵言"，从其他地方来看，也就是"处无为之事，行不言之教"。这样的话，当百姓取得成功的时候，他们觉得好像都是自己完成的，而和在上者没有什么关系。这也就是"太上，下知有之"的境界。很显然，这和"仁义"的做法是完全不同的。在这段文献看来，君主行"仁义"的做法可能会取得百姓"亲誉之"的效果，虽然也不错，但与无为的大道相比，这毕竟是等而下之的了。由"故"字开始的带有总结性的"大道废，安有仁义"，正是对此差距的描述，绝对不可做其他的理解。同时，在上述那段话中，也出现了一个"安"字，其句法与"大道废，安有仁义"相同，这就是：

> 信不足，安有不信。

这句话如果再用疑问的语气来解释的话，恐怕无论如何是不能接受的。让我们想一想"信不足的话，还有不信吗"的意思，我们就会主动放弃它。毫无疑问,"安"也就是"焉",也就是"于是"。这句话的意思是说:(君主的)诚信不足,于是才有(百姓的)不信任。

三

儒家和道家的分歧,我们从人们对它们主旨的概括中就可以粗略地了解。司马谈曾经写过一篇《论六家要旨》的文章,被他的儿子编在《史记·太史公自序》中。他对道家的基本概括是"以虚无为本,以因循为用",表现在政治哲学中,则是无为和刑名的学说;在治身的方面,则是精气充形的理论。对于儒家,则说"博而寡要,劳而少功,是以其事难尽从。然其序君臣父子之礼,列夫妇长幼之别,不可易也"。这种概括虽说有个人的倾向掺杂在里面,但总的来说是非常恰当的。主旨的不同,也正是二家根本区别之所在。在这里面,其实有没有某些字眼譬如"仁义",我以为并不是最重要的。如果把那些根本性的区别比作树干的不同的话,"仁义"等字眼的有无只不过是枝叶的多寡而已。以下试根据郭店的文献,略述《老子》与儒家的不同。让我们从"无为"和"教化"这两个足以代表各自主旨和区别的问题开始。

作为通行本《老子》和整个道家的基本原则,"无为"的主张也体现在郭店的《老子》中。也许我们可以罗列一些文字,以加深读者的印象:

为之者败之，执之者远之。是以圣人亡为故亡败；亡执故亡失。临事之纪，慎终如始，此亡败事矣。圣人欲不欲，不贵难得之货，教不教，复众之所过。是故圣人能辅万物之自然，而弗能为。道恒亡为也，侯王能守之，而万物将自化。化而欲作，将镇之以无名之朴。夫亦将知足，知以静，万物将自定。

为亡为，事亡事，味亡味。大小之多易必多难。是以圣人犹难之，故终亡难。

天下皆知美之为美也，恶已；皆知善，此其不善已。有亡之相生也，难易之相成也，长短之相形也，高下之相盈也，音声之相和也，先后之相随也。是以圣人居亡为之事，行不言之教。万物作而弗始也，为而弗恃也，成而弗居。夫唯弗居也，是以弗去也。

是以圣人之言曰：我无事而民自富。我亡为而民自化。我好静而民自正。我欲不欲而民自朴。

学者日益，为道者日损。损之或损，以至亡为也，亡为而亡不为。

大上，下知有之；其次，亲誉之；其次，畏之；其次，侮之。信不足，安有不信。犹乎其贵言也。成事遂功，而百姓曰我自然也。故大道废，安有仁义；六亲不和，安有孝慈；邦家昏乱，安有正臣。

为之者败之，执之者失之。圣人无为，故无败也；无执，故□□□。慎终若始，则无败事矣。人之败也，恒于其且成也败之。是以□人欲不欲，不贵难得之货；学不学，复众之所过。是以能辅万物之自然,而弗敢为。

上述每一个段落中,都充斥着"无为"的教导。"无为"的主体当然是君主或者侯王,而它的对象无疑是"百姓"。可以注意到,老子是把"无为""无事""无欲""好静"等并称的,这显示出这些不同的说法具有类似的内涵。这个内涵的表现,似乎可以用"行不言之教"来概括。

"不言之教"很容易让人想起与儒家礼乐教化的区别。老子主张"不言之教",这个"言"字,并不能简单地和"言说"画等号,它和"名"倒有些接近。"不言之教"的基础乃是对"道恒无名"的认识,在这个意义上,似乎也可以称作"无名之教",可以和后来的儒家"名教"相比照。在郭店本相当于今本第十九章的文字中,"智辩""伪诈"和"巧利"被称为"三言",它们被认为是过于"文"的东西,与"道"的"朴"是对立的,所以应该去除。这种去除其实并不是完全地排斥"语言",而只是排斥"文饰"的语言,却可以保持"朴素"的语言。郭店《老子》丙有云:

故道□□□,淡呵其无味也。视之不足见,听之不足闻,而不可既也。

根据通行本,这段话中的缺文可以补为"之出口"这三个字,意思是说大道讲出来的话,平淡得好像没有味道一样。它是朴素的、不美的,和"美言"不同。"美言可以市尊",但是有一点,"美言不信,信言不美"。而"信不足,安有不信",正是老子要世间的君主"贵言""行不言之教"的理由。

严格地说,"不言"的东西是不可以叫作"教"的,因为别人无法"学"。《论语·阳货》篇记载:

> 子曰:"予欲无言。"子贡曰:"子如不言,则小子何述焉?"子曰:"天何言哉?四时行焉,百物生焉。天何言哉?"

对于孔子这位"教"祖来说,不言的愿望是永远也无法实现的。虽然天是无言的,但人和天毕竟不同。人不仅要"言","言"还要有"文","言而无文,行之不远",所以要靠学"诗"来提高"言"的水平。在"文"之外,还要注意"言"的内容,就是要"言忠信"。老子完全不讲这一套。"不言"之称为"教",完全是为了让人们留意和其他"教"的区别。从本质上说,它是"不教"。所以郭店的《老子》说"教不教",是以"不教"的方式"教"。于是,他要求统治者"贵言"。既然"不教",当然也就不能"学",老子是反对"学"的,郭店《老子》说:

> 绝学亡忧。

这是很坚定的语气。只有去除了"学",才可以"无忧"。为什么呢?同样是郭店的《老子》告诉我们:

> 学者日益，为道者日损。损之或损，以至亡为也。亡为而亡不为。

原来"学"是和"为道"相反的，因此也是和"无为"对立的。无为是通过"损"的方式达到的，但学的结果只能是"日益"。有趣的是，儒家也这样来看待"学"的功效。《尊德义》说：

> 学为可益也。

学习的目的就是要增益一些东西，譬如忠信。该篇还说：

> 尊仁、亲忠、敬庄、归礼，行矣而亡惟，养心于子谅，忠信日益而不自知也。

从孔子起，儒家对于"学"就一直是特别强调的。编《论语》的人，把夫子"学而时习之"的教诲放在全书的开始，不能说是完全随意的。[1] 因为孔子的后学们深知老师对于"学"的态度。这里不想列举太多的孔子论"学"的话，我们可以看一下《阳货》篇的一段记载：

---

[1] 《荀子》的第一篇是《劝学》，也应作如是观。

> 子曰："由也，女闻六言六蔽矣乎？"对曰："未也。""居！吾语女。好仁不好学，其蔽也愚；好知不好学，其蔽也荡；好信不好学，其蔽也贼；好直不好学，其蔽也绞；好勇不好学，其蔽也乱；好刚不好学，其蔽也狂。"

这里的"六蔽"，是很清楚的，指的是愚、荡、贼、绞、乱和狂。"六言"，则应该是指仁、知、信、直、勇、刚这六种基本的德行。六言之所以会有六蔽，完全是不"学"的结果，由此足见"学"的重要。很显然，学和教是分不开的。重视学，也就意味着重视教。孔子"教民"的主张，《论语》中可以见到的，如《子路》篇就有几段：

> 子适卫，冉有仆。子曰："庶矣哉！"冉有曰："既庶矣，又何加焉？"曰："富之。"曰："既富之，又何加焉？"曰："教之。"
>
> 子曰："善人教民七年，亦可以即戎矣！"子曰："以不教民战，是谓弃之。"

而"教"的内容，则是"文行忠信"，或者说"德"和"礼"。《为政》篇说：

> 子曰："道之以政，齐之以刑，民免而无耻；道之以德，齐之以礼，有耻且格。"

这里的"道",读为"导",就是"教"的意思。所以《缁衣》在引用这段话的时候,直接把"道"换成了"教"字。在上者施教,在下者就会受影响,就好像是风吹草动一样。《颜渊》篇记孔子说:

> 君子之德风,小人之德草。草上之风,必偃。

风所过之处草就要发生变化,君子以德施教,百姓也会跟从,这叫作"化"。儒家是很讲教化的,这与老子讲"自化"倒成了一个鲜明的对比。

如果说《论语》中关于教化的记载还稍嫌零乱的话,那么郭店竹简儒家类的文献中,对"教"和"学"的论述则显然是有系统的。《成之闻之》《性自命出》《尊德义》和《六德》诸篇,反复强调"教"和"学"的问题。它们把"教"看作是治民的最好办法。《尊德义》说:

> 善者民必富,富未必和,不和不安,不安不乐。善者民必众,众未必治,不治不顺,不顺不平。是以为政者教导之取先。教以礼,则民果以劲。教以乐,则民弗德争将。教以辩说,则民艺陧长贵以忘。教以艺,则民野以争。教以技,则民少以吝。教以言,则民訏以寡信。教以事,则民力啬以湎利。教以权谋,则民淫昏,远礼无亲仁。先之以德,则民进善焉。

"富"和"众"并不一定能带来社会的平安,最关键的因素还是"教"。这很显然是发挥前引《论语·子路》篇中孔子和冉有的对话,不过更突出了"教"的重要性。当然,"教"的内容不是随意的,通过"礼乐"和"权谋""辩说""技艺"等的比较,读者很容易可以看出作者的主张,他是要以"德"来教人的,而"德"的内容,就是"礼乐"。"教"的目的,是要让"德"在人心中扎下根来,《性自命出》从人性的角度来考虑教的问题,它说:

牛生而长,雁生而伸,其性使然,人而学或使之也。凡物无不异也者,刚之树也,刚取之也。柔之约〔也〕,柔取之也。四海之内,其性一也。其用心各异,教使然也。

对于牛和雁等动物而言,它们的一切都是由"性"决定的。譬如牛生下来就很长很大,雁生下来就很伸展,这是其本性使然。但是人不同。人的本性是需要"长",需要"养"的。这就决定了人最初虽然是一样的,但是在以后的发展中却变得各个不同。有的人要刚一些,这是由于受"刚"的东西熏陶的缘故;有的人柔一些,则是被柔的东西浸染的结果。这种熏陶、浸染,就是"教"。虽然人的性是接近的,但"教"可以使得人的"用心"完全不同。这一点,只要回顾一下刚刚引到的《尊德义》的那段话,就很清楚了。

要想通过教的方式,让"德"在人心中扎根,从哪里入手呢?在这里,孔子以"诗书礼乐"教授弟子的做法得到了继承和发扬。

《性自命出》称：

> 《诗》《书》《礼》《乐》，其始出皆生于人。《诗》，有为为之也；《书》，有为言之也；《礼》《乐》，有为举之也。圣人比其类而论会之，观其先后而逆顺之，体其义而节文之，理其情而出入之，然后复以教。教，所以生德于中者也。

这里好像涉及圣人怎样把原有的"诗书礼乐"改造成为合用的教本。《诗》《书》《礼》《乐》原本都是"有为"的产物，即都是某种特殊情形下的作品。但是经过圣人的整理和体会之后，它们就变成了普遍的"德行"的载体。在《六德》中，《诗》《书》《礼》《乐》《周易》和《春秋》被认为是体现了仁义、圣智、忠信这六德的。这也正是为什么用其教人，便可以"生德于中"的理由。

四

与"无为"观念相关的老子和儒家的第二个区别是：在老子的治道中，君主和百姓之间存在着一个清楚的界限，即君主无为、无事，而一切任百姓自化。这个分别后来在道家中发展出"君无为而臣有为"的主张；与此相反，儒家则强调君臣同道，君主要以身作则，为群臣和百姓的模范。和此相应的是，老子要求君主要"不为始""后其身"，这一方面是出于权术的需要，另一方面则是出于重生的考虑。郭店《老子》甲说：

> 江海所以为百谷王，以其能为百谷下，是以能为百谷王。圣人之在民前也，以身后之；其在民上也，以言下之。其在民上也，民弗厚也；其在民前也，民弗害也。天下乐进而弗厌。以其不争也，故天下莫能与之争。

这就是着眼于权术方面的。能下者才能上，居后者方能前。郭店《老子》乙称：

> 治人事天，莫若啬。夫唯啬，是以早，是以早服，是谓……不＝克＝则莫知其极，莫知其极，可以有国。有国之母，可以长……长生久视之道也。

这段话，则是兼着治国和养生而言。所谓的"啬"，是无为的另一种表述。"积德"，在韩非的解释中，被看作是积聚精气，这样可以身体强壮智慧充盈。所以"啬"是长生久视——不论是国家还是个人——的方法。

在这一点上，儒家的主张正好是相反的。礼乐教化作为对人情的一种节制，作为控制百姓的一种有效方式，需要在位者自身的实践。《论语·子路》篇记载：

> 子路问政。子曰："先之，劳之。"请益。曰："无倦。"

"先之"就是身为表率，"劳之"就是劳其筋骨，"无倦"则是不知疲倦，持之以恒。这种统治术与老子"居后""好静"的南面术正好是相反的。儒家考虑问题，大多是由己向外面来推，所以要求"有诸己然后求诸人，无诸己然后非诸人"。自己做到的东西，才可以要求别人也这样做，也才可以影响别人这样去做。同样是《子路》篇还说：

> 子曰："其身正，不令而行；其身不正，虽令不从。"

这是身教胜于言教的意思，也是孔子和儒家主张身教的根本理由。在郭店儒家类文献中，这个想法随处可见。如《缁衣》称：

> 子曰："上好仁，则下之为仁也争先。故长民者，章志以昭百姓，则民致行己以悦上。《诗》云：有梏德行，四方顺之。"
> 子曰："下之事上也，不从其所以命，而从其所行。上好此物也，下必有甚焉者矣。故上之好恶，不可不慎也，民之表也。《诗》云：'赫赫师尹，民具尔瞻。'"

《尊德义》也有类似的话：

> 下之事上也，不从其所命，而从其所行。上好是物也，下必有甚焉者。

《成之闻之》把这个道理讲得更加细致：

> 故君子之莅民也，身服善以先之，敬慎以守之，其所在者入矣。
>
> 上苟身服之，民必有甚焉者。君袀冕而立于阼，一宫之人不胜其敬。君衰绖而处位，一宫之人不胜其哀。君冠胄带甲而立于军，一军之人不胜其勇。上苟倡之，则民鲜不从矣。虽然，其存也不厚，其重也弗多矣。是故君子之求诸己也深。不求诸其本而攻诸其末，弗得矣。

君主的治民，必须是以身先之，然后才可以深入人心，百姓也才可以风从。这种儒家的主张，在道家看来，是无法成立的。从统治术的角度而言，君主"以身作则"有百害而无一利。《管子·君臣上》说：

> 论材量能，谋德而举之，上之道也；专意一心，守职而不劳，下之事也。为人君者，下及官中之事，则有司不任；为人臣者，上共专于上，则人主失威。是故有道之君，正其德以莅民，而不言智能聪明。智能聪明者，下之职也。所以用智能聪明者，上之道也。上之人明其道，下之人守其职，上下之分不同任，而复合为一体。是故知善，人君也；身善，人役也。君身善，则不公矣！人君不公，常惠于赏而不忍于刑，是国无法也。治国无法，则民朋党而下比，饰巧以成其私……是以为人君者，坐万物之原，而官诸生之职者也。

这里所说是典型的道家主张。君臣有分，然后才可以合为一体。这里特别提到"身善"是对"人役"的要求，而"人君"是不能如此的，否则就会导致不公，不公则引起混乱。身善的君主被叫作"惠主"和"劳主"，《管子·七臣七主》说：

> 惠主丰赏厚赐以竭藏，赦奸纵过以伤法。藏竭则主权衰，法伤则奸斗。
> 劳主不明分职，上下相干，臣主同则。刑振以丰，丰振以刻。去之而乱，临之而殆，则后世何得？

毫无疑问，这和《君臣上》的文字一样，都是针对儒家的主张提出的批评。这种批评还有另外的角度，就是君主的劳逸对生命的影响。司马谈在《论六家要旨》中把这一点讲得很清楚：

> 凡人所生者神也，所托者形也。神大用则竭，形大劳则敝，形神离则死。死者不可复生，离者不可复反。故圣人重之。由是观之，神者生之本也，形者生之具也。不先定其神〔形〕，而曰"我有以治天下"，何由哉？

这段话虽然是在论道家的时候说的，但字字句句可说是针对儒家的学说。所谓的"劳主"，正是"劳而少功"者，"神大用"而"形大劳"者。如此则神不能定，焉能治国？

五

郭店所见老子和儒家的另一个重要分歧表现在对"道"的看法上。大体说来,老子重天道,而儒家务人道。所谓天道,在狭义上是指日月星辰等运行的轨道,广义上则包括一切自然物的法则。人道则是指人类生活的准则。"重天道"不是说不讲人道,而是以天道为人道的基础和依据。在这方面,曾做过史官的老子继承了"史以天占人"的老传统,并在此基础上进一步提出了具有本原意义的"道"的概念。郭店《老子》中经常可见称引天道的例子,譬如:

1. 天地之间,其犹橐籥与?虚而不屈,动而愈出。
2. 天地相合也,以逾甘露。民莫之令而自均安。
3. 至虚,恒也;守中,笃也。万物并作,居以须复也。天道云云,各复其根。

大凡称引天道的时候,老子都是拿它们作为依据,以为人事的准绳。譬如第一条,是说虚而能生的道理。落实到人事上,虚就是无欲,无欲方能成其欲。第二条则是借天地相合降下雨露,万物自会均沾,来说明君主无为和百姓自化。第三条则是说明天道的实质是"复",所以无论万物如何"动作",君主都可以静以待动,这是要论证虚静无为的道理。此外,郭店《老子》还用一些自然现象来说明人事之理,如用江海和百谷的例子来说明能下方能居上,不争而天下莫能与之争等,已见前述。

由于有天道是人道依据的想法，所以在对于最根本的"道"的理解上，老子首先把它看作是和人原本没有关系之物。道本来是独立自存的：

> 有状混成，先天地生，寂寥，独立不改，可以为天下母。未知其名，字之曰道，吾强为之名曰大。大曰逝，逝曰远，远曰反。天大，地大，道大，王亦大。国中有四大安，王居一安。人法地，地法天，天法道，道法自然。

人和天地万物一样，都是由道生出，所以人要做的，只是效法此道而已。道对于人而言，完全是外在之物。但同时，这个外在之物却又是规范人们行为的法则。

对于儒家而言，这样的"道"是不能接受的。从孔子开始，天道就是很少谈论的，他的目光始终不离人的领域，所有的范畴都以人为核心，如"仁"是"爱人"，"知"是"知人"等。"道"，当然也和老子所说不同，是指"人道"。郭店楚简反复强调这一点，《尊德义》说：

> 教非改道也，教之也。学非改伦也，学己也。禹以人道治其民，桀以人道乱其民。桀不易禹民而后乱之，汤不易桀民而后治之。圣人之治民也，民之道也。禹之行水，水之道也。造父之御马，马之道。后稷之艺地，地之道也。莫不有道焉，人道为近。是以君子，人道之取先。

任何东西都有自己的道,而且各个不同。如水有水之道,马有马之道,地有地之道,民有民之道。要先了解好这些不同的"道",面对它们的时候才可以成功。对于治民的君子而言,人道当然是头等重要的东西。这里的说法让我们想起孔子和樊迟的对话,《论语·子路》篇记载:

> 樊迟请学稼。子曰:"吾不如老农。"请学为圃。曰:"吾不如老圃。"……子曰:"小人哉,樊须也!上好礼,则民莫敢不敬;上好义,则民莫敢不服;上好信,则民莫敢不用情。夫如是,则四方之民襁负其子而至矣,焉用稼?"

学稼、学为圃,这也许和地道有关,但和人道无关。人道是指礼乐的制度,在孔子看来,这才是君子应该关注的内容。《尊德义》的说法是直接承继着孔子的想法而来的。《性自命出》也有类似的说法:

> 所为道者四,唯人道为可道也。
> 凡道,心术为主。道四术,唯人道为可道也。其三术者,道之而已。

这似乎是说,道有四种(不知是否就是指前面提到的水之道、马之道、地之道和民之道),只有人道才是正道,其余的三种,不过是说说而已。有了这个前提,那么凡是说到"道"的地方,不必说明，就一定是指人道的。如该篇说：

> 道者，群物之道。

这里的"群物"，可不是一般说的万物。"群"是做动词用，也就是聚集的意思。"物"指的是老百姓。后面说"贫而民聚焉，有道者也"，正与此呼应。后来荀子经常讲"群"，认为礼义是人能够"群"的基础，和这是一致的。"道"所以能够"群物""聚民"，乃是由于它以人情为基础，同时又用"义"来约束之。《性自命出》说：

> 道始于情，情生于性。始者近情，终者近义。知情者能出之，知义者能内（入）之。

儒家讨论性情的问题和人道（礼乐）是分不开的。照这里的说法，"道"有两端，始端是"情"，终端是"义"，"道"则是"出情入义"。为了出情，所以要了解情；为了入义，所以要了解义。而无论是情还是义，都是和人分不开的。

六

以上的讨论，足以揭示存在于郭店楚简中儒家和道家的根本性区别。当然，我们也应该指出的是，儒家和道家的关系中确实也还有另外的一方面，即在长期共存和争论过程中的相互影响和融合。

但从历史上看来,这种影响和融合并不影响二者之间的根本界限。就郭店楚简而言,由于其年代相当早,此时儒家和道家的思想尚处在自身形成和完善的过程之中,互相之间尖锐的批评很少可以见到。读郭店儒家和道家的文献,感觉到的是双方都在各自方向上深入和展开,似乎是各说各话。但这不意味着它们互相之间缺少沟通或者交流,如古墓中儒道文献经常同出所暗示的,双方对于对方的文献都不会陌生。而且,正如儿童在成长过程中易于受到外部影响一样,一种思想在形成期间,也更容易受到他者的影响。从这个意义上来说,早期儒家和道家之间的交流和融合乃是在所难免。就郭店楚简所见,儒家讨论的一些问题和发展的方向未尝没有道家的影子在内。

一个例子是对于"为"的态度。在《语丛三》中,提到"父孝子爱,非有为也",认为父子之情出于自然,并非有意的作为。《语丛一》也说:

> 为孝,此非孝也;为弟,此非弟也。不可为也,而不可不为也。为之,此非也。弗为,此非也。

这是借"孝"来讨论"为"的问题。本来《论语》中对于"孝"的看法,就区别了"能养"和"敬"两个不同的境界。它们的区别在于内心有没有"孝"的情感,如果没有,只是单纯的供养衣食而已,动物也可以做到。有的话,则是发自内心的一种愿望,这种供养就是建立在"敬"的基础之上,当然不同。《语丛》的说法则引入了"为"的概念，使这个问题的讨论更加深入。从思想史来看，对"为"的关注明显是从老子和道家开始的。老子倡导无为，反对有为，提出"上德无为而无以为"，至于"有为"者，都归入"下德"的范畴。《语丛三》所说的"有为"，并反对把"父孝子爱"看作是"有为"的东西，应该是受到老子或道家的影响而提出的。《语丛一》的说法则更加复杂，"有为"固然不对，是应该批评的，但这不意味着完全的"无为"或者"弗为"。郭店儒家的文献中，从来没有明确提到和肯定过"无为"。这表明，虽然受到老子和道家的刺激，儒家意识到"有为"的不足，但仍然没有倒向"无为"一边。

老子和道家对"有为"的批评，主要是说它太过于文饰化，背离了大道之"朴"，因此是"伪"和"华而不实"之物。换句话说，它是没有根的东西。譬如仁义礼等，往往变成了招牌和幌子，而缺少内心的基础。因此，道家主张，与其如此，还不如无心而遵循自然的天道。在这方面，道家和儒家未尝没有共同点。事实上，就对虚伪和文饰的批评而言，儒家和道家是共同的。问题是，这种批评的目的和出发点是不同的。儒家从来没有放弃过对"文"的追求，它只是要求"文"也要有"质"的基础，做到"文质彬彬"。譬如"礼"，是"文"的象征，它的弊病，孔子当然清楚得很，所以他要提出"仁"来作为"礼"的基础。与"礼"的"文"相比，"仁"是更加真实的东西。但老子则从根本上把"文"的东西放弃掉，一归于素朴。这是双方的界限，不能逾越。但老子和道家的这种批评对于儒家来说，其实也是一种发展的动力，刺激其把"文"的东西建立在更加真实的基础之上。

从这个角度来讲,我觉得《五行》篇的讨论中有很明显的道家的影子。该篇论述仁义礼智,重点在"形于内"和"不形于内"的区别。"形于内"为"德之行","不形于内"为"行"。由"不形于内"到"形于内",体现了一种要将这些文饰性的东西在心中"扎根"的努力。更值得注意的是,"行"和"德行"的区别,也叫作"善"和"德"的区别。这个区别,我们在《老子》中也可以看到。老子对所谓的"善"是很蔑视的,他以为天下"皆知善之为善,斯不善矣"。但是对"德"则不同,"德"正是他要内具和培养的东西。关于"德"和"善"的区别以及老子的态度,最集中地体现在第三十八章:

> 上德无为而无以为也,上仁为之而无以为也,上义为之而有以为,上礼为之而莫之应,则攘臂而仍之。故失道而后德,失德而后仁,失仁而后义,失义而后礼。夫礼者,忠信之薄而乱之首也。

老子虽然没有明确地说"善"指什么,但是这里的仁义和礼,就应该是"善"的主要内容。在儒家的思想中,它们也确实被称作"善"。诸"善"之中,虽然也有区别,但有一个根本的共同点:它们都是和"为"联系在一起的。"德"则是"无为"。譬如"天地不仁,以万物为刍狗",不仁是不善,但不是无德。"天地相合,以降甘露,民莫之令而自均",这就是天地之"德"。"德"的表现是无知无欲,而纯粹出于自然,好比是赤子或婴儿。所以,"德"和"道"是不离的。"善"就不同,它和"道"是背离的。

从这个背景反过来看《五行》篇,其关于"德"和"善"的区别,也有类似的意义。譬如"善"只是"行",是"为",所谓"善弗为无近"。"德"则由于有"形于内"的基础,所以建立在其上的"行"就叫"德之行"。而同时,《五行》篇又规定"德"是和"天道"相通之物,所以也可以说是"天道之行"。天道之行当然没有矫揉造作可言,是自然的,不同于完全属于人道的"善""行"。这就像是孟子讲的"由仁义行"和"行仁义"。"由仁义行"是仁义之德的自然的流行,"行仁义"则是按照仁义的要求去做。前者大略相当于"德",后者则是"善"。

当然,如我们反复强调的,这种类似性并不是说二者相同或者可以归入一派。相反,在根本的地方,双方仍然固守着自己的立场。无论如何,老子和道家都没有完全肯定过仁义等的价值,或者把仁义和道等同起来,而儒家也从来没有放弃过对仁义的坚持和阐发。这是我们讨论郭店竹简中所见儒道关系的基点,也是一般性地讨论二者关系的基点。

后　记

　　道家哲学是中国古代思想世界一道不可或缺的风景。在法家的功利世界和儒家的伦理世界之外，道家开辟出一个虚无和自然的世界。一方面以"唯止能止众止"的玄智安顿人生，一方面以"生而不有、为而不恃、长而不宰"的玄德安顿世界。其独特精神和深邃智慧确立起道家在历史中国的重要地位和深远影响，与儒家、佛教三足鼎立，形成多元一体的思想格局。道家在现代世界的意义尤其不容低估，其哲学中包含的自由的理想、宽容的气质和节制的品格，与现代价值相契相通，是中华优秀传统文化重要组成部分。

　　本书所收录的文字，大部分是过去十多年间发表在各种期刊、集刊和论文集中研究道家哲学的论文。汇编在一起，既是学术工作阶段性的总结，也方便有兴趣的读者阅读。其中最早的一篇是《老子"自然"观念的初步研究》，刊载于1995年《中国哲学史》第3—4期合刊。最近的一篇《什么是道家的无？——兼论道家的秩序形上学》，刊载于2022年《哲学中国》第二辑。2018年在香港中文大学承办的"中英高等教育人文联盟"论坛上的发言《善意与留白》，经过整理之后，收录在2023年出版的《重塑人文学：中英人文对话》第一辑。其他文章，大多发表在《哲学研究》《中国哲学史》《北京大学学报》《道家文化研究》等。还有一些关于道家文献和思想的文章，暂未收在本书中。因为文章写作时间不同，引用《老子》的文字或依据不同版本，还请读者详察。

我自己没有很好的做学术工作档案的习惯，所以一些论文的电子稿没有妥善保存。特别感谢我的博士生黄钰城，协助我收集文稿并进行校对。也特别感谢责任编辑田炜的精心设计和编辑。

王　博
甲辰年初夏